喻不仅仅是一种修辞方式
是一种必要的思维方式和认知方式
日常生活、科学研究以及社会管理等
面发挥着不可替代的作用

现代英汉隐喻探究
与跨文化翻译策略

JIANDAI YINGHAN YINYU TANJIU YU KUAWENHUA FANYI CELÜE

赵娟 ◎ 著

中国水利水电出版社
www.waterpub.com.cn
· 北京 ·

内 容 提 要

本书从认知语言学的角度出发，通过对英汉隐喻的深入研究，探索和揭示了英汉两种语言在隐喻表达形式上存在的跨文化间的共性与差异，探讨了英汉隐喻中的文化认知和跨文化视角，以便在英语翻译时能够更好地把握不同语言在形式与意义表达上的基本规律，并在具体的英语翻译实践中注重跨文化翻译策略的运用，为隐喻认知语言学理论在英语翻译实践中的应用提供了新的思路，开辟了一条新的道路。

图书在版编目（CIP）数据

现代英汉隐喻探究与跨文化翻译策略 / 赵娟著. --
北京：中国水利水电出版社，2018.3　（2025.4重印）
　ISBN 978-7-5170-6299-8

　Ⅰ.①现… Ⅱ.①赵… Ⅲ.①隐喻 – 对比研究 – 英语
、汉语②英语 – 翻译 – 研究 Ⅳ.①H15②H315

中国版本图书馆CIP数据核字（2018）第016607号

责任编辑：陈　洁　　　封面设计：王　伟

书　　名	现代英汉隐喻探究与跨文化翻译策略 XIANDAI YINGHAN YINYU TANJIU YU KUAWENHUA FANYI CELÜE
作　　者	赵娟　著
出版发行	中国水利水电出版社 （北京市海淀区玉渊潭南路1号D座　100038） 网址：www.waterpub.com.cn E-mail：mchannel@263.net（万水） 　　　　sales@waterpub.com.cn 电话：（010）68367658（营销中心）、82562819（万水）
经　　售	全国各地新华书店和相关出版物销售网点
排　　版	北京万水电子信息有限公司
印　　刷	三河市同力彩印有限公司
规　　格	170mm×240mm　16开本　13.75印张　243千字
版　　次	2018年3月第1版　2025年4月第3次印刷
印　　数	0001—2000册
定　　价	56.00元

前　言

　　隐喻不仅仅是一种修辞方式，更是一种必要的思维方式和认知方式，在日常生活、科学研究以及社会管理等方面发挥着不可替代的作用。传统的观点认为隐喻是对语言的一种装饰，可有可无。但研究发现，隐喻思维历史悠久，它甚至先于逻辑思维。它是人们认识世界、获得知识的最根本的方法之一。因此可以说隐喻研究是一个具有普遍意义的研究领域，它无所不在，影响深远。自从雷可夫（George Lakoff）出版那本划时代的《赖以生存的隐喻》（Metaphors We Live By）以来，有关认知隐喻的文献可谓卷帙浩繁，材料相当充足，而且讨论认知隐喻和翻译的作品为数也不少。但是只要我们仔细分析这类研究成果，就会发现大部分仍然是认知理论多于翻译实践，作者的精力主要倾注于原则概念，而非操作实践。真正从翻译实践者的角度，将认知隐喻研究的成果与翻译的具体实践联系起来的作品为数仍不多。正是这一背景促成了本书。

　　隐喻是一种语言现象，在本质上更是人类形成对周围世界的思维模式和认知手段的过程。中西方背景下，英汉语言的隐喻现象与文化密不可分。翻译不仅是语际间的转换，更是一种跨文化转换。因此，在认知隐喻的跨文化翻译过程中，我们应从认知的角度分析隐喻所蕴含的文化信息，确定相应的翻译策略，实现源语文本及文化信息的准确传递。本书从认知语言学的角度出发，通过对英汉隐喻国内外主要理论以及工作机制的深入研究，探索和揭示了英汉两种语言在隐喻表达形式上存在的跨文化间的共性与差异，探讨了英汉隐喻中的文化认知和跨文化视角，以便在英语翻译时能够更好地把握不同语言在形式与意义表达上的基本规律，并在具体的英语翻译实践（商务文体、旅游文体、广告文体、文学作品）中，译者能够熟练地把握两种文化的异同，进而采取恰当的翻译策略，有效地传递信息，传达不同的文化，从而进一步为隐喻认知语言学理论在英语翻译实践中的应用提供了新的思路，开辟了一条新的道路。

　　相信本书的研究内容能够对英汉隐喻比较的理论与应用研究，对认知语言学理论在英语翻译教学理论的应用起到积极的推动作用。本书在撰写过程中，参考、借鉴和吸收了部分学者的理论与作品，在此向他们表示衷心的感谢。另外，由于时间、研究能力等方面的问题，难免会有不足之处，诚请有关专家、同行及广大读者予以批评指正。

作　者

2017年11月

目　录

前言

第一章
国内外隐喻研究阐释

　　本章从隐喻的界定开始，探讨了不同历史时期产生的不同隐喻理论，并重点对这些理论的主要内容、主要意义及其局限性做了阐述，从而需要人们在进一步深化隐喻研究的同时关注存在的缺陷。

第一节 隐喻的界定及隐喻思维

一、隐喻的内涵界定

（一）隐喻的概念问题

隐喻的概念是个非常麻烦的问题，特别是20世纪以来，来自各个学科的研究视野为隐喻研究增添了丰富的内涵，也形成了各种各样的概念。不过总的来说有狭义和广义之分，狭义的隐喻是传统修辞学所定义的隐喻，基本以亚里士多德的定义为蓝本。亚里士多德在《诗学》中对隐喻的定义为："隐喻字是属于别的事物的字，借来做隐喻，或借属作种，或借种作属，或借种作种，或借用类同字。"[1]这个概念认为隐喻与明喻一样，都是一种不同事物之间的对比，是一种修饰性的语言现象。这样看来，狭义的隐喻是一种与明喻、转喻、提喻、拟人等并列的修辞手段。

广义的隐喻可以说是众说纷纭，但是有一点是相同的，就是都放弃了修辞隐喻的定义，使得修辞隐喻的研究仅限于文学和修辞学领域。广义的隐喻接纳了各种各样的研究进路，形成了内容丰富的隐喻理论。Eva Feder Kittay把隐喻看作是不同范围关系的转换，他认为隐喻的意义转换是从载体语义场（field of the vehicle）到主题语义场（field of the topic）的转换，转换的内容是载体术语与其他术语所共有的相似和相异关系。语言学家M. A. K. Halliday认为隐喻就是意义的表达变体。理查兹在《修辞哲学》中的隐喻定义为："用一种观念的符号来表示另一种观念。"根据这些观点可以看出，隐喻不再是单个词的使用问题，而是意义的表达问题。

认知语言学派对此的认识更深入。他们认为，隐喻本质上就是"用此言彼"，语言在本质上是隐喻的，因为就语言系统与外部世界的关系来看，人类所认识的世界并非所谓"真实"的实在，而是通过语言这一棱镜折射的"实在"；另一方面，从语言系统内部来看，任何语言符号在理论上都可以用来代替另一个符号，所以隐喻不是文学语言的专有特征，而是人类语言的普遍特征。Kenneth Burke将隐喻定义为："隐喻是根据另一事物对某事物进行观照的工具。它从'彼物'中抽出'此性'，或从'此

---

[1] 亚里士多德. 诗学 [M]. 罗念生，译. 北京：人民文学出版社，2002: 62.

物'中抽出'彼性'。"George Lakoff和Mark Johnson认为，隐喻绝不仅仅是一种语言现象，从根本上讲它是一种认知现象。他们给出的隐喻定义为："隐喻的本质是通过另一类事物来理解和体验某类事物。"[1]这些观点都将隐喻作为一种认知手段、一种基本的思维方式和行为方式。

本书将采用广义的隐喻定义，以认知隐喻为研究对象，以Lakoff和Johnson的定义"隐喻的本质是通过另一类事物来理解和体验某类事物"为基础，把明喻、转喻、提喻、谚语、寓言、拟人、类比甚至模型等都归于认知隐喻的范畴。

（二）隐喻相关的术语

隐喻的基本形式非常简单，就是"A是B"，其中的要素A和B，可以是词、词组、句子、语篇，甚至是语义域、心理空间等。中国传统上称为本体和喻体，Richards称为"语旨或话题"（tenor或topic）和"载体或根据"（vehicle或ground），Black称为"主项或焦点"（principal subject或focus）和"次项或框架"（secondary subject或frame），Lakoff称为"目标域"（target domain）和"源域"（source domain），Kitty和Lehrer称为"目标域"（target field）和"提供域"（donor field）等。这些不同的术语来自不同的研究领域，因而具有不同的内涵，但是它们的指称（即外延）是相同的。为简单起见，本书使用"本体和喻体"这对术语。

（三）隐喻与类比、模型的关系

把明喻、转喻、提喻等归入认知隐喻似乎并没有太大争议，但是把类比和模型也归于隐喻却有不同意见的。因为不管是科学家，还是科学哲学家通常都把隐喻、类比和模型并列使用，似乎它们指称的是不同的东西。一般认为，它们之间的区别在于：

（1）隐喻是语言性的，对比的是两个事物之间的相似性；类比是关系性的，对比的是两个结构之间的相似性。

（2）类比可以分为形式类比和实质类比，它们使我们注意到的相似性关系都是一种对称性关系。而隐喻使我们注意到的相似性关系则是非对称的。

（3）通过类比使我们注意到的相似性，要么是基于经验上的观察事实，要么是基于数量关系上的测度，它们都具有主体间性或客观性。而隐喻使我们注意到的相似性则具有主观性或私人性。[2]

---

[1] George Lakoff, Mark Johnson. Metaphors We Live By[M]. Chicago and London: The University of Chicago Press，1980: 5.

[2] 颜泽贤，范冬萍. 系统科学轮——复杂性探索 [M]. 北京：人民出版社，2006: 191.

（4）模型是运用类比逻辑对目标领域对象所做的精确的、系统化的、协调一致的隐喻系统。隐喻与模型的区别是一个程度的问题。

但是笔者提出不同意见：首先，"隐喻是语言性的，类比是关系性的"这种区别主要源于对隐喻概念的分歧，把隐喻作为一种语言现象是修辞隐喻的观点。笔者认为认知隐喻的概念包含了关系性的映射。Lakoff将隐喻分为三类，结构隐喻（structural metaphors）、方位隐喻（orientational metaphors）和实体隐喻（ontological metaphors）。其中，"它们（结构隐喻）允许我们借助一个高度结构的、认知清晰的概念去刻画另一概念"（They allow us to use one highly structured and clearly delineated concept to structure another.），指的就是结构性的关系映射。比如Lakoff的一个著名例子就是"讨论是战争"（Argument is war.）。战争有一个基本的结构，从发起挑战、构筑防御、进攻、防守、反攻、撤退，到最后投降或战胜对方等。战争的这个结构、术语以及各个步骤之间的关系都可以映射到"讨论"这个概念上。因而可以说类比其实就是结构隐喻，是认知隐喻的一个子类。

其次，虽然类比关系具有对称性，但是类比的两方总是有一方是认识清晰的、全面的，而另一方是认识模糊的、部分的。而类比的认知能力来自从具体的、认识清晰的、理解全面的一方投向抽象的、认识模糊的、理解困难一方的推理过程，这时类比推理才有意义，而反过来是没有认知意义的。比如从水波—光波的类比过程，只有从水波到光波的类比才是有意义的，反过来尽管在逻辑上有意义，但是在认知上没有任何价值。至于说类比关系具有主体间性或客观性，而隐喻具有主观性或私人性，笔者认为这种说法预设了"隐喻是修辞性的，类比是逻辑性"的观点。对于修辞语言，各人有各人的解读，主观性较强。如果我们把隐喻看作一种认知方式和一种思维方式，这种区别就不复存在了，因为作为认知方式的隐喻也是以经验为基础的，而人的经验也是具有主体间性的，所以这样看来，类比也应该是认知隐喻的一个子类。

再次，模型本质上就是隐喻，模型的建立是以经验为基础的，特别是科学家的知识背景。通过模型来研究客观对象，其实就是隐喻映射的过程，其中模型是喻体，客观对象是本体。模型和原型的关系都可以用隐喻陈述来表达，比如科学中使用的模型、光的水波模型、气体分子的弹子球模型等，都可以表述为"光是波""气体分子是弹子球"等隐喻陈述。反过来也一样，每个隐喻也都蕴含着一个模型，只不过有些不是质料模型，而是思维模型而已。比如说"时间是金钱"，金钱的意象、作用，甚至货币的手感、颜色等都会映入人的脑海，形成思维模型。所以 Max Black 说："每一个隐喻都是潜在模型的显露。"[1] 对于数学模型，数学关系本质上也是隐喻性的，构建数学模型的过程也是隐喻性的，因为数学建模要根据不同的问题、不同的情况做出不同的抽象处理，寻找出所研究的实际问题与某种数学结构的对应关系，从而使实际问题得到简化，归结为一个数学问题。所以数学模型与研究对象是一种同构或同态性的隐喻关系。

最后，科学实践中科学家和哲学家对隐喻、类比、模型的区分往往是模糊的，更多情况下是混用。比如水波、声波、光波之间的关系，有的科学家称其为模型，但也常常被科学家和科学哲学家们称为类比和隐喻。所以完全有理由把类比和模型归于认知隐喻。

（四）关于George Lakoff 的"映射"问题

George Lakoff 提出了概念隐喻理论，认为隐喻就是源域对目的域的"映射"（mapping）过程。"映射"这个词至少有两个意义，一是日常语言的意义，就是"照射""投射"的意思；二是数学上的映射关系。从Lakoff 的文献叙述中看，他使用的"映射"应该是日常意义的"映射"，即投射。但是Lakoff却说他的"映射"是数学意义的映射。在《当代隐喻理论》一文中他指出，"隐喻可以理解为从源域到目标域的映射（数学意义上的映射）（The metaphor can be understood as a mapping（in the mathematical sense from a source domain to a target domain）） 。"[2]

笔者认为这样理解是错误的，因为数学意义上的映射关系应该是：设A和B是两个非空集合，如果按照某种对应关系f，对于集合A中的任何一个元素，在集合B中都存在唯一的一个元素与之对应，那么，这样的对应（包括集合A、B，以及集合A到集合B的对应关系f）叫作集合A到集合B的映射（mapping）。映射有两个条件：第一是定义域的遍历性，即A中的每个元素x在映射的值域中都有对应对象；第二是对应的唯一性，即定义域中的一个元素只能与映射值域中的一个元素对应。

这样看来，不管是把隐喻的源域当作集合A，把目标域当作集合B，还是反之，都不构成映射关系。还以"讨论是战争"为例：先假设目标域"讨论"为集合A，源域"战争"为集合B；集合A"讨论"一般不会造成人员伤亡，这一点在集合B"战争"中就没有对应项。所以从集合A"讨论"到集合B"战争"不构成映射关系；再假设源域"战争"为集合A，目

---

[1] Max Black. More about metaphor[A]. In Andrew Ortony(ed.), Metaphor and Thought [C]. Cambridge University Press. 1993: 30.

[2] George Lakoff. The contemporary theory of metaphor [A]. In Andrew Ortony(ed.). Metaphor and Thought [C]. Cambridge University Press，1993: 206-207.

标域"讨论"为集合B，那么"战争"中经常使用刀、枪，这在集合B"讨论"中也没有对应项。所以也不符合"数学映射"的第一个条件，即定义域的遍历性。隐喻是部分映射，只有相关的、相似的部分才会投射到目标域上，而源域的大部分特征与目标域是没有关系的，所以笔者认为Lakoff的"映射"应该是日常意义，即投射，而非数学意义上的"映射"关系（mapping）。

二、隐喻思维

（一）隐喻思维产生的根源

我们为什么要使用隐喻？为什么不直接表述目标对象而非要迂回表述呢？对于修辞隐喻，主要是为了取得一定的修辞效果；而对于认知隐喻又是出于什么目的呢？这里我们只能提出两种假设。《隐喻：修辞心理研究》一书的作者特鲁德·巴克伦提出了两种隐喻起源的假设，一种可以称为语言空白论，另一种可以称为思维贫困论。语言空白论认为，人类相互之间和与大自然的接触不停地刺激人的感官，在大脑中引起相应的反应，从而形成信息。这一过程可以被看作是一个无限的信息链，可以分割成无数的小单位，即语义单位。随着人们经验的扩展，信息单位也不断增加，但是只有一部分语义单位被幸运的赋予了语言来表达。为了表达其他空位信息单位，人们不得不借用已经存在的词语。所以词语的隐喻用法起初是为了填补语言表达的空白。正是这个原因，人们最早创造使用的词汇多是表示具体事物，当人类从具体概念中逐渐获得抽象思维能力的时候，往往借助于表示具体事物的词语来表达抽象的概念。正如"抽象"二字所示，任何抽象的概念都是从形象思维中抽"象"而来，这种能力就构成了人类隐喻思维体系。

而思维贫困论认为，在人类原始意识中，一个概念的界限往往是笼统的、模糊的，精细的区分和定义是漫长、渐进的过程。在此之前，人们往往把我们现在认为是完全不同的事物看作是同一概念，因而只用一个符号来表示。只有经过精细区分之后，同一符号的一些含义才被认为是隐喻性的。也就是说，隐喻不是源于语言的贫乏，而是源于思维的贫困。

（二）隐喻思维——人类最基本的思维方式和认知方式

自从隐喻从修辞研究进入认知研究之后，语言学家、心理学家、认知科学家以及科学哲学家逐渐发现，隐喻思维不仅是一个修辞问题，而首先是关于人们的思想和行动的问题，关系到概念的形成与建构的问题。除了人们的某些直接经验外，即所谓的前概念结构，人们的思维都与隐喻有关。

Lakoff说："隐喻在我们生活中无处不在，它不仅仅存在于语言中，也存在于我们的思维和行为中。我们赖以思考和行事的日常概念系统本质上都是隐喻性的。"[1] M. 明斯基下了类似的论断："所有的思想在某种程度上都是隐喻。"[2] 作为人们认知、思维、经验、语言甚至行为的基础，隐喻是人类生存最主要的、最基本的方式之一，正是隐喻构建了我们的概念系统。

人们认识世界主要是通过概念和范畴进行的，但是概念和范畴本质上都是隐喻性的。Lakoff通过语料分析发现英语的基本概念都来自隐喻，如时间、数量、状态、变化、行动、缘由、目的、手段、情态甚至范畴等，他称之为隐喻概念（metaphorical concept）。而由隐喻概念派生出来的语言表达可以形成一个自治的系统，他称为隐喻概念系统。比如"理论是建筑物"是一个隐喻概念，由此可以派生出一系列的语言表达，如"理论一定要打好基础""不然理论就成了空中楼阁""你需要再找些材料来加固你的理论""尽管你们都反对，但是我的理论仍然岿然不动""他的理论最终轰然倒塌"等，这些表达构成了隐喻概念系统。

Lakoff认为人类认知有两个层次：一是前概念的（preconceptual），二是概念的（conceptual）。前概念认知主要包括感知和身体行动，其构成有两种方式：其一，基本层次结构、格式塔感知和感知神经活动等；其二，肌肉运动知觉形象图式（kinesthetic image schemas），也就是日常经验中反复出现的简单视觉结构（如部分—整体、容器、物体、源头—路径—目标、中心—边缘、上—下、联系等）。概念认知是抽象的、表征的，具有意识空间（mental space）和理想化认知模型（idealized cognitive model）的特征。即使在前概念结构并不多的概念领域，我们也常常通过对前概念结构进行隐喻扩展来强行形成结构。因而，隐喻对于概念结构的形成具有重要作用，因为它把概念结构与我们已经认识清晰的经验结构联系起来。

范畴化也是我们认识世界最根本的途径之一，"如果没有范畴化能力，不管在物质世界中，还是在社会交往和思维活动中，我们都将一事无成。"[3]现代认知科学研究发现，范畴化并不是像传统观点认为的那样，去寻找一组事物或现象预先存在的共有性质集，而是通过原型、基本层次、

[1] George Lakoff. Women, Fire and Dangerous Things What Categories Reveal, about the Mind[M]. Chicago:The University of Chicago Press，1987: 3.
[2] M.Minsky.Society of Mind: Simon&Sohuster［DB/OL］.1987.p.299.http://alumni. media.mit. edu/~mt/thesis/mt-thesis-2.1.html
[3] George Lakoff. Women, Fire and Dangerous Things-What Categories Reveal, about the Mind[M]. Chicago:The University of Chicago Press，1987: 6.

家族类似和图式等方式来进行的。这些认知方法都是间接的，通过提喻、转喻、不同事物之间的相似关系等来认识世界，因而都是隐喻性的。特别是对于一些抽象的事物如爱情、尊严等，复杂的事物如生活、战争等，看不见、摸不着的事物或现象如电、时间等，都是基于我们自己的身体经验通过隐喻来理解的。

利用范畴来认识世界本质上也是隐喻性的，因为把基本层次的、以原型为标志的范畴和形象图式应用到我们经验的其他层次，其本身就是一个隐喻的过程。把不同层次的感知与我们经验的基本层次结合起来并不是平滑的、连续的，因为这些感知是在时间和空间的不同点上获得的，我们要结合的是意识中映像的摘录，结合的方法是利用中介层次的隐喻概念。我们的感知系统会不断调整以适合某些不变量，而这些不变量的建立需要一个认知系统——一个以基于记忆的、通过直接感知图式或已有的概念图式而获得认知经济性的系统。

（三）隐喻思维的陷阱

由于隐喻无处不在，而且隐喻语言与非隐喻语言在理解上也并没有本质的差别，因而通过隐喻来认识世界是一种无意识的、自然而然的思维存在。但是必须警惕的是，隐喻并不保真。它给人们提供的是一种可能性，一种认识世界的通道，给人以启发，但不保证认识过程和认识结果的正确。隐喻具有误导性，它可能指向的是一个错误的方向，从而给人们的认识活动设置陷阱。隐喻思维的陷阱主要存在于三个方面。

第一，把隐喻的世界当作客观存在。

日常生活中隐喻无处不在，特别是很多死隐喻，早已深入人心，并固化为日常语言的一部分，其喻体部分已经变成了本体的一部分，如时光飞逝——把时间隐喻为移动的物体，兴高采烈——用"高"来描述"兴奋"等。但是时间真的是物体吗？还是移动的？兴奋时为什么用"高"表示呢？不是也有很多足球运动员在进球之后兴奋地躺在地上吗？

另外，中西语言中都有一个较为普遍的隐喻，就是容器隐喻，即将事物比作容器。例如，把语言、理论、思想等都当作一个容器，所以才有"在汉语言里……""在相对论中……""在他的观点中……"等表达方式，它们可能容纳或没有容纳内容。这样看来，听者听不懂说话者的语言，不是说话者的错误，而是听话者解码不正确或不充分。容器隐喻对人的思维影响很大，它误导人们的认识，因为它只让人们注意到了传递信息的符号，如文字、书籍、图书馆、胶片、磁带、光盘等，而忽视了最重要的信息建构者，即人。最终，人们剩下的只是物理符号，而不是文化。

第二，隐喻是部分映射。

隐喻的另一特征是部分映射。通过喻体突出强调了本体的某些特征，但同时也掩盖了另外一些特征。Allan Paivio就曾指出，对研究语言和思维的人来说，隐喻就是日食（Metaphor is a solar eclipse.）。它掩盖着所研究的物体，但通过合适的望远镜，它又能显出一些突出的、有趣的特征。对于隐喻强调的那部分特征，会得到彰显，可以给人们以启发，为人们提供认识本体的途径。但是它所掩盖的那部分特征也可能非常重要，如果在使用隐喻过程中被忽略了，隐喻就可能具有误导性。当我们说"组织系统是机器"时，它强调了组织各部分的协调配合，但却忽视了各个部分的主动性；当我们说"组织系统是生命有机体或具有大脑的有机体"时，它强调了组织的目的性和部分之间的依存关系，但是却掩盖了部分之间的利益冲突、意见冲突和各个部分的能动性；当我们说"组织系统是一种文化"时，它强调了组织的氛围和价值观念的统一，但却掩盖了组织管理的强制性、资源配置的合理性，而且还有意识形态控制的嫌疑。

科学研究中经常使用的模型也是这样，它可能是一个智慧工具，也可能是一个智慧陷阱。当一个模型的非本质的特点被错误地认为是构成它所包含的理论的一个不可缺少的特点时，模型可能与理论本身相混淆了。如光的发射理论就耽误了光的周期性的发现；声音的波动理论也影响了光的横波的发现；粒子类比到量子理论中，无法解释粒子"位置"和"速度"的不确定性理论。

第三，隐喻使用的随意性。

隐喻无处不在，而且隐喻的使用几乎没有任何限制，任何隐喻我们都没有办法指责它是错误的。但是针对某一具体情况，使用什么样的隐喻，人们却会根据自己的文化、知识背景，有意识或无意识的做出不同的选择。通常情况下，人们会无意识地针对同一事实使用对自己有利而对别人不利的隐喻，因为隐喻作为一种思维方式，是在不知不觉中渗透到人们的思维和行为当中的。而利己又是人类乃至所有动物的本性，所以在使用隐喻时采用双重标准就在所难免，隐喻思维的误导性和欺骗性也由此而生。比如说19世纪中期关于阴极射线的研究，德国科学家普遍采用了"光是波"的隐喻，而英国的科学家普遍采用了"光是粒子"的隐喻，这就是由于文化背景和科学传统的不同造成的。

这种使用不同隐喻造成的分歧在看待社会问题上更为明显。比如对于城市的贫民窟问题就有两个不同的隐喻，"贫民窟是城市的毒疮"和"贫民窟是贫民的根"。如果采用前者，那么贫民窟就应该清除；而如果采用后者，贫民窟就应该保留并加以保护。更加危险的是，使用前者的往往是城市的管理者，而使用后者的又多为贫民窟的居民，这就势必形成政治问题、种族问题，甚至是阶级问题。Schon 甚至认为采用不同的隐喻，就好像生活在不同范式下，生活在两个不同世界的人的对话是不可通约的。

第二节 西方隐喻研究的发展及主要理论

"隐喻"无疑是当代西方语言学领域最重要的概念。隐喻研究已经成为当代认知语言学的主要热点之一。

一、西方隐喻研究的历史演绎

隐喻的英文单词metaphor最初则是源自希腊语metapherein，meta是across，phor是carry，所以metaphor原来是一种"由此及彼的运动"，是一种"转换"。这种转换也就意味着隐喻所陈述的内容从字面形式上来看往往是错误的。因此，在20世纪前半叶，把"科学"和"隐喻"这两个术语放置在一起，即便在学术界也算得上是离经叛道、匪夷所思的。

现代科学只有300多年的历史，而人们对隐喻的研究可以最终追溯到古希腊哲学家亚里士多德（Aristotle）。他把隐喻界定为词义的转移，认为隐喻的使用目的是为了修辞和取得诗情画意的效果。由于亚里士多德的学术盟主地位，隐喻长期以来一直是修辞学家们关注的议题。为此，学术界大部分人都将隐喻与明喻、代喻和拟人等修辞手段联系在一起，仅仅是众多修辞手段中的一种。在修辞学走向没落的时代，人们关注的也只是隐喻的装饰性的功能。

亚里士多德认为隐喻从某种意义上可以从自然语言中剥离开来的思想（也就是认为隐喻是一种添加到语言上用以实现某种特定功能或任务，Hawkes，1980:34）遭到了雪莱（Shelley）和科尔律治（Coleridge）为代表的浪漫主义诗人的挑战。这些柏拉图学派继承者所表现出来的向权威叫板精神丝毫不亚于科学革命的先驱意大利科学家伽利略。他们主张，隐喻是整个语言系统的有机组成部分，是人类用以表现想象力时不可或缺的手段。柏拉图学派的思想家维科（Vico，1725）甚至坚持认为"语言起源于隐喻"（转引自V. Sage，1994）。按照这种观点，隐喻并不代表什么附加功能，而是语言固有的部分和构成形式。

然而，挑战者们的声音在强势的经验主义（empiricism）面前显得微不足道。自牛顿（Newton）、洛克（Locke）时代以来就统治西方思想界的哲学学派在近代被称为逻辑实证主义（logical positivism）。这个哲学学派对修辞性的语言都抱着反感态度，其基本思想就是"客观现实完全可以通过语言这个载体得到精确的描述，其方式是明白易懂、确切并且在原则上是可以验证的。也就是说，现实可以并且应该能被直陈式语言所描述"（Reality could be precisely described through the medium of language in a manner that was clear, unambiguous, and, in principle, testable-reality could, and should, be literally describable. Ortony, 1979:1）。不难看出，逻辑实证主义排斥隐喻在科学语言中的运用其实是错误地把语言看成是"思维的管道"（conduit for thought, Reddy, 1979），并且认为隐喻混淆词汇之间的范畴区别，所以只能导致"争论、煽动或藐视（contention, sedition or contempt）"（Hobbes, 1968:17）。更为甚者，培根（Francis Bacon）甚至排斥语言在科学事业中的作用，"如果你花足够的时间来端详这个世界，问题的答案无需语言的催生自己就会显现"（If you look at the world long enough, the answers will emerge without the midwifery of language）。颇具讽刺意味的是，这位经验主义的代表人物也只能采用隐喻性的语言（如midwifery）来阐释自己的见解。

正是由于这个原因，直陈式语言一直被视作再现客观现实的适当载体，因而在学术界获得了至高无上的地位。而隐喻被看成是日常语言的边缘化成分，仅仅在特殊的语域（如文学语言）里才有其用武之地。在评价逻辑实证主义时，我们不应该否定其在人类知识进步过程中产生的积极影响，但是它给我们提供的人类经验画面是不完整的和扭曲的，间接性地阻碍我们去探索和阐释那些紧迫性的学术问题，甚至在一定程度上让我们的心智变得麻木。

当人类步入20世纪的时候，维科提出研究语言与现实的建议终于得到了应有的重视，并在语言相对论（linguistic relativity）中得到体现。就语言和现实关系而言，语言相对论思想向逻辑实证主义思潮发出了强有力的挑战。虽然强式的萨不尔—沃尔夫假说（Sapir-Whorf hypothesis），即语言决定论（linguistic determinism）——语言决定思维、信念、态度等，遭到了学术界的严厉批判，但是这个假说的弱势（即语言相对论——语言反映思维、信念、态度等）对于我们的研究还是很有借鉴意义的。他们认为，所谓的客观现实并不一定能够直接获取，除非我们能够具有上帝的那双慧眼。我们只能从诸多的情景中发现彼此之间的联系，从中觉察其相似性，并以此来构建现实。

按照这个观点，语言并非像逻辑实证主义所坚持的那样，与客观现实是难以分离的，语言影响我们对于世界的体验和范畴化。这一看待语言与现实的新观点直接影响了当代学者对于隐喻的研究视野（Ortony，1993:2）。现代学者，如布莱克（Black，1963）、保罗·利科（Ricoeur，1977）和基特（Kittay，1987）等，都已摒弃隐喻是另类的语言现象或寄生在正常语言上的这个传统观点，把隐喻看成是至关重要的认知手段。未知世界的探索者只能用我们已经熟悉而且相对具体的范畴来将抽象和捉摸不定的人类经验概念化。

在这股强劲的后现代精神鼓舞之下，美国学者雷可夫（Lakoff）和约翰逊（Johnson）于1980年出版了一本在语言学界乃至整个人文学科研究领域里颇具革命性的学术专著《我们赖以生存的隐喻》（*Metaphors We Live By*），近乎彻底推翻了"隐喻是正常语言的背离"这个传统思想，令人信服地向我们展示"隐喻在日常生活中随处可见，不仅出现在语言中，而且出现在思维和人类活动中"。借用德里达（Derrida）的术语来说，每一次语言使用都充满着"白色神化"（white mythology），语言的隐喻性只不过是不被语言使用者注意而已。

雷可夫和约翰逊的理论无疑表明，隐喻不再是文学作品里的点缀，而是渗透到所有的语言使用当中。语言研究如果不包含对隐喻的阐释，那它必然是不全面的、有缺陷的。更为甚者，隐喻不仅仅是语言现象，也是人类思维方式的典型特征，这使得隐喻不再仅仅是修辞学家们把玩的语言游戏了。隐喻为此成为一个跨学科的研究课题，最明显地体现在奥托尼（Ortony）那本非常具有影响力的论文集《隐喻与思维》（*Metaphor and Thought*）（1979）。来自语言学、哲学、人类学、心理学和认知科学等学科的多位著名学者从不同维度都对隐喻发表了颇有见地的观点。所有作者都倾向于把隐喻看成是推理手段，认为隐喻凭借其联想特征极大地丰富了我们对世界的认识。

西方学术界掀起的这股隐喻研究热潮，正如基特（1987:2）所言，大有弥补其往昔几个世纪所遭受的冷落之势，在世界学术界形成了"隐喻狂热"（metaphormania），这股潮流也很快波及了中国。从90年代起，有关隐喻的学术论文如雨后春笋般地出现在国内语言研究的学术期刊上（束定芳，1996）。颇为有趣的是，上述所提到的学者在研究隐喻的时候都把视野局限在语言的词汇层面，充其量在例证时才涉及句子层面。但是，如果语言系统不只是由词汇组成的，还存在着词汇的运行规则。那么，停留在词汇层面的这种隐喻研究就不可避免地显得过于狭隘了，也就不足以充分展现人类特有的隐喻能力的全貌。冲破这种传统隐喻研究范围桎梏的是功能学派杰出代表人物韩礼德（M. A. K. IIalliday）。

　　韩礼德看待语言的视角与以乔姆斯基（Chomsky）为代表的主流语言学迥然不同。他把语言看成是意义潜势系统（meaning potentials，1979：39），而不是一套任意性的符号系统。功能学派和传统语言学派的区别还在于前者并不把词汇和语法割裂开来。在韩礼德看来，词汇语法（lexico grammar）共同构成表达人类意义的潜势系统。这样，我们在使用语言来给意图编码时，所做出的选择既发生在词汇层面，也发生在语法层面。所以，他在《功能语言学导论》（*An Introduction to Functional Grammar*）这本著作中，首次把学术界的注意力引向隐喻有可能发生的另外一个语言层面。他明确指出，"词汇变化只是词汇语法选择或措辞的一个方面，隐喻性的变化不单发生在词汇层面，而且也发生在词汇语法层面上"，因此，"也有一种叫作语法隐喻的东西"（1985:320）。

　　诚然，就像我们很难断定一个词汇的使用是否是隐喻一样，在语法结构上的"一致式"（congruent）和"非一致式"（incongruent）也并不存在着泾渭分明的区别。对此，韩礼德站在语言进化论的立场，认为人类语言的发展史就是一个"去隐喻化"（demetaphorization）的过程（1985:327）。我们在本研究中涉及的诸多科技词汇的例证明白无误地证明了这种语言观的合理性。

　　功能语言学的开创性语法隐喻理论和雷可夫等认知语言学家提出的词汇隐喻理论一样，均表现出当代语言学的务实精神，与语言理想主义的转换生成语法学派大相径庭，有力地挑战了视隐喻为异常的传统隐喻观。我们有理由相信，功能语言学的贡献极大地拓宽了国际学术界对于隐喻研究的视野，语法隐喻这个概念无疑可以深化我们对于语言本质的认识。

二、西方隐喻研究的具体成果

（一）比较理论或替代理论

　　无论是柏拉图学派，还是亚里士多德学派，都把隐喻看作是哲学范畴，隐喻也因具有积极的功能而得到赏识。但在亚里士多德之后，传统学者如西塞罗（Cicero）、朗基努斯（Longinus）、昆提利安（Quintilian）等对于隐喻的理解渐渐与哲学脱节，因而反而退化了，并"在中世纪的诠释和修辞中继续隔绝了与哲学的联系"（Gerhart，1984:99）。这种隔绝产生了隐喻的比较论，其要点在于把隐喻当作朴素思想表达的装饰物。这些传统隐喻理论家们的观点可概括为下列公式：

　　"甲就是乙"这个隐喻，其意思可以表述为"就某方面而言，甲就像乙"。

　　按此观点，当叔本华（Schopenhauer）称一项几何证明是捕鼠器时，他是在说，"一项几何证明就像捕鼠器，因为两者都给出迷惑性的奖励来渐渐诱惑受害者，最终引向令人讨厌的惊诧等"（Black，1962:35）。这个例子清楚地表明，比较论的基础就是"隐喻是浓缩的或省略的明喻"。

尽管隐喻的替代论从语言学的角度来说是对比较论做出了某些修正（即认为隐喻的功能是用来弥补直白表达方式的缺口），但替代论与比较论仍然一脉相承，都认为隐喻的使用目的是为了表达上的方便或作为装饰。就认知功能而言，隐喻等同于它的直白释义，难有作为。下面这个例子阐释了替代论和比较论（在布莱克看来是替代论的特例）的主要差别：

John is an ass.（约翰是头驴。）

替代论认为这个句子大致相当于"约翰很愚蠢"。"驴子"用来替代"愚蠢"，两者都用来描述"约翰"；而比较论则认为，这个句子大致表示"（在愚蠢方面）约翰像一头驴"。

自提出以来，这两种隐喻观一直遭到诟病，原因主要有下面四点。

首先，就比较论和替代论的观点来看，隐喻是以预先存在的相似性为基础的，但当今隐喻学家的一致看法是：相似性是个层级概念，任何两个事物可以非常相似，也可以不太相似。对不同的人来说，随机挑选的两个事物可以有不同的相似之处。换言之，相似性是个非常主观的概念，就像美丽，在于观者的眼光。因此，在布莱克看来，相似性观点"模糊得几近空虚"，因为它预设隐喻只是记录了事物中预先存在的相似性。他认为："在某些情形中，与其说隐喻表达了预先存在的相似性，倒不如说隐喻创造了这种相似性，这样说更有启发意义。"（同上）在此，让我们以诗歌中的隐喻为例。在华莱士·史蒂文斯（Wallace Stevens）写出"盛开的花园犹如贫民窟"这样的诗句而让读者为之击掌之前，有人看出"花园"和"贫民窟"的相似之处了吗？同样，在心理学家约翰·弗里德里希·赫尔巴特（Johann Friedrich Herbart）创造出"头脑冰山"这一隐喻之前，几乎没人把"头脑"与"冰山"联想在一起。

其次，假如比较法和替代法是合理的，那我们必然得把人类的头脑看作是被动接受认知的容器，把语言和现实看作是互相独立的。但认知心理学家们已经充分证明，人类的头脑是积极主动的，它创造性地参与认知和概念的形成，并使彼此差异的已知事实得以统一。尽管所有的物种都本能地涉猎经验世界，但人类却尤其具有把直观印象升华为认知模式的能力。所以我们完全有理由认为，若没有人类头脑特有的活动，这个世界不会是今天这样的状态。同样，来自不同领域（如语言哲学和科学哲学）的研究者们发现了各种数据，在对这些数据进行汇总后得出这样的结论：语言尤其是隐喻，在构建现实世界中起着无可替代的作用。换句话说，各研究明确指出了比较论和替代论的谬误所在：没能认识到隐喻具有构建现实的重要功能。

再次，比较论和替代论立论的命题是：人们对一个隐喻中两个知识域的理解和表达都达到了相当的程度。但这一命题是站不住脚的，有相当一些科学家预先并不十分清楚他们提出的隐喻根据是什么，隐喻的使用是基于这样的推测——不同范畴类别的自由跨越也许会越探索越有意义，体现了这一推测的隐喻并不需要预先确定意义。以"头脑计算机"为例，科学家们使用这一隐喻不是因为他们对头脑和计算机已有足够的了解，而是以此为契机探索大脑的机制，试图找到人类大脑和计算机的相似之处。以这样的眼光和角度看待大脑事实上开创了心理学和生物学的革命，并创造了全新的、丰富的认识人类的视角。其他领域的科学革命同样宣告了隐喻的比较论和替代论是站不住脚的。但是，保罗·爱德华（Paul Edward）（替代论的典型代表）却说："凡能说之事都能说得清楚，因此，不能说的就该保持沉默。"由此不难想象，在逻辑实证主义的全盛时期，比较论和替代论是如何统治了经验主义传统。

最后，比较论和替代论的根本假设是语言的意义单位是单词，在隐喻中尤其如此，而单词本质上就是名称。这样的出发点必然会倾向于认为隐喻性语言是可以"翻译"成"白描式"语言的。也就是说，隐喻性语言并未带来新的信息，朝坏处想，隐喻不过是"词汇色拉"。比尔兹利（Beardsley）和马克斯·布莱克也认为，说"翻译"和"替代"策略没有彻底解释隐喻的意思是完全错误的。但是实际上，隐喻性表达法具有看似矛盾（但其实有道理的）结构，无法让人做出过于简约式的解释，因为我们必须真正理解隐喻，才可能去对隐喻做出翻译或者替代。

由此可以看出，替代论和比较论都没能揭示一个事实，即隐喻提供了不同的感知方法。这两个理论的缺陷很可能都是首先错误地把隐喻看成是产品，而隐喻的希腊语语源告诉我们，它其实是一个过程。不论是从替代论还是从比较论来看，隐喻只不过发挥着装饰性的功能，因而对于隐喻的评估必须是在直白式语言凌驾在隐喻性语言之上的框架下进行。

（二）互动理论问题

在隐喻学研究文献中，隐喻的互动论（interaction theory）是和马克斯·布莱克（Max Black）的名字连在一起的，但我们的介绍必须从理查兹（I. A. Richards）开始。理查兹是研究柯勒律治的专家，他的《柯勒律治论想象》（*Coleridge on Imagination*）（1934）便是明证，也可被看作是柏拉图学派的现代拥趸者。霍克斯说过："理查兹在《修辞哲学》（*The Philosophy of Rhetoric*）（1936）中的论点很多出自柯勒律治和维科。"

（1980:57）就隐喻而言，尽管理查兹接受了亚里士多德的基本观点，即，认为认知域A与认知域B相关，但他补充说两者之间的关系并不只是比较（A是B，或A意味着B），也不是简单的替代（B代表A）关系，而是"互动"（interaction）。为了避免意义上的模糊，他命名起初的A认知域为词汇隐喻的本体（tenor），B认知域为喻体（vehicle）。这两者植根的语义场产生了两者间的语义互动。隐喻中的互动或两个要素在概念上不匹配所造成的张力，跟本体和喻体两者之间的差别成正比。由此可见，理查兹认为隐喻是动态的过程而不是静态的结果，这表明了他在语义学上的逻辑相对论立场。总而言之，自亚里士多德以来，理查兹的理论是学术界首次认可了隐喻具有的威力，开创了隐喻复杂性研究之先河。

理查兹的隐喻理论当时并未引起哲学界的关注。他强调思维的隐喻性和隐喻在真理以及意义解释中的核心地位，这在理查兹生活的年代时机还不成熟，也显得不够冷静（Johnson，1981:19）。直到二十年后，理查兹关于隐喻的革命性思想才在布莱克的互动论上得以发扬光大。正因为如此，布莱克认为他的隐喻互动论是"对理查兹真知灼见的发展和修改"。在《隐喻》（Metaphor）一文中，布莱克将"互动理论"归纳为五点：

（1）隐喻包含了"主题"（primary subject）和"次题"（secondary subject），分别对应于理查兹的"本体"和"喻体"。

（2）"次题"并非单独的事物，而是一个由"含义复杂体"（implicative complex）组成的系统，包含了若干可预知的"联想含义"（associated implication）。

（3）隐喻的工作机制是：将"次题"的"含义复杂体"中的"联想含义""映射到"（project upon）"主题"。

（4）隐喻中，有关"主题"的陈述与"次题""含义复杂体"中的成员是同构（isomorphic），隐喻的制造者可以采用选择（select）、强化（emphasize）、弱化（suppress）等方法来组织"主题"的特征。

（5）隐喻所处的具体语境中，隐喻性陈述的"主题"和"次题"的互动方式包括：（a）"主题"的出现引起听众对"次题"特征的选择，从而（b）促使听众构建与"主题"相符合的"含义复杂体"，于是（c）诱发"次题"中相似的变化。

应该说，布莱克的这番阐述使"互动论"更具系统性，抓住了隐喻工作机制的本质。理查兹—布莱克的隐喻模式清楚地表明，隐喻不能完全用直白性的语言来释义或改述，因为本体和喻体之间的互动产生了开放式的意义结构，因此不可能被在语义上有限的直白性表达所涵盖。布莱克的经典之作《模式和隐喻》（Models and Metaphors）（1962）的影响力非常之广，他的思想也为后来的理论研究提供了基础，在认识论和认知领域尤为如此。尽管布莱克对隐喻的认知功能、不可释义性和创造相似性的重视直到今天仍受到学术界的青睐，但布莱克之后的隐喻研究学者如基特（1989）和因杜尔亚（1992）还是发现了互动论的一些漏洞。今天人们对互动论的批评主要围绕着布莱克把互动既看作是对称的，又看作是非对称的。此外，他也没能明确地指出那种神秘的互动究竟是怎么回事，新的相似性又是如何产生的。在此，我们将探讨第一条批评，即互动的对称性。

在《隐喻》一文中布莱克写道："如果把一个人称为狼，是置他于特殊的灯光下，那么我们不能忘记，这个隐喻使狼显得更加具有人性。"布莱克这句话的意思是说，"人是头狼"这个隐喻是通过"含义复杂体"给我们提供了一个审视人类的视角，这是一个包含狼之预设属性的系统，起着"过滤器"的作用。而人之属性也反过来被挑选和组织为"复杂体"，让我们可以从不同的视角来审视狼。这个例子明显地蕴含了隐喻中的"本体"（或"主题"）和"喻体"（或"次题"）之间互动关系是对称的。但是在其他论及隐喻的文献中，布莱克又明显表示隐喻的不对称性。比如，在《再谈隐喻》（*More about Metaphor*）（1979）一文的"隐喻思维"这节中，布莱克认为不同的概念能以不同的方式重组大卫之星，把大卫之星呈现为轴线相距120度的三个平行四边形，并没有同时重组我们对平行四边形的概念。换言之，在互动之后，平行四边形没有变为大卫之星。

布莱克例证中提出的问题并没有解决得令每个人都心服口服。持互动论的一些学者，如韦布鲁格（Verbrugge）和基特认为，互动论本质上是非对称的；而其他学者，如豪斯曼（Hausman）则强调互动论的对称性。豪斯曼甚至坚称没有必要区分隐喻的"源头"（source）和"目标"（target）。（这是雷可夫和约翰逊提出的一对术语，用来指称隐喻的两个元素。在下文中，我们统一采用"源头"和"目标"这两个术语，因为我们将会证明雷可夫的隐喻认知理论是最站得住脚的。）这一混淆实际上导致许多学者认为对称性是互动理论的重要方面。但是，雷可夫及其同仁对"对称性"这一主张非常反感，进而全盘怀疑互动论。在整理研究了大量科学隐喻之后，我们认为把隐喻看成是不对称性的做法则更为合理。以"电流"（electric current）为例：对于我们以及早期的物理学家来说，这个隐喻的关键是它使人们深刻认识了电的性能，即电流是可控制的，能从高电压流向低电压。我们认为，这个隐喻的使用没有使我们对流体的认识有多少改变。

（三）转换生成观

为了回顾乔姆斯基提出的转换生成语法的隐喻观，有必要概述这个学派的一些基本语言观。乔姆斯基继承了笛卡尔的唯理主义传统，认为语言是一组规则。因此，乔姆斯基的语言学模式是基于研究"理想化的说者—听者"的语法知识，只认可纯洁的、非隐喻性的语言为合法的研究对象。

此外，乔姆斯基派学者认为句子是思想的基本单位。生成语法学家提出"能力"（说者—听者的语言知识）和"运用"（语言在具体场景中的实际使用）这两个概念，并全心致力于研究"能力"。

正因为语言的实际运用是在乔氏的语言研究范围之外，才造成了转换生成语法学派对于隐喻的排斥，因为隐喻不"属于"由语法机制生成的"合适的语流集"。我们知道，乔姆斯基的语言研究目的是为精彩纷呈、丰富多变的语言进行规则化，并采取形式化的手段为规范的语言行为制定理想标准，所以，这个学派对于隐喻视而不见也就不足为奇了。但语言的真实使用却表明，自然语言是很难用形式化予以规范的。生成学派和他学派的一些学者经常凭空杜撰或从自然生成的文本中挑出一些极"不顺从"、不符合语言使用规则、因而让生成语法学家颇为尴尬的句子。我们可以用雷迪（Reddy）的句子"The rock is becoming brittle with age.（那块岩石因年久而变得脆弱。）"为例。在地质学语境中，该句子是非隐喻性的，但该句如果陈述的是指荣誉退休的教授，那它则是隐喻性的。若说话者的意图是隐喻性的，那么这个句子的语法也完全符合乔姆斯基（1961）提出的"构型成分范畴的m层等级（m-level hierarchy of categories of formatives）"（Levin, 1977:15）。相反，"变异的"句子不一定是隐喻性的，所以The tree asked Mervyn to direct it to London.（那棵树要求莫文带它到伦敦。）

在像《指环王》这样的幻想世界中，这个句子可以是非隐喻性的，因为这样世界里的树有生命，而且会说话。此外，许多学者已经通过实验证明，并非像语言变异理论所假设的那样，隐喻性的表达方式对语言使用者的理解并不构成难以逾越的困难。

遗憾的是，在这些明显的经验事实面前，乔姆斯基和他的追随者们没有重新审视"语言是一组规则"这样的假设，而是寻找新的规则来抢救他们的语言理论。卡茨（Kats, 1962）则试图通过补充转换生成语法的原有规则，添加"转移规则"和"交通规则"，以此来弥补乔姆斯基和齐夫理论的缺陷和不足，希望"转移规则"能"在构建时纳入一些背离语法规则的语句"，期望"交通规则"能保证"违反规则的语句不至于严重到产生荒谬字符串的地步"（Levin, 1977:17）。在莱文看来，这些尝试都是"把出现偏差的表达方式看作是超出语法范围之外的语言现象"，并力求为这些背离常规的表达方式做出解释，因而是"寄生于"或者是"派生于"最初的转换生成规则。

乔姆斯基和生成学派的其他学者不改初衷，坚持原有的语言观，这使他们在过去的二十几年中不断成为诟病的对象，这虽可以理解但也令人遗憾。总结起来，批评者的观点主要有以下几点：

第一，背离仅仅是与固定的意义相对而言的。换句话说，只有从字面意思来理解词的时候，才会出现语言的背离现象。由此可见，背离论与我们上文讨论的替代论是一脉相承的，两者都是建立在古典修辞学对本义和比喻意义的区分之上。这一区分被理查兹（Richards）批评为"本义迷信行为"。的确，如果我们以历时的角度来看语言，完全可以说大部分常用词现在的意义完全不是"固有的"。以"田野"（field）为例，该词最初仅表示"一块用于放牧和耕种的土地"，但如今该词早已用于物理学并得到广泛认可，意思是"某一特定的力可以被感觉到的区域或空间"，比如磁场（a magnetic field）和地球引力场（the earth's gravitational field）。这样的例子恰好佐证了欧文·巴菲尔德（Owen Barfield）的观点："一些单词的直白性是它们在历史发展过程中得到的，并非是在创造之初就具有的特征。"（Radman，1997:3）

第二，视隐喻为不合语言规则的观点无法解释人们（专家也好，外行也罢）为何常常会有意在日常交际中制造不合语法规则的句子。既然直白性的句子符合所谓的语言规则，能使交际通畅无阻，那他们为何不用这样直白性的句子来表达自己的意思呢？笔者以为，我们只有假定人脑天生就具有隐喻性思维的倾向性才能回答这个问题。本研究将表明，包括科学家在内的所有人的语言表达方式都可能是隐喻性的。这倒不是因为没有其他的语言表达手段，而是因为隐喻能帮助他们表达得更清晰、更便于理解（比如，天文学家用"光年"而不是94 630 000 000 000公里来指很长的天文距离）。颇具讽刺的是，乔姆斯基和洛克、霍布斯（Hobbes）等逻辑实证主义者一样，虽然视隐喻为不符合语法规则，但同样也表现出"实用主义性质的惯常做法，对于修辞性语言所持有的公开态度与实际操作很不一致"（Haack，1994:2）。转化生成语法中的"母亲节点"（mother node）和"女儿节点"（daughter node）正是典型的例子。因此泰勒（Taylor，1989:132）认为，隐喻是如此"无处不在，难以被看成是违反规则的语言现象"。我们在这里打个不太恰当的比喻，隐喻既存在于"合法"意义和"非法"意义之间的临界处，又不断地把"非法"意义变成"合法"意义，并最终推翻那些判其为"匪"的法则。

第三，今天隐喻已被广泛认为是创造性地运用语言。如果隐喻果真是"偏离"所谓的公认规则，因而语言学家对它可以不屑一顾，那么，乔姆斯基的语言是规则支配的理论将轰然坍塌：乔氏理论认为每个说话者在产出和理解新句子时都展示了创造性，而创造必定带来之前不存在的事物。我们甚至可以说，乔氏语言学对如此普遍存在的隐喻现象视而不见，完全是"削经验证据之足"以"适所谓理论之履"，违反了乔姆斯基声称所遵从的科学方法。

总而言之，乔姆斯基坚持研究理想化的语言材料，并据此认为隐喻违背规则，最终只能把我们引向徒劳。

（四）隐喻认知理论

尽管雷可夫及其同仁（Johnson，1987；Lakoff，1987；Lakoff & Johnson，1980；Lakoff&Tumer，1989）与布莱克和其他互动派的学者都认为隐喻是创造相似性，而不是基于预先存在的相似性，但他们采纳的却不是互动论的思想。今天，他们的方法被学术界称为雷可夫学派（Indurkhya，1992:78）。雷可夫学派中有几点值得我们在此特书一笔。

首先，雷可夫（1993，收录于Ortony，1993:204）及其同仁对"直白的就不是隐喻的"这一传统信念提出了质疑，把研究的重点放在了常规隐喻（conventional metaphor）、呆板隐喻（frozen metaphor）和死喻（dead metaphor）上，指出很多日常的概念都是由常规隐喻构建而来的。他们对常规隐喻的研究表明，隐喻并非只是诗歌、艺术、修饰语言的范畴，而是其他类型的语篇不可或缺的一部分，不管这些语篇是学术性的还是非学术性的（雷可夫等人认为英语中超过70%的表达法源于隐喻概念）。如是，隐喻简直就是塑造我们认知世界的有力工具，是我们赖以生存的事物。

其次，雷可夫等人对于隐喻研究的另一重大贡献，就是提出了"隐喻存在于思维"这一深刻见解（1980）。这意味着隐喻并不只是语言表达上的问题，更为重要的是一种思维，具有独特的认识论功能，不然的话，"我们就该期待不同的语言表达会成为不同的隐喻"（Lakoff，1993，收于Ortony，1993:209）。有鉴于此，初看似乎是随意的隐喻实则并不随意，以"电流"（electric current）、"蓄电池"（electric reservoir）和"电压降落"（voltage drop）为例，它们其实都是从同一个隐喻拓展出来的，此处的"电"被概念化为"液体"。基于此，雷可夫等人主张"隐喻作为一种现象，既涉及概念映射，也涉及具体的语言表达"（同上）。由于我们对于这个世界的观念与我们生长的文化环境息息相关，可以说雷可夫的理论观点"实质上是重申了五十年前本杰明·李·沃尔夫（Benjamin Lee Whorf）的思想，尽管沃尔夫在阐述语言相对论时并不是着眼于隐喻的讨论"（Indurkhya，1992:80-81）。

第三，面对欧洲大陆存在的客观主义和主观主义思想，雷可夫的隐喻认知论并不支持任何一方。雷可大等人认为，所谓存在完全客观、无条件的绝对真相这个想法是毫无道理可言的。在他们看来，没有任何事物具有"独立于人或其他生物所能感知的"固有特性（Lakoff&Johnson，1980：186）。他们也同样不赞同浪漫派传统。该传统强调想象力可以超越理性和客观性，因而科学对于主观主义者完全无用，尤其当科学所涉及的是人类经验中那些"对自身非常重要"的方面。由此，因杜尔亚（1992）认为，雷可夫理论旨在客观主义和主观主义之间求得平衡，这一意图正好说明雷可夫及其同僚为何在客观相似性和经验相似性之间做出区别，来展示隐喻的创造相似性功能。雷可夫等人认为，世间只存在经验相似性。隐喻是把一事物概念化为另一事物，从而使两者看上去相似。换言之，隐喻在源头和目标之间创造经验相似性。这一点可由认知科学中的例子得到证明——"人脑是计算机"。如果"人脑"和"计算机"之间的确存在客观相似性，那么，这些相似性对所有人来说都应该是显而易见的，不应受任何概念所影响。但事实并非如此，对完全不了解计算机工作原理的人来说，人的大脑和计算机可谓天差地别，一个是智力的，而另一个是机械性的，把这两者混为一谈甚为可笑。然而，对于了解人脑和计算机工作原理的认知学家来说，完全有理由将两者相提并论，因为人脑计算、记忆和提取信息的方式与计算机十分相似。这个例子表明，隐喻是我们凭借经验用一种事物去理解另一种事物的思维过程。

第三节 国内的隐喻研究

一、国内对西方隐喻理论深入探索

近现代以来，随着具有划时代意义的陈望道的《修辞学发凡》以及唐钺的《修辞格》等重要著作的出现，人们对隐喻的认识有了新的提高。针对我国本土对西方隐喻理论的研究状况，不少国内学者做了阶段性的总结和分析。具体来说，目前中国本土对西方隐喻理论的研究主要有：对西方某一隐喻理论的评介；对西方两种或两种以上的隐喻理论的对比研究等。下面分别加以论述。

（一）国内对西方单一隐喻理论的述评

莱考夫和约翰逊提出的"概念隐喻理论"是由刘宁生的摘译文章和赵艳芳的书评介绍到国内的。高莉莉、张蓓也对这一理论进行了评介。刘正光从六个方面探讨了莱考夫隐喻理论中的一些问题和缺陷："①理论基础缺乏足够的经验主义；②方法论缺乏确定映射水平或特征的标准；③自发、对等映射过度概括；④映射内容不充分；⑤相似概念结构构成的隐喻之间的关系不明确；⑥理论解释缺乏经济性原则。"[1]

Michael Reddy 提出了"管道隐喻（conduit metaphor）"理论，是"概念隐喻理论"在言语交际中的体现，吴莉从构成结构入手介绍了这一理论。

"透视观"是由 Kittay 在《隐喻：其认知力与语言结构》一书中提出的，这一理论认为隐喻之所以起作用，是由于它提供了对目标概念的透视。林书武（1994）的书评将其引进国内，杨成虎（2000）（杨文译作"语义协调论"）系统介绍了该理论产生的背景以及该理论所解决的问题。

倪传斌（2003）通过对塞尔隐喻理论"三个步骤、四个条件和八项规则"等基本内容的分析，发现塞尔解释隐喻理解的思维过程过于简单，在实际应用过程中应该添加"预企"和"反馈"两个环节；塞尔的隐喻"八项规则"的应用也存在局限性，应该修改为"八项规则"的双向应用。

韩礼德在《功能语法入门》一书的1985年和1994年两个版本中对语法隐喻有专门论述，但在1996年前后的论著中，他明显地改变了理论框架。胡壮麟分析了韩礼德对框架作重新整理的原因，指出新框架对语言的系统发展、个体发展和语篇发展的阐述在理论上有突破，认为引入雅式和土式的区分比较符合实际，并且对新框架的不彻底性提出商榷。[2]严世清主要探讨了韩礼德等近十年来对于语法隐喻理论的发展及其理论意义，指出语法隐喻理论至少有以下三方面的变化："①韩礼德倾向于用语法隐喻这一术语指称所有级转移现象，而反对概念、人际和语篇隐喻的分类；②语法隐喻被看作超越语言系统之上的一种工作机制，具有浓重的语言哲学意味；③韩礼德等人讨论了语法隐喻与认知隐喻理论之间的异同，表明该学派已经开始与其他学派间的对话，这一理论立场上的重大变化无疑有助于系统功能语言学理论自身的进一步发展。"[3]

撰写书评和综述性研究论文成为国内学者向学界引介西方理论的重要方式。

林书武（1995）介绍了Bipin Indurkhya创造相似性隐喻理论和认知的互相作用观。林书武（1996）介绍了E. Morgan Kelley跨文化语言学研究当中隐喻理论的应用，又在1997年介绍了Gibbs通过考察隐喻的本质、隐喻性话

---

[1] 刘正光. 莱柯夫隐喻理论中的缺陷[J]. 外语与外语教学，2001（1）.

[2] 胡壮麟. 认知隐喻学[M]. 北京：北京大学出版社，2004: 16.

[3] 严世清. 语法隐喻理论的发展及其理论意义[J]. 外国语，2003（3）.

语理解的过程说明人的"思维的比喻性"。

沈家煊（1997）介绍了Eve Sweetser以隐喻为认知基础将词源学历时研究和语用学共时研究结合起来进行语义研究的方法。李福印（2000）介绍了Ning Yu（宁於）的研究目的——主要是把当代隐喻理论置于汉语中验证并解释汉语中存在的问题，并摘译了三、五两章和结论的简要内容。此外，石敏智（1995）、丁建新（2001）也都介绍了国外近年来的隐喻研究以及与隐喻有关的认知学科的著作。

综述性研究论文主要有[1]：

束定芳（1996）简要回顾了西方隐喻研究的历史和现状以及近年来我国语言学界对隐喻现象的研究情况。林书武（1997）"以隐喻的归属问题为主线，综合考察了国外隐喻研究"。李福印（2000）介绍了隐喻在国外英语界的研究动态、发展过程及隐喻的研究对象，通过分析隐喻的定义、基本功能及理论，解释为什么隐喻的研究对象如此广博，并成为跨学科研究的对象。

束定芳和汤本庆（2002）在回顾传统隐喻理论的基础上，对隐喻研究的两个重要领域——隐喻的本质和隐喻的理解进行了重点讨论，并指出了存在的问题，还从隐喻学的历史研究、隐喻理论的整合、隐喻理论的应用及各方面谈了对今后研究方向的看法。蒋光友（2005）从众多理论和文献中筛选出隐喻研究的主要内容，提出隐喻的分学科研究纲要。此外，郭丽（2007）回顾了在隐喻研究的历史上涌现出的许多影响深远的隐喻理论和思想，并阐述了概念隐喻理论和合成空间理论等一些重要理论的主张和其中存在的局限性。刘云红（2005）从莱考夫等学者对诗歌、政治、哲学和数学领域的分析找出充分的证据，进一步证明了隐喻不是一种语言现象，而是一种认知现象、一种思维方式，是理解抽象概念最重要的手段。刘宇红（2005）对始自古希腊的各种哲学传统的隐喻研究进行了全面的梳理，认为哲学家的隐喻观和隐喻研究方法体现了每一特定时期哲学家对世界统一性和规律性的根本看法以及与此相应的认识论传统。

（二）对比研究西方隐喻理论

除了评介单一理论，国内学者还运用比较的方法对上述理论进行分析、阐述，主要有杨君（1995）在对"隐喻"进行概念分析的基础上，对比介绍了隐喻研究的命名说、比较说、相互作用理论、言语行为说和认知理论。陈治安和蒋光友（1999）综述了典型的隐喻理解理论：比较观、相

[1] 侯奕松. 隐喻研究与英语教学 [M]. 北京：北京师范大学出版社，2011: 16-17.

互作用观、语用观和认知观，并指出隐喻的认知观从人类独特的隐喻思维能力入手，比较成功地解决了隐喻理解这个问题。刘振前（1999）对比分析了解释隐喻本质的三种理论：类别包含理论、认知理论和功能理论。姚婵莉（2005）比较了修辞隐喻、认知隐喻和语法隐喻三种隐喻观的本质、功能和工作机制。

运用比较的方法介绍概念隐喻理论和合成空间理论，其中黄华（2001）通过比较两者的理论框架以期"可以对隐喻的认知机制有更深入的认识，希望能够对以后的隐喻研究、文学批评和语篇分析有所帮助"，并将合成空间理论称为"交织理论（blending theory）"。陈道明（2001）分析了两种理论所提出的不同概念映射模式；王斌（2001）认为它们具有互补性，并将合成空间理论称为"概念整合（conceptual integration）理论"。夏孝才和杨艳（2002）称"概念隐喻理论"具有划时代的意义，"合成空间理论"是目前最具权威性、最完美的隐喻理论之一。赵蓉（1998）把"概念隐喻理论"和"合成空间理论"称为"隐喻阐释的两个新视角"。

杨信彰（1998）对比分析了透视观和语法隐喻理论，指出两种理论虽然出发点不同，但对隐喻的解释有很强的互补性，有助于我们全面地解释和认知隐喻。王云燕和张华英（2000）认为认知语言学和系统功能语言学对隐喻本质的不同解释构成当前隐喻研究的两种发展趋势。

陈春华对顺应论和关联论两种语用观进行了比较，认为："关联理论从认知的角度解释了交际的性质，认知语境为语用推理过程提供了手段，而推理是以关联原则和最佳关联假设为基础的，语言使用的过程就是各种关系相互顺应的过程，语境是交际语境和语言语境的综合，是顺应的内容之一。"[1]

二、英汉隐喻对比研究的具体语料分析

语言理论的提出、发展和完善都离不开对具体材料、现象的分析，探讨理论的论文中必然要涉及语料的分析。自觉运用理论进行语料分析可以进一步深化对理论的探究。

Collins Cobuild Harper Collins出版公司1995年出版的《隐喻》一书，讨论现代英语口语和书面语中最常用的隐喻。全书共12章，以自然现象、

---

[1] 陈春华. 顺应论和关联论——两种语用观的比较 [J]. 四川外语学院学报, 2003（3）.

物质世界或人类生活的一个方面为基础列出12个专题，分别讨论与这些专题相关的隐喻的意义和用法。该书在我国已于2001年由外文出版社出版。此外，值得一提的还有2001年出版的《隐喻的研究与应用》（*Researching and Applying Metaphor*）（Cameron&Low，2001）。该书的第四部分则是对专门收集的语料所进行的分析：①Richard Gwyn的论文报告了身患重病者及周围的人们是如何使用隐喻来对付病痛的；②Graham Low的论文报告了怎样在一般的EAP中探讨在没有有效语料的情况下或情境中获得教学指导原则；③Zazie Todd和David D. Clarke的论文则探讨了成年人是如何理解儿童话语中的隐喻问题的。

国内学者们也充分认识到具体语料分析对隐喻研究的重要意义，出现了为数不少的英汉隐喻对比语料分析研究成果。张全生（2004）将隐喻的这方面研究归纳为以下三种情况：

（1）对特定语言中的隐喻现象进行概括分析。主要有汉语、英语、俄语等，通过这一分析可以反映出具体语言中隐喻现象的总体轮廓。

朱小安（2007）以德语和汉语隐喻为例，通过调查来源于疾病、交通、气候、战争和亲属五个领域的隐喻，来揭示隐喻与政治之间的相似性与认知关系，并从认知语言学的角度探讨了政治隐喻作为概念隐喻在不同语言中的共性与特性。高春雨（2007）利用俄语语料，从动词隐喻派生词义过程中角色题元的表现和作用机制、题元与语义结构之间的关系出发，把物理动词隐喻词义的派生跟角色题元的相应变化结合起来进行研究。

（2）对具体某个词或某类词进行分析。这方面的研究大部分是从身体隐喻、情感隐喻、空间隐喻和时间隐喻四个方面进行英汉对比语料分析研究。

原始人类在最初认知世界时，几乎将身体的各个部位以各种方式投射于客观物质世界，或者说人类是以认识自身身体的方式去认识客观物质世界的。陈家旭主要从人体隐喻化认知的工作机制及其特点、在英汉两种语言中的投射模式与对应程度以及英汉语中的优势分布等几个方面探讨英汉语中人体隐喻认知的共性和差异性及其原因。吴新民（2006）对比分析英汉语常用视觉动词词义演变中反映出来的概念隐喻，指出英汉语常用视觉动词词义演变既从视觉域（属身域）向心域隐喻投射，也从视觉域向外部物质世界域、社会关系域以及生理知觉域内部隐喻投射。廖艳平（2007）通过对英汉语"head（头）"的相关隐喻意义的分析研究，揭示相关概念的形成过程，展现了多姿多彩的语言现象。此外，徐雪梅和董召锋（2006）从人的视觉感知、生存环境及社会文化三个方面解释"颜色的认知原型"，对英汉语中颜色词产生的隐喻进行了对比研究。

情感是人类最普遍最重要的人生体验，人的认知心理和情感相互影响相互作用，因此，情感隐喻成了语言学家的重要课题。近年来，学者张辉、林书武、周红等对情感的概念隐喻进行了英汉对比研究，主要话题集中在英汉情感隐喻的共性与异性、"愤怒"以及"爱情"的概念隐喻对比研究三个方面。

空间隐喻在人类认识世界的活动中起着至关重要的作用，且具有可比性，近来空间隐喻的英汉对比研究的成果已逐渐增加。目前，吴静和王瑞东（2001）对这一课题进行了较为详细的研究。吴静以汉语的"上下"空间关系为代表，与表意功能或概念上对应的英汉空间结构进行比较，对"时间、范围、状态、地位和数量"五个方面进行英汉对比。岳好平、莫友元和罗文翠（2006）通过对"上下"空间隐喻词语的认知研究，揭示了空间隐喻现象的四大隐喻认知功能，即情感表达功能、数量表达功能、社会地位显示功能和身体状况显示功能。黄芳（2006）对方位标"里""内""中"进行历时考察，认为语体和文体的影响只是外在的因素，其内在的因素是受到了与人类语言表达密切相关的认知心理的影响。

时间隐喻指的是将人们熟识的非时间概念投射到时间概念结构上的隐喻。由于受两种不同文化的影响，英汉语中时间隐喻存在着一定的差异。陈家旭对英汉两种语言中时间的空间隐喻化认知、结构隐喻化认知、本体隐喻化认知这三种类型的隐喻方式进行系统的对比研究。张丽辉（2007）从词汇、"时间在动"及"自我在动"隐喻系统方面研究时间的空间隐喻及其在中英文中存在的普遍性。

（3）把隐喻理论应用到具体语言实践中，从而使隐喻研究和应用语言学结合起来。庞继贤和丁展平（2002）指出英语语言学视角下的隐喻研究为研究隐喻提供了很有理论和实际价值的研究方向。这方面的研究包括诸多方面：

隐喻理论在文学批评中的应用。有人说，隐喻是"微型诗歌（poem in miniature）"，诗歌与隐喻同源。毫无疑问，有关隐喻的语义特点和功能、隐喻的工作机制等方面的理论可以用来解释诗歌与其他文学表达形式的相似与不同、诗歌的理解方式等。蓝纯（2005）在其《认知语言学与隐喻研究》的第七章专门探讨了汉语和英语的诗歌比喻和借代。

把隐喻理论应用到具体语言实践中，从而使隐喻研究和应用语言学结合起来。这方面的研究主要有：应用到语篇话语分析中，分析报刊语言尤其是报刊政论文、经贸商务语篇、日常话语中的隐喻现象等。欧阳玲珑（2007）结合大量实例，主要从拟人、双关、排比等七个方面论述了广告英语的修辞特点。杨林（2007）运用系统功能语言学的语法隐喻理论，分析了新闻英语语篇的文体特征。

　　隐喻理论也被应用到语言教学中，尤其是第二语言教学，主要探讨词汇教学、教学中的文化导入、学生言语能力的培养等问题。刘振前和时小英（2002）从认知科学、语言学、心理语言学等方面探讨了隐喻的文化与认知特征，认为隐喻既是一种语言现象，也是一种文化现象，对隐喻的理解在很大程度上取决于对目的语文化的理解与把握。王守元和刘振前（2003）探讨了通过隐喻进行文化教学是外语教育中文化教学的一条可行途径。王寅和李弘（2004）基于当代隐喻认知理论，强调隐喻能力与语言能力、交际能力三驾齐驱，共建"三合一"能力，共同构成语言运用的基本功，它对于创新思维、拓宽思路具有重要的认知作用。周红辉（2006）讨论了从认知角度看隐喻以及其在教学中所起的作用和意义，重点讨论了概念隐喻作为一种思维方式对培养学生在英语学习当中以隐喻思维去认知世界，尤其对英语教学中的词汇、语用能力以及跨文化交际能力的提高有十分重要的意义。朱炜（2005）以认知原型范畴理论为指导，探讨了英语词汇教学的新理念，提出在词汇教学中，要重视基本范畴词的学习，重视多义词的讲解，重视转喻和隐喻的认识，从而提高学生的学习兴趣，改善课堂气氛，提高教学质量。魏静（2006）探讨了各具特色的"死"隐喻有助于了解该语言文化的认知思维特性，同时也能更有效地理解和使用该部分词汇，从而达到突破，使语言水平达到新高度的目的。王山珍（2007）在论述认知隐喻理论机制的基础上，提出了将隐喻理论引入EFL词汇教学，启发学生通过隐喻的认知功能学习词汇，培养学生语言学习的主动性和科学性，从而提高教学效率。王素娟（2007）从语言学习者的认知规律出发，探讨隐喻的认知功能和隐喻式文化教学的理论基础和实践依据，以寻找一种对当前文化教学可行有效的方法。

　　隐喻理论还被应用到语言翻译中，一方面，分析不同语言中隐喻话语的翻译实践问题；另一方面，探讨隐喻理论对翻译理论及实践的影响和价值，如谢之君（2001）用认知隐喻理论对翻译思维进行探索性研究，探讨翻译思维有助于更深刻地理解和认识翻译过程、翻译理论、翻译方法等，为翻译思维研究提供一个新的视角。朱波（2001）区分了隐喻辞格和隐喻化思维模式之间的不同，强调了隐喻化思维在认知过程中的重要性，分析了它在翻译过程中存在的理据和运用。王斌（2001）从意义与翻译这两个概念入手，探讨隐喻与对等、客观意义与主观意义以及隐喻与交织之间的关系，指出传统翻译隐喻观的局限性，并从认知结构的角度试图解释传统翻译观中难以解决的种种矛盾。陈道明（2002）用体验主义认识论在翻译理论研究的不同学派间架起一座桥梁，让多元翻译标准兼容互补，并利用概念映射和概念整合的理论解释翻译这种思维过程。高圣兵（2006）通过对隐喻研究的综述和讨论，说明研究语篇的隐喻性有利于对文体的理解和研究，也给翻译研究带来新的启示，有助于彰显翻译的本质、可译性及其限度、翻译文本类型等。何伟和张娇（2007）以韩礼德的概念隐喻为依据，从翻译研究中意合与形合的角度来探讨古诗词英译中的一些问题，发现概念隐喻可以解释从意合向形合转换中的一些诸如紧缩句、模糊性以及无主句的英译问题。

隐喻的运用绝不限于以上这些，目前，隐喻研究已经成为一门跨学科的学问，哲学、心理学、文学批评、认知科学等学科纷纷将隐喻纳入自己的研究对象。

三、国内隐喻研究的现状分析

纵观我国国内对西方隐喻理论的研究，我们的确取得了不小的成功和突破，但我们也应该同时认识到，我们的隐喻研究还存在着一定的缺陷。其表现在以下几个方面。

（一）对隐喻理论的研究处于零散的状态

追溯"替代论""比较论""互动论""概念隐喻理论""合成空间理论""语法隐喻理论"等隐喻理论的渊源，我们对这些理论的形成、主要观点以及相互之间的联系和区别已经做了很多的研究，但是很多的研究都是独立的研究，每一种理论都在某种程度上揭示隐喻的某些特征，虽然这些理论并非互相矛盾，但是如果我们能把它们很好地组合起来，使之有机地统一起来，将有助于我们对隐喻这一特殊的语言现象有一个比较完整的认识。

（二）需要进一步挖掘中国汉语的隐喻能力

中国悠久的历史和文化使汉语语言蕴藏了丰富的隐喻语料。汉语中的歇后语、四字成语、古诗词等都是汉语所特有的隐喻表达方式，其对汉语的表达力、对中国文化的形成的影响非常值得研究。我们应该在研究西方隐喻理论和成果的同时，多注意挖掘中国文化和学术传统中对隐喻的论述。如果我们把有关成果结合到现代隐喻理论中，可能会发现新的隐喻理论，会为全球性的隐喻研究提供新的视角和创造新的成果。如果我们在研究中大力开发使用汉语的隐喻语料，而不是像现在这样集中于外语预料，那么，我国的隐喻研究一定会进入更高的层次。

（三）外语界和汉语界的学者须携手共进

正是由于上述汉语语料挖掘的不足，造成国内目前的隐喻研究主要参与者集中在外语界，其研究成果也主要是外语类的学刊，尽管像《修辞学习》等学刊也有发表，但毕竟凤毛麟角。正因汉语界的学者参与较少，使对汉语隐喻现象的分析研究很难深入下去。只有外语界和汉语界的学者携手共进，才有可能将隐喻研究在中国更深入地开展起来，才有可能开辟出一片符合中国国情的隐喻研究的新天地。

（四）隐喻理论的实际运用范围较狭隘

尽管隐喻作为一种认识方式已经为学界所接受，隐喻研究已经在语言学、哲学、心理学、文学批评、认知科学等领域展开，但是大多数的研究还是停留在理论的联系和区别上。理论的梳理固然重要。但是，将隐喻理论与各个领域的发展真正结合起来，将隐喻研究与实际结合起来更具有实际意义。这正是我们今后应该努力的方面。

扩展隐喻理论的实际运用还包括将目前各自独立的研究成果和实践加以总结和集中。比如，目前对于隐喻理论在英语教育教学中的应用的研究都是零星分散的，有关于词汇教学的，也有关于文化教学的，这些都只是对某项语言技能进行考察，探讨隐喻对其产生的积极影响。但是，究竟如何有效地将隐喻理论纳入英语语言教学中，如何切实地培养学生的隐喻能力，如何促进各项英语语言能力和交际能力，我们还没有一套系统的指导性的书籍，因而我们的英语教学中根本就没有或极少涉及隐喻的最新理论，更不用说有意识地培养学生的隐喻思维和隐喻能力了。

第二章
英汉隐喻的工作机制

　　隐喻是一种基本认知能力。传统隐喻研究只限于对隐喻的修辞及是否保留字面指称意义进行研究，认知语言学的隐喻研究发现人的思维的基本特征就是隐喻，人们的概念系统在很大程度上也是以隐喻的方式构建的。因此，隐喻的工作机制的探讨具有重大的理论和方法论意义。

第一节　隐喻的本质及重要意义

一、隐喻的本质

（一）隐喻定义的对象——各种自然的经验

我们已知隐喻允许我们依据一个经验领域去理解另一个经验领域。这表明理解是依据经验的整个领域，而不是孤立的概念。我们被引领去假定"爱是一次旅行""时间是金钱""争论是战争"这类隐喻，这一事实表明定义的焦点是在"爱""时间""争论"这样的基本经验领域层次。依据旅行、金钱和战争这种经验的其他基本领域，这些经验被概念化和定义。"预算时间"和"攻击一个观点"这种概念定义的产生是由于我们以隐喻方式定义了更普遍的概念（"时间""争论"等）的结果。

这引发了一个非常重要的问题：是什么构成了一个"经验基本领域"？每一个这样的领域都是我们经验中的一个结构化整体，被概念化为我们所称的"经验完形"。这样的完形在经验方面是基本的，因为它们描述了周期性人类经历中的结构化整体。它们根据自然维度（对话部分、对话阶段、对话原因等）表示我们经历的连贯构成。这些依据上述自然维度被组织成完形的经验领域，对我们似乎就是各种自然经验。

说它们是自然的，是基于以下原因：

这种经验产生于我们的身体（知觉和运动神经器官、心智能力、情感组成等）；

我们与物质环境的交互（移动、操纵物体、吃等）；

我与我们文化中的其他人的互动（在社会、政治、经济和宗教制度方面）。换句话说，这些自然经验是人性的产物。有些可能是普遍的，而另一些将会因文化的不同而不同。

我们认为出现在隐喻定义中的概念是那些与各种自然经验相符的概念。到目前为止，根据我们已探讨的以隐喻来定义的概念判断，下列内容将是我们文化中各种自然经验概念的例子："爱""时间""想法""理解""争论""劳动""快乐""健康""控制""地位""道德"，等等。这些概念需要隐喻化的定义，因为它们本身的界定不够明确，不能满足我们日常活动的目的。

同样，我们将说明隐喻定义中用以定义其他概念的概念也与各种自然经验相符。例如，物理方向、物体、物质、旅行、战争、疯狂、食物、建筑物，等等。这些关于各种自然经验的概念和对象被非常清楚地构建，拥有足够的恰当的内部结构，可以承担定义其他概念的任务。换言之，它们提供正确的结构让我们掌握那些不太具体或自身界定不够清晰的自然经验。

由此得出，一些自然经验本质上具有部分的隐喻属性，因为隐喻在描述经验的结构特征方面起着至关重要的作用。争论是一个明显的例子，因为把经历过的一些说和听的活动当作一场争论，就部分需要"争论是战争"的隐喻来提供"争论"概念的结构。时间的经验是一种几乎完全依赖隐喻方式来理解的自然经验（通过时间的"空间化"隐喻、"时间是一种移动的物体"隐喻、"时间是金钱"隐喻）。同样，所有那些被赋予上下方向的概念（如控制、地位、高兴）以及其他空间概念，都基于部分以隐喻方式来理解的各种自然经验。

（二）隐喻的互动属性

各种自然经验是概念系统建立的基础。直接出现的概念（如"由上而下""对象""直接操纵"）和隐喻（如"快乐为上""事件是对象""争论是战争"）建立在我们与我们的物理和人文环境的持续互动中。同样，我们用以建构我们经验的各种维度（如对话部分、对话阶段、对话目的）自然地从我们在世间的活动中涌现。我们拥有的这种概念系统是我们作为人类与物理和人文环境相互作用方式的产物。

标准观点追求"客观性"，假定经验和对象都有内在属性，并且人类只能依据这些性质理解它们。客观论者认为定义是通过给出应用这个概念的必要充分条件来说明内部属性是什么。按照客观论者的观点，"爱"有不同的含义，每一种含义都可以按照这种内在属性如喜好、情感、性欲等被定义。与之相反，我们认为我们对爱的理解只是部分依据这种内在属性，而大部分则是隐喻性的，并且主要依据诸如"旅行""疯狂""战争""健康"等表达自然经验的概念去理解。因为这些用以定义其他概念的概念源自我们与他人、与世界的互动之中，被它们以隐喻的形式定义的概念（如"爱"）将根据我们所称的互动属性被理解。

以"枪"的概念为例。你可能认为这样一个概念完全以物体本身的内在性质为特点，例如，它的形状、重量、各个部分是如何被组合的，等等。但是，当把各种修饰语应用到概念上时，我们对"枪"的概念的理解超越了这种可见的方式。例如，"黑"和"假"两个修饰语修饰"枪"所产生的差别。客观论者认为其定义的主要差别是：一把"黑枪"是一把"枪"，而一把"假枪"不是一把"枪"。"黑"被认为是对"枪"增加的一种额外属性，而"假"则被视为应用到"枪"的概念上来产生另一个概念，而这另一个概念不是"枪"的次范畴。这就是客观论者全部的观点。它认可下列蕴涵：

$$\frac{这是一把黑枪。}{因此，这是一把枪。} 与 \frac{这是一把假枪。}{因此，这不是一把枪。}$$

这个解释不能说明一把假枪是什么。它没有解释如下蕴涵：

$$\frac{这是一把假枪。}{因此，这不是一头长颈鹿。}$$

$$\frac{这是一把假枪。}{因此，这不是一碗炸酱面。}$$

以此类推……

为了解释这样一串无限长的蕴涵，我们需要一个详尽的解释去说明"假"究竟是如何来修饰"枪"的概念的。就当前的目的，一把假枪必须要看起来像一把真枪。换言之，它必须有切合情境的一把枪的特定的知觉属性。你可以像操作一把真枪一样（如，以某种方式握枪）对其进行适当的物理操作。换句话说，一把假枪必须要有我们所谓的枪的肌动活动属性。此外，有把假枪可以达到真枪所能达到的某些目的（如威胁、展示等）。一把假枪之所以是一把假枪是因为它不具有一把真枪的功能。如果它能枪毙你，它是一把真枪，不是一把假枪。最后，它一开始就没有按照真枪的功能去制造：一把坏的或不好使的枪不是一把假枪。因此，被修饰语"假"修饰的枪保留了"枪"的某些类型属性，而取消了其他属性。简言之：

假（枪）保留：知觉属性（一把假枪看起来像一把枪）

肌动活动属性（像真枪一样握它）

目的属性（具有真枪的某些作用）

假（枪）取消：功能属性（一把假枪不能射杀）

用途来历（如果它被制造成一把真枪，它就不是一把假枪）对"假"如何影响"枪"的概念的解释表明："枪"的概念至少有五个维度，"假"保留了三个维度，取消了两个维度。这表明我们依据属性的一种多维完形去构建枪的概念，这里的维度是知觉、肌动活动、目的、功能等。

如果我们考察什么是知觉、肌动活动、目的属性，看到它们不是枪内在的属性。相反，它们与我们和枪之间的交互方式有关。这表明，当人们真正理解枪的概念时，它至少部分是由跟知觉、肌动活动、目的、功能等相关的互动属性定义的。从而发现我们物体的概念，一如事件与活动概念，具有多维度完形的特征，而这些维度正是自然产生于我们在世间的经验。

（三）隐喻的范畴化

根据标准的客观论者的观点，我们可以根据一个物体的一套内在属性去完全地理解（并因此定义）它。但是如我们所知，至少某些刻画我们物体概念的属性是交互性的。此外，属性不仅仅可以构成一个集合，而且可以很好地形成一个结构化完形，其维度从我们的经验中自然产生。

客观论者的定义观也不足以解释另一种方式的理解。根据客观论者的观点，一个范畴是以集合论来定义的，以该范畴内实体的内在属性集合为特征。宇宙中的万事万物要么在这个范畴内，要么在这个范畴外。处在范畴内的事物是那些具有所有必要内在属性的事物。任何缺少一种或多种内在属性的事物就会处在范畴外。

这种范畴的集合理论概念不符合人们对事物和经验的范畴化方式。对人类而言，范畴化是一种认识世界的主要手段，故而它必须以一种充分灵活的方式满足这一目的。作为人类范畴化的一个模型，集合论的范畴化缺失下列内容：

第一，罗希（Rosch，1977）提出，我们依据事物的原型对事物进行范畴化。对于我们来说，原型的椅子有明确定义的靠背、座位、四条腿和两个扶手（可有可无）。但是，也有非原型的椅子：豆袋椅、吊椅、转椅、身型睡椅、理发椅等。我们认为非原型的椅子是椅子，不仅仅是依据它们本身的情况，而是依据它们和原型椅子的关系。

第二，我们认为豆袋椅、理发椅、身型睡椅是椅子，不是因为它们与原型椅共有某一界定属性的固定集合，而是因为它们和原型有充分的家族相似性。一把豆袋椅可能以一种不同于理发椅的方式与一把原型的椅子相似。豆袋椅和理发椅不必拥有原型椅属性的固定内核。但是它们仍然都是椅子，因为每一把椅子都以其不同的方式充分接近椅子的原型。

第三，在决定充分的家族相似性的各种属性中，互动属性尤为突出。椅子与凳子及其他各种座椅共有允许我们去坐的目的属性。但是，椅子允许的“肌动活动”范围通常是不同于凳子和其他座椅的。与我们对椅子的理解相关的互动属性将包括知觉属性（它们看起来如何，摸起来如何，等等）、功能属性（让我们坐）、肌动活动属性（当我们坐在椅子里时，我们的身体在里面进出）、目的属性（放松、吃、写信等）。

第四，范畴可以各种方式为各种目的系统化地得到扩展。有一种修饰语，被称为模糊限制语，它挑选出一个范畴的原型，并定义各种各样的与原型的关系（Lakoff，1975）。这里有几个例子：

典型的：挑选出一个范畴里的原型成员。例如知更鸟是一种典型的鸟，但是鸡、鸵鸟、企鹅不是典型的鸟。

严格来讲：从一般属于该范畴的实体中挑选出非原型的个案。严格来讲，鸡、鸵鸟、企鹅是鸟，尽管它们不是典型的鸟。鲨鱼、河豚、鲶鱼、金鱼不是典型的鱼，但是，严格来讲，它们是鱼。

宽松来讲：挑选出一般不属于该范畴的事物，因为它们缺少一些主要属性，但是有充足的属性去满足把它们看成范畴内的成员这一特定目的。尽管严格来讲，鲸不是鱼，但在特定的情境中，宽松来讲，它可能被认为是鱼。尽管严格来讲，助动车不是摩托车，但宽松来讲，助动车被包含在摩托车里。

技术上：出于某一技术目的对一范畴进行限定。在技术上某一事物是否属于这一范畴，主要取决于分类的目的。在保险里，助动车在技术上不是摩托车，但是收取桥梁通行费时，它在技术上却又归入摩托车。

其他的模糊限制语包括在一个重要的意义上。实际上，一个合乎常规的……一个真正的……在这个意义上……在某些方面很多。这些各种各样的模糊限制语使得我们能为不同目的将物体、事件和经验置于各种范畴之下，以合乎情理的方式总结它们之间的实际区别、提供新的视角、弄懂表面上不同的现象。

第五，类别是开放式的。隐喻定义可以让我们掌握我们分好类的事物和经历，它们还可能导致再次范畴化。例如，把"爱"视为"战争"可能让你明白了你视这种或那种爱的经验为某种经验，但是不能以任何有意义的方式把它们组合在一起。"爱是战争"的隐喻也可能使你把某些经历归入到爱的经历，而以前你没有这样看过。模糊限制语也显示了范畴的开放属性；换言之，一个物体是否属于某个范畴，取决于我们分类的目的。尽管范畴是开放式的，但是范畴化却不是随意的，因为隐喻和模糊限制语都以系统的方法定义（或重新定义）范畴。

二、隐喻的哲学意义

（一）体验哲学

总的来说，西方哲学有两个传统，一是客观主义，一是主观主义。客观主义的主要观点包括：①世界是由物质构成的；②我们获得知识的方法就是在世界中体验这些物质、了解物质的性质以及物质之间的关系；③我们认识世界是通过概念和范畴；④存在着客观实在，我们能够说事物是绝对的、无条件的、客观的真或假；⑤字词具有固定的意义；⑥人们能够做到客观，也能客观地讲话，但前提是他们使用的语言必须是定义清晰准确、直截了当、符合客观实在的；⑦隐喻和其他修饰性语言在客观叙事中是能够、也是应该避免的；⑧做到客观是好的，使得我们脱离偏见，走向公正；⑨客观意味着理性，主观意味着非理性；⑩主观是危险的。

主观主义认为人类知识来自意识，与客观实在无关。其主要观点包括：①意义是私人的；②经验是纯粹整体性的；③意义并没有自然结构；④语境也是无结构的；⑤意义不可能得到自然的、充分的表征。主观主义的一个基础假设是，经验没有自然结构，因而对意义和真理也不可能有来自外部的限制。

隐喻理论反对哲学及语言学上的客观主义和主观主义立场。这两种立场都将人与外部世界割裂开来，都忽视经验在认知过程中的重要作用。Lakoff根据隐喻理论，提出了哲学的第三条道路，体验哲学。它既反对客观世界的特权，也反对主观性的独裁。它强调经验，即人类与外部世界的相互作用，在认知过程中的决定性地位。它承认真理的存在，但反对绝对的、客观的真理观。它认为真理是相对于我们的概念体系的，而隐喻是我们概念体系的基本构成方式。隐喻是最重要、最基本的认知机制。隐喻反映出人类的认知既是创造性的，同时又受到经验的制约。

体验哲学认为，理解来自人与环境以及与他人之间的相互作用。我们的身体、我们的自然和文化环境的本质，是通过自然维度赋予我们的经验一个结构，反复出现的经验构成了范畴。这些范畴是具有自然维度的经验格式塔。在我们的经验中这些格式塔是自治的。当我们把经验看作是一个通过格式塔而形成的自治结构时，这种理解是直接的；当我们用一个经验领域的格式塔来刻画另一个领域的经验时，这种理解是隐喻的。根据体验哲学，真理是依赖于理解的，它来自世界的运作。正是通过这种理解，它满足了客观主义对真理的需要；正是通过经验的自治组成，它满足了主观主义对个人意义的追求。

体验哲学填平了客观主义和主观主义关于公正和偏见的鸿沟。体验哲学告诉我们，纯粹的主观直觉不是我们唯一的依靠，某一文化的概念和价值观也不能成为公正的最终判决者，概念和价值是随文化不同而不同的。主观主义和客观主义都无视我们在认识世界的过程中我们同世界的相互作用。客观主义无视的是：理解和真理都是相对于我们的文化系统，它们是不可能在绝对或中性的概念体系中建立的；客观主义也无视人的概念系统本质上是隐喻的，包含着利用一种事物想象地认识另一种事物。主观主义无视的是我们的认识，哪怕是最具想象力的认识活动，都来自概念系统，而概念系统的基础是我们在自然和文化环境中成功地发挥作用。它同样还无视，隐喻理解包含着隐喻蕴涵，这是一种想象理性。

体验哲学赞成客观主义的一些观点：存在着不以我们意志为转移的实在，它限制着我们与世界的相互作用和我们对世界的理解，并能保证以此为基础的知识能够在自然和文化环境中发挥作用；它们都关心着知识发挥作用并以合适的方式获得过程中的公平性。体验哲学放弃的是绝对真理和完成上述任务时绝对真理的必要性。放弃绝对真理，科学知识将会更加负责任，因为它使我们达成一个共识，即科学理论突显的部分与其掩盖的部分同样多。意识到科学并不产生绝对真理，这样才能改变科学共同体的权威以及政府对科学事业的资助，这样才会对科学知识到底是什么以及它的局限性在哪里做出更合理的判断。

体验哲学也赞成主观主义的一些观点：它也强调相互作用和交互性质，表明意义是针对个人的意义；它通过经验格式塔也强调自治性，从而说明了某些东西对一个人是有意义的，意味着什么；它也说明了我们的理解是如何使用通过隐喻而产生的想象，以及赋予经验以新意义和创造新实在何以可能。体验哲学放弃的是认为理解是不受任何限制的浪漫主义立场。

体验哲学也改变了西方传统哲学对"人"的认识：没有笛卡儿身心二分的人（Cartesian dualistic person），认为人的意识是独立于人的身体的；没有康德的自主人（Kantian autonomous person），认为人的意志是自由的、自主的；没有实用主义的人（the utilitarian person），认为人的理性就是经济理性，即用途最大化；没有现象学意义上的人（the phenomeno magical person），认为通过现象学的内省（introspection），人就可以获得关于意识和经验本质的所有东西；没有后结构主义的人（the poststructuralist person），认为没有中心、没有主题，所有的意义都是相对的、随意的、历史偶然的；没有弗雷格意义上的人（Frage an person），根据分析哲学，思想已经从身体逐出，意义是客观的，是通过外部世界定义的，陈述的真假取决于与外部世界符合（correspondence theory）程度，与人的理解无关；没有计算意义上的人（computational person），认为人的大脑就像计算机一样，意义来自符号运算——输入的是无意义的符号，运算根据规则进行，最后输出也是无意义的符号；也没有乔姆斯基意义上的人（Chomskyan person），他认为语言是纯粹的句法，纯粹的形式与意义、语境、感知、情感、记忆、注意、行动以及交流的动态过程无关。对各种"哲学人"的否定是因为当我们询问哲学问题的时候，我们必须记住我们是人，我们不可能像上帝那样，作为旁观者身居世界之外。作为人，我们没有特殊的途径获得任何形式的纯粹客观的或先验的理性。

传统上隐喻语言被认为是美学的而非认知的、情感的而非理性的、表达性的而非信息性的、模糊的而非精确的。这样就产生了隐喻语言与科学语言之间的矛盾。解决矛盾的方法往往是一种"妥协"，即一方面让"硬"的科学接受并使用这些原本被认为是非科学的因素，另一方面通过支持非形式的，特别是非字面意义使得科学的精确性得以相对化。但是在整个争论中，有一个基本前提被大家所忽视，就是所有这些创造性活动的操控者都是人，他们本身具有一定的结构、能力和局限性。不管他们使用任何形式工具，首先这些工具是被他们使用的。所以把隐喻语言与字面语言区分开来的是人，而并非语言本身。因此把隐喻局限在文学和诗学的领域，认为隐喻只具有修辞或美学特征是这种区分的结果，它忽视了在此区别产生之前的情形。在一个"分裂的人"产生之前人与自然是同源的，认知结构也是同源的，因而隐喻运用到文学以外的领域是我们人类认知的基本结构和规律。我们有理由相信隐喻所具有的所有典型特征，如模糊性、歧义性、一字多义、意义迁移等，出现在科学当中，并不是为了一个美好但是不必要的"附加意义"，而是服务于一个最终的目的——获得新知识。

（二）隐喻与理性

一般认为理性是一种能够从假设和前提中推出结论的人类独有的心理能力，与语言和逻辑密切相关。理性通常与权威、直觉、情感、神秘主义、迷信以及信仰相对立，在追求真理或最佳结果的过程中更加可靠。[1]有理由认为人类理性不单单包括逻辑推理能力，还包括探究、解题、评估、批判、思索应如何行事以及理解自己、他人和世界的能力。

传统的认知理论认为，世界有一种预先给定的特征集，这些特征能以"世界之镜"的形式在人的心灵中得到表征，我们对世界的理解就表现为借助符号化的表征系统进行问题求解的过程。因此，认知的本质可以完全聚焦于有机体的内在表征过程来理解。

体验认知理论认为，思想首先意味着有机体通过控制自身环境并采取一定的行为，从而发展出一种基于感知和运动能力的对世界的基本理解。这种理解是认知过程向更复杂的认知过程迈出的第一步，没有这种体验行为的实现机制就没有思想和语言的产生。因此，体验认知的方式不仅制约了我们与世界可能的交互方式，还决定了世界展现于我们面前的可能方式。

由此Lakoff和Johnson得出结论：①理性不是无体验的（reason is not disembodied），而是来自我们的大脑、身体和亲历经验的本质；②理性是进化的（reason is evolutionary），因为抽象的理性是建立在"较低级"动物的知觉和神经基础之上，并利用这种知觉和神经基础进行推理的；③理

---

[1] Reason. http://en. wikipedia. org/wiki/Reason

性并非是先验意义上普遍的（reason is not "universal" in the transcendent sense），它并不必然是世界结构的一部分，它被视为普遍的是因为它是被所有人共享的一种能力。而使这种能力得以共享的原因，是存在于我们体验心智的方式中的公共性（commonality）；④理性并非是完全有意识的，它通常是无意识的；⑤理性并非是纯粹字面意义的，很大程度上它是依赖隐喻和想象的；⑥理性并非是没有情感的，而是涉及情绪的。

（三）隐喻与真理

隐喻能够做出"真"的断言吗？难道隐喻有两个意义，一个是字面的，一个是隐喻的；一个是真的，一个是假的？人们在传达新思想时为什么要先说一些错误的东西呢？一个字面错误的论述如何能够给人以"真"的信念？一个字面错误的论述给了人们一种信念或假说，那么它本身就为真吗？

Eileen Cornell Way认为，字面语言也并不是确定的、没有歧义的。"字面意义"指的是使用日常语言直接表示具体的事物或事件，所以"字面意义"并不意味着精确、没有歧义，是语境和经验决定了字面意义的真值。隐喻也是这样，语境和经验决定其真值。[1]

Earl R. Mac Cormac认为所有的隐喻在某种程度上都是真的，就是通过重新并置两个指称物。隐喻可以表达这种适当的断言。由于这种断言是假说性质的，所以隐喻为真的程度来自两个指称物之间的相似性类比。[2]

客观主义认为真理是绝对的、客观的，我们不赞成。我们承认真理的存在，但不是客观主义的，我们还认为客观主义的真理观不但是错误的，而且还是危险的。因为真理是相对于概念体系而言的，而概念体系在相当大的程度上是隐喻性的。多数隐喻都是长期进化而成的，但是也有通过强权强加给我们的，如政治领导、宗教领袖、商业人物、广告媒体等；真理也是以理解为基础的，而理解的重要工具是隐喻，是以源于我们直接经验的范畴为前提的。范畴既不是固定的，也不是统一的，它们是由原型和家族类似界定的，而且是根据不同目的而不断调整的。

以隐喻为基础的真理观被称为体验真理观，其本质是：当我们对一个命题的理解与对情景的理解足够适合时，就认为这个命题在那个条件下是真的。它有以下几个特点：①有点符合论（correspondance theory）的成

[1] Eileen Cornell Way. Knowledge Representation and Metaphor[M]. Boston：Kluwer Academic Publishers，1991：12-14.

[2] Earl R. Mac Cormac. A Cognitive Theory of Metaphor[M]. Cambridge : MIT Press，Mass，1985：208.

分；②适合融贯论（coherent scheme）的观点；③有点实用理论（pragmatic theory）的成分；④有实在论（realism）的成分；⑤拥有现象学的某些优势，还与维特根斯坦的哲学相适应。

符合真理观是把世界的物体和事件与通过感知和经验所产生的命题或陈述联系起来。融贯真理观是把一个理论体系内部的命题与另一个命题联系起来，并不需要诉诸于任何检验程序。Mac Cormac认为对于隐喻而言，符合真理观就是判断世界的物体和事件与原型范畴是否适合的过程，这些原型范畴是语义网络中的模糊集结点，它们对应着客观世界的事物和事件；而融贯论就是对语义标记（词）之间关系的评判，这些语义标记没有必要与作为通过原型范畴表征的客观世界相联系。Mac Cormac用物质真理（material truth）表示原型范畴与世界符合的关系，用词汇真理（lexical truth）表示词语之间的相似关系。他还使用了分析真理（analytical truth）和综合真理（synthetical truth）的分类。分析真理就是通过定义就可以判断为真的命题或陈述，而综合真理就是断言的真假必须通过检验程序，它们分别处于融贯真理和符合真理之中。[1]

隐喻的语义理论就预设了符合真理观和融贯真理观的存在。隐喻指称物的性质都是部分归属由模糊集合定义的语义标记，这预设了融贯真理观的存在，词语（语义标记）在层级中相联系的程度就是语义融贯的程度。同样，当我们说定义语义标记的很多模糊集合就是描述世界的原型范畴时，也就预设了符合真理观的存在。语义层级网络中的很多结点的模糊范畴架起了一座通向客观世界的桥梁。没有这些对应，语义网络就不可能与我们通过感官实际经验的世界存在任何相似性。比如说"大自然有时用下雪为有耗油习惯的人开了一副良药"（Nature prescribe snow as an occasional antidote to the gasoline habit.）。这里有三个隐喻：①大自然是一个医生；②雪是一种有益的药；③耗油意味着开车，开车是一种病。其中第一和第三个隐喻的相似（相关）程度较高，而第二个隐喻的相似（相关）程度较低。这样，医生开药治病，大自然下雪阻止了开车，语义内部是融贯的。另一方面，模糊范畴与客观世界的关系也是符合的，"自然""雪""医生""药品""开燃烧汽油的车""病（上瘾）"都是客观世界中人们的经验，而且这些事物和事件之间的上位范畴和下位范畴也都是人们通过感官可以经验的。所以说不同范畴的指称物并置产生隐喻并不是一种语义异常，更不

[1] Earl R. Mac Cormac. A Cognitive Theory of Metaphor[M]，Cambridge：MIT Press，Mass，1985：212—214.

是错误。人们在表达一种经验或设计一个假说以产生洞见时，并没有故意构造错误的句子。隐喻产生和隐喻理解背后的认知过程，早在这种并置产生矛盾之前就已经将指称物转化为有意义的组合了。

体验真理观也走了一条中间道路，融贯论可能使隐喻导致相对主义，但是符合论可以避免隐喻走向相对主义。Mac Cormac 赋予隐喻四值逻辑 F、D、E、T，而非传统的二值逻辑。F（False）指两个指称物之间的共性太低以至于它们的并置只能说是个错误。D（Diaphoric）指两个指称物之间的共性较低，但是还不至于无法建立假说。这里相异性大于相似性，因而具有很高的推测性而非可能性。E（Epiphoric）指高度的共性。T（True）就是传统意义上的真，两个指称物几乎就是同义词。这种模糊集合定义的共性可以作为一种方法来衡量隐喻中相似性和相异性的程度，从融贯论的角度看，这四值就是隐喻为真的程度。

赋值隐喻 F 并不意味着隐喻是错误的，而是说根据经验人们一般不把那种指称物的并置当作隐喻；当人们发现具有 D 值所提出的假说为假或相似性太少时，具有 D 值的隐喻可能变成 F。比如当初把夸克离子当作有颜色的、陌生的、有魅力的甚至是漂亮的、真的，这只是作为一种记忆术，方便科学家记忆和讨论。后来随着对夸克离子认识的增多，科学家发现颜色与夸克离子的相似性越来越小。认知科学中的计算机隐喻也是如此，现在除了一些计算机术语仍然用于认知科学之外，其核心类比（即软件与意识的类比）基本被认为是错误的。当然，当 D 值假说得到证实，它也有可能转化为 E 值隐喻。而 E 值隐喻如果变成死隐喻，成为人们日常语言的一部分，就可以赋予 T 值。其实多数隐喻都处在 D 值和 E 值之间的范围，由于隐喻是多值逻辑，所以它不必遵守排中律。正是这个原因，隐喻可以同时既是真的又是假的。比如说牛顿力学中的"上帝隐喻"，它指引着牛顿认识了空间、时间、质点、运动等都是绝对的，在一定程度上是真的，但是在相对论揭示的微观领域却是假的。

隐喻的存在，符合论和融贯论缺一不可，因为如果没有融贯论，我们将无法把两个语义无关的指称物并置在一起，并产生意义和真理；如果没有符合论，我们将无法把隐喻与客观世界的字面语言相比而确定一个表达是不是隐喻。采用符合论使得隐喻能够植根于经验世界。由融贯论和符合论建立的隐喻真理也可以理解为是知识过程的一部分。隐喻将属于不同范畴的指称物并置起来，它要求从语义网络的一个结点走向观察，这种从语义到世界，再从世界到语义的运动，期间融贯论改变了融贯的真值，就构成了文化进化的知识过程的一个部分，我们所使用的语言以及我们感知和理解经验的方式都因为语义的变化而发生变化，而语义的变化正来自隐喻真理的形成（包括了融贯过程和符合过程）。所以说，隐喻真理通过改变语言、理论以及感知而改变了文化。

隐喻真理不是相对主义真理，是因为隐喻处于一个进化过程之中，进化的基础是字面语言中普通感知和对世界的表达所具有的稳定性。隐喻真理和字面真理处于一个连续的过程之中，因而没有必要为了评价隐喻的真值而将隐喻还原为字面语言。隐喻的真值来自隐喻所提供的新的可能性和新的预见性，而这些可能性和预见性又预设了语义和认知与普通世界的联系，所以它们构成了一个连续体。

（四）语言哲学

客观主义认为世界是物质的、客观的，具有独立于人以外的特性。其语言观认为，自然语言具有独立于人的思维和运用之外的客观含义，词语也应具有明确的、能客观描述现实的语义。隐喻语言是非客观的、不明确的和不具有真值的边缘语言。

1.语言符号的相似性与任意性问题

关于语言中形式与意义之间是否存在理据性，争论已久，最早可以追溯到古希腊时期"唯名论"与"唯实论"的争论。自索绪尔于1916年发表《普通语言学教程》以来，任意说几乎一统天下，许多语言学家一直将这条原则视为语言学的基石。导致语言符号任意说的原因有很多，从哲学上讲主要是基于心智与身体相分离的二元论，这就势必要得出意义与身体相脱离的结论。意义一旦与身体经验无关，也就与符号无关，符号丧失了理据性，任意说在所难免。

与索绪尔同时代的哲学家皮尔斯提出了符号三分法，首次使用了icon一词，并用iconicit来表示符号的能指和所指之间的自然关系。皮尔斯将符号（sign）分为图像（icon）、标记（index）和象征（simbol），并认为图像就是这样一种符号：它的意义在某种方式上与它的形式相似。他进一步把图像分为三类，即印象（image）、拟象（diagram）和隐喻（metaphor）。Buchler也提出"每种语言的句法借助约定俗成的规则，都具有合乎逻辑的相似性"。[1]但是当时索绪尔在语言学界影响巨大，他们的声音被完全忽略了。

John Haiman于1985年又出版了两本书：《自然句法》和《句法相似性》，详细论述了语言句法中所存在的相似性。他总结出"意义相近，形式相似"的原则；该原则反过来也成立，即形式相似，意义也会相近。杜文礼总结了西方学者的研究，对词汇相似性和句法相似性进行了论述。

---

[1] 王寅. 语言符号相似性研究简史 [J]. 山东外语教学，2003（3）.

Lakoff在体验哲学的基础上开创了认知语言学研究的新纪元。其核心观点包括：人类的范畴、概念、推理和心智都是基于人的身体经验形成的，其最基本的形式是依赖于对身体部位、空间关系、力量运动的感知而逐步形成的。归根结底，认知、意义是基于身体的，语言在很大程度上具有相似性，是人体的特殊结构与客观世界相互作用的结果。

相似性与任意性既互相对立，也互有联系。因为语言符号既有相似的一面，又有任意的一面。有的语言相似性程度高一点，有的低一点。当今认知语言学者一般认为：就整体而言，语言符号的相似性是主要现象。语言符号相似性对流行了近一个世纪的"任意说"既是最大的挑战，也是一个有力的补充。相似性的研究和发展是对一些传统语言观的有力批判，为语言学开辟了一个新领域。体验哲学、认知语言学的研究成果促使我们重新认识语言符号任意性问题。

2.语言的体验性问题

以体验哲学为基础的认知语言学认为语言不是一个自治的系统，它是客观现实、身体经验、人类认知、生理基础等多种因素综合的结果；强调意义和概念都来自体验，来源于人与客观世界互动的认知，来源于使用者对世界的理解。这是对客观主义语言观的修正，是对身心二元论的批判，是对转换生成语法的革命。

第二节　隐喻认知及工作机制

一、隐喻与认知

人们要认识周围的世界、探索未知的领域，必须求助于我们已经认识、理解的概念，这就是隐喻的本质，即把熟悉的和不熟悉的、非寻常的并置在一起。借助已知的概念及概念系统，并将此映射到未知的领域，才能获得新的知识和理解。Herbart说："理解是描述认识过程的一个概括性术语，这个过程就是把有待认识的经验与已经获得并熟悉的概念系统联系起来"。[1]理解意味着将新知识与已有的知识建立联系，如果你无法与已有

---

[1] Ceorge A Miller. Images and models, similes and metaphors[A]. In Andrew Ortony(ed.). Metaphor and Thought[C]. Cambridge University Press，1993:357.

知识建立联系，那么你就没有理解新知识。如果所有的人都不理解这个新知识，那么这个新知识就是胡言乱语。

20世纪以来认知科学的发展经历了两个阶段：

传统的认知科学起源于20世纪50年代，中心思想就是符号运算（symbolic computation）。传统的认知理论认为，世界有一种预先给定的特征集，这些特征是以"世界之镜"的形式在心灵中得到表征，我们对世界的理解就表现为借助符号化的表征系统进行问题求解的过程。传统认知理论的核心是符号运算，根本隐喻是"大脑是计算机"，即输入、数据处理、输出三部分，人的感觉器官就是输入，神经系统和大脑是中枢处理系统，人类的言语和行为就是输出。其关键是把认知局限于大脑内部，局限于大脑内部的符号运算，从而割裂了有机体与外部世界的联系。当时认知心理学成为心理学研究的主要方向，生成语法渐成主流，计算机隐喻被广泛应用于认知研究。

第二代认知科学出现于20世纪70年代，以体验哲学为基础，一般称为体验认知理论（Embodied Cognitive Approach），坚决反对分析哲学的基本观点，认知心理学的符号加工假说以及转换生成语言学中的先验哲学假设。

体验认知理论拒绝承认输入—输出的认知过程，认为传统认知理论的主要问题在于输入符号的语义是如何得到诠释的，这就是著名的"小小人论证"（Homunculus Argument）。体验认知理论通过下述三种途径来定义认知：身体的物理属性（Physical Attributes of the Body），身体在认知过程中的作用（the Role of Body in the Process of Cognition）和与局部环境的相互作用（Interaction of Local Environment）。这种认知理论认为，思想首先意味着有机体通过控制自身环境并采取一定的行为，从而发展出一种基于感知和运动能力的、对世界的基本理解。这种理解是认知过程向更复杂的认知过程迈出的第一步，没有这种体验行为的实现机制就没有思想和语言的产生。我们生活的世界并不是一个康德称为的"物自体"的自在世界，而是一个与人的主观经验不可分离的世界。我们所认识的世界是包含了作为认知主体在内的世界，我们不仅生活其中，而且与世界缠结在一起，所以世界是渗入了人的实践活动和主观经验的。因此知觉和心理的内在表征总是发生在一定的情境当中，是由以身体为载体的认知主体，在与世界持续的、有目的相互作用过程中建构出来的。我们对世界的概念化、范畴化都是基于我们的身体经验能动地建构的，因此体验认知的方式不仅制约了我们与世界可能的相互作用方式，还决定了世界展现于我们面前的可能的方式。

这一变化建立在两个证据之上：一是概念和理性对身体的严重依赖；二是想象过程，特别是隐喻、意象、转喻、原型、框架、心理空间和辐射范畴等，对概念化和理性具有重要作用。[1]

二、认知范式中的隐喻

虽然认知语言学在论及隐喻时有遮蔽前人之嫌，而且其研究也有泛化的弊端和矛盾的瑕疵，但它的的确确达到了前所未有的高度、广度和深度，更新了我们对语言系统和语言应用的认识。认知语言学对隐喻系统及其规律的揭示是一笔可贵的财富，有待我们在新的理论建构和实践应用中借鉴与吸纳。

（一）隐喻的认知模式

拉康受雅各布森的影响，认为语言的实质是隐喻，并把隐喻理解为用符号象征我们意指的对象。这种理解可能会遮蔽语言内在结构的神奇，也超出了隐喻的基本定义，但却能引发研究者对隐喻实质和机制的思考。我们至少可以达成这样的共识：隐喻、转喻之类绝不局限于文学、修辞学之类。当今学者，尤其是认知语言学家逐渐认识到隐喻无所不在的普遍性和系统性——莱考夫和约翰逊等人的研究在语言学界引发了一股"隐喻热"。

认知语言学界普遍认为，隐喻是从一个概念域向另一个概念域的结构映射，即从"源域"向"靶域"的映射，它是我们对抽象范畴进行概念化的认知工具，在日常语言中起着重要作用。认知语言学认为隐喻把较为熟悉的、具体的概念域映射到不太熟悉的、抽象的概念域上。这一点是不完全正确的，但有一点却是不可怀疑的，这就是以某一事物作为参照，有助于对另一事物的理解，而且这种映射不局限于日常语言而是人类语言的各个方面。

隐喻的认知基础是"意象图式"，它们来源于生活中的基本经验，在概念域的映射中起着重要作用。如前所言，莱考夫在《人们赖以生存的隐喻》一书中把隐喻大致分为三类：结构隐喻、方位隐喻和实体隐喻。结构隐喻指的是用一种概念的结构来构建另一种概念，以此看来这是两种概念相叠加，而且将谈论一种概念的词语用于谈论另一概念，便不可避免地产生一词多义现象。所谓方位隐喻，是参照空间方位而组建的一系列隐喻概念。空间方位来源于人们与大自然的相互作用，是人们赖以生存的最基本的概念：上—下，前—后，深—浅，中心—边缘，等等。方位概念是人

---

[1] George Lakoff, Mark Johnson. Philosophy in the Flesh—The Embodied Mind and Its Challenge to western Thoughr[M] New York: Basic Books, A Member of the Perseus Books Group, 1999: 77.

们较早产生的可以直接理解的概念，在此基础上将其他抽象的概念，如情绪、身体状况、数量、社会地位等投射到这些具体的方位概念之上，形成了用表达方位的词语表达抽象概念的语言。而实体隐喻，则是指人们最初的生存方式是物质的，它为通过具体事物来理解和表达抽象事物提供了方便，因此也可以说对于物体的经验是我们理解、表达抽象概念的基础。在这类隐喻概念中，人们将抽象的和模糊的思想、感情、心理活动、事件、状态等无形的概念看作具体的、有形的实体，因而可以对其进行谈论、量化，并识别其特征及其原因等。应该说，莱考夫对隐喻的这三种分类是不明晰的，比如我们没有办法把结构隐喻与方位隐喻、实体隐喻明确地区分开来。不论如何，莱考夫等人（Lakoff，1987；Lakoff and Johnson，1980，1999）把隐喻看作源域和靶域之间的映射关系，这一点是很有见地的。

隐喻的映射引发相关概念域的映射，形成概念隐喻统辖下的一个概念系统，也就是说，语言系统中存在着广泛的隐喻一致性。这意味着：

1）隐喻的普遍性——隐喻在语言中无处不在，不仅在语言应用而且还在语言系统。

2）隐喻的系统性——这无处不在的隐喻不是单个发生的，而是具有高度系统性的。

比如 "Argument is war." （Lakoff and Johnson，1980）这一普通的概念隐喻统领了一个隐喻群：

a. Your claims are indefensible.

b. He attacked every weak point.

c. His criticisms were right on target.

d. I demolished his argument.

e. I've never won an argument with him.

f. You disagree？ Okay， shoot！

g. If you use that strategy， he'll wipe you out.

h. He shot down all of my argument.

此例说明：隐喻贯穿共时和历时，它不仅仅是一种说话方式，而且也是一种思维方式，一种普遍的、系统性的思维方式。概念隐喻与具体的隐喻表达式之间的关系，可以说是"图式—事例"关系。也就是说，概念隐喻是一个概念域的基本图式，而任何一个相关的表达式都是这一图式的具体体现。

谈论隐喻的认知模式就不能不提另一位认知语言学家。这就是约翰逊（Johnson，1987），前文提到的"意象图式"理论就是他提出的。所谓意象图式，指的是经由人体体验的前语言结构，它驱动概念隐喻的映射。

意象图式包括容器、连接、路径、物体等。因此，它不仅可以用来研究隐喻现象，还可以解释其他语义结构。此外，还有塔尔米（Talmy，1988）的"动力系统"理论与缶孔尼尔和特纳（Fauconn ier and Turner，1998a，1998b）的"概念融合"理论等。概念融合理论结合了语域对应理论和跨语域相似理论。当然，也有语言学家持有不同意见。杰肯道夫（Jackendoff，1983，1990）认为隐喻并不是构成思维与语言的主要原则，他提出了主体关系假设，认为在概念结构中所有的时间和状态都是通过优先的原则组成的。主体结构并不是隐喻，而是一个抽象框架，可以应用于任何领域，它是语义引申的一种主要途径。例如，"go"一词可以表示动作和状态的改变，它还可以引申为"抽象动作"，来表示一种静态或预示将来。我们以下对时空隐喻进行详解，算是以点带面。

（二）隐喻的时空映现

语言是表征性的，无论表征世界还是表征自身。如果说隐喻是表征中最基本的手段，那么时空隐喻便是隐喻中最基本、最常见的了。之所以如此，是因为我们无时不生活在时空之中。基于此，时空必然作用于我们的隐喻机制，或者我们的隐喻机制就必然外化为时空概念，于是就有了所谓的时空隐喻。一般说来，时空隐喻是以空间为能喻，时间为所喻的跨域映现。那么，人们为什么要用空间来隐喻时间呢？这主要是出于空间的可感性和表征的方便性。我们对时空隐喻进行定点的纵深探讨，还在于揭示隐喻的动因、机制和基本特征，以便我们在更理性的层面上把握隐喻和应用隐喻。

人类的各种活动都是在一定的时空中进行的。空间由于有环境作为参照而显得具体，易于为感官所把握，而时间却是一种看不见、摸不着的抽象存在，对它的表示必须以空间为参照，如太阳在空间上的移动，时针在钟面上的走动等。按照认知语言学的假设，空间概念是基本概念，时间概念是派生概念，后者是对前者的隐喻。认知语言学的映射说是有道理的，但其映射观是单向的，而我们认为隐喻的映射究其本质是双向的。空间和时间是构成宇宙的两个维度：宇为空间，宙为时间。《淮南子·齐俗训》上说："往古来今谓之宙，四方上下谓之宇。"时间和空间既然是宇宙的两个维度，两者便相互依存，是无所谓派生关系的。不过，人们对时间概念的表达要借助空间关系来隐喻这一点倒是基本正确的。我们之所以持保留态度，是因为谁借助谁不是必然的关系，有一定的随机性，以时间喻空间的情况也不是没有，比如"一小时的路程""一亿光年"。显然，说时间概念是派生的，缺少严谨的推导和切实的证据。我们只能说就先验而言时间概念和空间概念无所谓先后，即便在经验世界两者的关系也有其相对性，因此我们的语言系统中既有空间概念隐喻也有时间概念隐喻。

撇开认知语言学认识上的不足，我们只能肯定以具体喻抽象、以熟悉喻陌生这一感性化、弱预测式的结论了。人们对时间经验域的认知之所以借助空间隐喻，就是因为要借助一些熟悉的、具体的经验范畴来完成。例如空间范畴、实体范畴等。这样就形成了有关时间的概念隐喻。这也是以有限把握无限的手法。当然，抽象与具体、熟悉与陌生也是相对的。时间相对于空间是抽象的、陌生的，而一旦我们形成"一小时的路程""一亿光年"之类的概念时，这又是具体的、熟悉的了，我们就可以再拿它来隐喻相对抽象和陌生的空间了。基于以上认识，我们肯定认知语言学在感觉层面的合理性，却不必苟同它的片面性。

我们现在看看相关的时空概念。不错，人们在表达时间概念时往往要借助说话人头脑中的空间概念来实现。空间概念包括两个因素——方向和距离。这是物理学变量中的两个要素，其关系按照认知语言学的说法可以表述为射体和界标的关系。所谓时空隐喻，其实就是以空间概念或时间概念为源域向时间或空间靶域进行映射，进而获得引申和抽象意义的认知过程。当然，由于体验的原因从空间向时间的映射占绝大多数。时空隐喻把一些空间关系和性状投射到时间的关系和性状上，即在不相容的事物之间建立起一种相互的关联。这不仅能使抽象和未知的时间概念得以具体化、形象化，而且能启发人们的想象力。

根据莱考夫和约翰逊的观点，时空隐喻来源于直接的身体接触，而体验基础在我们社会物质化的环境之中随时都能找到。我们直立的身体姿态与向前行进的典型性特征，很容易就把空间方位和时间流向结合到一起，比如向前行进我们说"go on"，而在表示未来某一时间时我们会说"later on"。

我们生活在这个世界中并努力去理解我们周围的环境。我们通过不断地观察以及与其他人和事物相互交流而获得体验。其中最重要的体验是我们在多维空间中对自己躯体的体验。相比之下，我们更了解自己：我们的身体、身体的各个部分以及我们与外部世界的关系。我们能用视觉、听觉等感官去直接感知空间的上下、前后、左右、里外、远近、中心和边缘，比如在英语里"behind""beside""in front of""before hand""right hand""left hand"这类表达式的形成都是以身体部位作为参照物并借此命名的，或者我们给自己身体部位命名时参照了空间关系，如"hind"是"臀部"、"side"是"腰部"、"front"是"前额"。我们以自身或周边环境为参照来描述时间、范围、状态、数量、社会地位等抽象概念，于是"心中的身体"便衍生出许多意象图式和许多空间隐喻模式。

的确，时间作为空间的时空隐喻很是普遍。我们平时对时间的认知只是限制在时间的某些方面，如时间点（point）和时间段（duration）。对时间的体验也就是过去、现在和将来。我们可以运用概念隐喻中不断生成新含义的这一特性，来分析"时间即空间"这一隐喻。例如，我们会用"前后""上下""左右"等不同的方位词来描述时间。这就是人类语言中的介词既表示空间又表示时间的根本原因了，如汉语的"在"、英语的"at"等。

人类语言的映现机制是一样的，但在具体路径上可能会产生很大的差异，这是由文化因素所决定的。因此，在我们探讨人类语言共性的同时也必须面对其差异性，这一点对外语教学和学习词典编纂尤为重要。个体语言之间的差异，体现于形式和语义两个方面，而更突出的则是语法的表征形式。这也是学习者最难学会介词等小品词用法的根本原因了。这些形式在空间关系上可以用来表示参照点的维度。英语中常使用一些表示空间的介词来描述时间概念。这些时空介词在英语中共分为四类，分别是：不明确表示具体维度的介词，可称为零维度介词，如at（at this time、at Christmas）；表示一维的介词，如before（before yesterday、before Easter），反映线性时间观念；表示二维的介词，如on（on the first day、on Monday），它指称一个时间段，尤其是具体的某一天；表示三维的介词，如in、within（in a minute、in a month、within three years），也用来指时间段。汉语介词"在"则很笼统，可以概指英语的零维介词、一维介词、二维介词和三维介词，如"在这一时刻"（at this moment）、"在五月一日"（on the first of May）、"在这个月"（in this month）。我们应该注意的是，并非所有介词既指空间又指时间，如"above""along"等。

除静态的时间点和时间段之外，也有动态的时间关系。语言中的隐喻方向有时是一致的，如英语的"the river model of time"与汉语的"逝者如斯夫，不舍昼夜"有着同样的能喻。此外，英语的"time flies"也基本上对应汉语的"光阴似箭"。这类隐喻也蕴含了空间关系。一般说来，不管哪国人对上／下、前／后都应有着共同的体验基础。我们趴着向前爬行时，正常的移动方向是朝着头的方向行进的而不会朝向脚的方向倒着爬。这样，我们的头就指示了"前"这个方向，所以汉语有"前进""前方""我们走向前"以及"几年前""提前"这类说法，英语中则有"head forward""go ahead"等，时间上也有"ahead of time""ahead of schedule""long before"等说法。

不同语言表现出不同的隐喻路径，但异中有同。所谓异，即表征手段的不同；所谓同，即不同的路径本身具有系统性。我们且看看英语和汉语在时间表达上的系统共性与差异。如：

last month上个月

next week下星期

the first two months头两个月

"last"与"上"、"next"与"下"等形成对应关系。其差异性表现在表征手段的不同，如同一个意思却用不同的介词或不用介词，如：

on arriving there一到那里

in marriage 婚后

英语中有时也用表示上/下的"up/down"指代早些和晚些时候。在家族谱系树中，老一辈一般都处在这个树干结构的上方，具有一定的支配力。而小辈一般是处在树干结构的下方，是这个家族的后代。在英语表达式中，时间是从过去到现在再到将来这种流向而不断延续的。这就表述为：过去的时间在空间中位于上方，而现在的时间在空间中处于下方，如：

a. These stories have been passed down from generation to generation.

b. This tradition has lasted down to the present day.

a. 这些故事被一代代地传了下去。

b. 传统一直延续至今。

以上论述只说明英文中存在这样的表达方式，但是这种表达方式不具有普遍性，仅仅是个例而已。比如，英语中似乎并没有"This tradition will last down into the future"这一用法，其正确的说法应该是"This tradition will last into the future"。

由于以英语为母语的人选用不同的映射模式看待将来时间，观察者既可以在将来时间之上也可以在过去时间之上。在下面的例a中，将来时间原处在下方（down），然后不断向上（come up）到观察者现在的位置。

a. The New Year is coming up.

b. This year went down in family history.

a. 新年就要到了。

b. 这一年已载入了家族史。

这个垂直的时间模型是建立于观察者这一中心基础之上，即观察者占据中心位置。将来时间的表征方式是从下不断向上到达观察者。在上面的例b中，过去时间的走向是向下的，或者就是消失了，再如"The old year has gone"。

综上所述，人们对时间的表征大多是以隐喻为手段的，而且基本上是以空间为能喻进行映射的，这一点印证了体验哲学的合理性。通过对时间维度、时间流向和时间概念中的时间发展顺序等方面进行对比和阐发，我们可以发现：时空隐喻的表征机制的确具有跨语言的普遍性，当然由于视点和经验的不同也会呈现出一定的差异性。

（三）语法隐喻中的隐喻

语法隐喻就是语言体现方式的多样性，如"Please sit down"与"Please take a seat"是同一意义的不同体现方式。韩礼德（Halliday，1985/1994）把前者称作一致式（congruent form），把后者称作隐喻式。至于这能不能算作隐喻或严格意义上的隐喻，我们是十分怀疑的。但语法隐喻视角的确能加深我们对语言表征性的认识，也必然表现于语者的词汇能力或语言能力，所以谈隐喻及其应用问题我们有必要把系统功能语言学中的语法隐喻也纳入考察范围。

关于语法隐喻的说法自古典时期和中世纪就存在，而且这种说法遍布于语言研究的各个领域。但这一概念与韩礼德的概念是不同的。韩礼德之前的语法隐喻实际上指的是语法术语的得名之由，实际上还是词汇隐喻，如"case"（格）的本义是"下落"，可以理解为名词降落到某一个格上。这在其他词的构成或理据中能够得到佐证，如"cascade"（瀑布）本是"（水）下落"之意。韩礼德是从系统功能语言学的角度谈语法隐喻的。我们宁愿把这所谓的语法隐喻看作托隐喻之名的语言体现或表达意义的不同方式，因为它根本不符合学界对隐喻的基本界定，如能喻所喻之间的关系以及所涉及的特征，等等。韩礼德提出语法隐喻分为概念元功能和人际元功能两类，而后又加上语篇隐喻，此后又认为如此分法不妥便修正其先前分类，统称为语法隐喻。也就是说，韩礼德所谓的语法隐喻是从语言体现方式上对三大纯理功能的另一维度分类。语法隐喻虽然是系统功能语言学的主要问题之一，但是韩礼德没有给语法隐喻下一个确切的定义，因此语法隐喻这一概念比较模糊。根据胡壮麟的论述，在构成隐喻的两个概念领域中，其中至少有一个领域与语法形式有关。就语法隐喻而言，可以理解为隐喻从词汇领域向语法领域的延伸，因为作为隐喻原本指称词汇所涉及的词义或语义的引申。韩礼德（Halliday，1985/1994）指出，隐喻选择本身就是一个有意义的选择，因为所选择的隐喻增加了语义特征。在一致式体现中，一个语法范畴体现一个语义特征，而在隐喻体现中，一个语法范畴体现双重语义特征，因此隐喻体现被视为语义复合体。对此断言，赵彦春给出了否定的答案，并指出了其症结所在："混淆了概念范畴或语言逻辑，如主谓，即主项和谓项之间的逻辑区别。"[1]韩礼德认为："隐喻中的变化发生在语法词汇层，而不仅仅只在词汇层。……很多隐喻可在词汇表达中找到，但经常有语法变化伴随其中。"（同上）他指出："在修辞转

---

[1] 赵彦春. 语言学的哲学批判 [M]. 重庆：重庆出版社，2004: 273.

义中有强烈的语法成分。一旦我们承认这一点，就会发现还有语法隐喻的存在，只不过语法隐喻中的变化主要发生在语法形式上，尽管这种变化也蕴涵一些词汇变化。"（同上）韩礼德通过系统功能语法体系中的及物性系统以及语气和情态系统来讨论语法隐喻。韩礼德在论述其观点时对名词化隐喻、一致式和隐喻式等概念进行了一一阐述。虽然不是很明确透彻，而且我们认为语法隐喻归根结底是虚妄的[1]，但它为我们了解语言的体现功能或语言的表征性提供了一个很好的视角。

（四）隐喻的概念——词汇化过程

从空间到时间的隐喻化过程可见，莱考夫等人把隐喻看作一种概念化过程是有道理的——当然概念化过程不单单是隐喻化过程。而如果从词汇的角度着眼，可以说隐喻参与了词汇化过程，我们可称之为隐喻的概念—词汇化过程。

隐喻在语言的共时平面上，经常表现为一种有意识的修辞手段，如"母亲是条河"，或是无意识的应用，如"我家有三个孩子，负担很重"中的"负担"。前者所喻"母亲"与能喻"河"之间的张力较大，体现于语者，其元语用意识程度较高，产生了陌生化效果；就后者而言，"负担"本身是能喻，与它相对应的所喻可以理解为"我家有三个孩子"这一事实，但语者的元语用意识较低。而且，"负担"的所喻绝不局限于此，它可以喻指任何可以看作"负担"的东西，原本能喻、所喻之间的张力逐渐消失。因此，"母亲是条河"属于即时用法，而"负担"已经概念化并词汇化成语码了，也正因为它可以喻指的所喻很多，人们已习以为常，几乎不把它当作隐喻了。当然，隐喻有活力上的差异。有的（如前者）是活喻，有的（如后者）是死喻。隐喻所能产生的张力是相对的，死喻在一定语境下可以激活而活用，另一方面活喻也未必真的就活，为了表达概念的需要而使用一个活喻，可能一点也不生动，这就无异于活喻死用了。

"负担"这类隐喻极其重要，因为如果不使用这类隐喻似乎就很难表达相应的概念。也就是说，在历时视轴上隐喻是词汇的理据，或者是造词的手段，这类例子不胜枚举，如"虎头蛇尾""虎背熊腰""虎虎生威"，等等。如果加上作为构词成分上的隐喻，就更多了，如"河床""山腰""凤尾竹"，等等。当然，所谓共时和历时只是我们看问题的两个角度，共时、历时必然相切，历时由无限的共时截面组成，而共时截面的任一点都包含历时。

---

[1] 赵彦春.语言学的哲学批判 [M].重庆：重庆出版社，2004: 278.

实际上，隐喻的生成过程就是一个概念化过程。在这一过程中，人脑通过能指把原所指的某一特征投射于另一个在某些属性方面相近的新所指。在"母亲是条河"中，新概念已从"河"中分化出来，表示"滋养大地""滋养儿女"之意，只是这种分化没有在语言系统中固着下来而已。任何个体语言都具备这种无法估量的生成潜力。人类语言一方面赋予隐喻极高的语用价值，使之成为最常用、最重要的修辞手段，另一方面也赋予隐喻长盛不衰的概念化能力。隐喻的概念化能力体现于词汇便是词汇的生殖能力，而隐喻的概念化在语言中体现为概念—词汇化。通过隐喻概念化而生成的词语要经过一个再循环过程：形象由新变旧、由强变弱乃至消亡，而后又周而复始。人们根据形象的生动程度或"张力"的强弱来对隐喻进行细分。除以上所说的活喻、死喻，较常见的还有陈喻、俗喻、新喻、源喻，而死喻还包括僵死喻、四分之三死喻和半死喻。如果根据隐喻的不同表现形式和不同程度的"张力"，还可以把隐喻分为完全词汇化的隐喻、半词汇化隐喻和隐喻性词语三大类。这种分类方法比较便于认知词典学的具体操作。赵彦春从历时角度进行了相关整理，转录如下[1]：

第一，词汇化的隐喻。词汇化的隐喻有两种情况：一种是通过喻化手段给新事物、新概念命名的词汇，有的整个名称都是隐喻，而有的只有其中的词素是隐喻，如英语的"the eye of a needle""the foot of a mountain""the Milky Way""goose flesh""spaceship"；汉语的"河床""雀斑""鸡眼""鼻梁""指针"，等等。另一种是经过反复使用，张力减弱或消失，喻义凝固，由隐喻蜕变为常规的词汇，如英语的"skin-deep""snow-white""goose-egg""movie-star""star-player"；汉语的"靠山""公仆""杏眼""樱桃嘴""锻炼""酝酿"，等等。

第二，半词汇化隐喻。所谓半词汇化隐喻，是指已为一定的语言社区普遍接受的比喻性语言。陈喻、俗喻、四分之三死喻、半死喻等都属于半词汇化隐喻，这类隐喻虽已不再新颖，但仍是极为有效的传递思想的媒介。半词汇化隐喻具有以下几个特点：

（1）语素组合的自由性。半词化隐喻的所喻和能喻的组合较自由、随意。在母喻作用下，一个所喻可以有多个能喻；反之，一个能喻也可以有多个所喻。再者，同一个概念、同一个能喻也可以由不同的词素组合生成不同形式的隐喻或隐喻性语言，如"一寸光阴一寸金"和"一刻千金"。

---

[1] 赵彦春. 认知语言学：批判与应用 [M]. 天津：南开大学出版社，2006: 205.

（2）半词汇化隐喻的语用意义也有赖于相互作用和语境分析，但其喻义已经约定俗成，相对稳定、明确，在词典上多数标记为"引申义"，以区别于直接义。与完全词化的隐喻不同，半词化的隐喻离不开所喻。如果所喻不出现在隐喻所在的语言语境中，也会存在于交际语境中。没有所喻和关键词的相互作用，关键词只能停留在直接义的层面上，如"clog"在"The infohighway becomes clogged."中为比喻义，而在"The pipe has become clogged."中则为直义。

（3）不少半词化隐喻，约定俗成后便成为一种特定语言集团的共同认知模式，并具备了母喻或概念隐喻的特征，成为子喻生成的理据。母喻与子喻之间的纽带是联想。在母喻义的制约下，一个所喻能与多个能喻建立起多维度的联系，如"spend time""waste time""save time""invest time"，甚至"take your time"。这样就形成了一个隐喻语的表达系列。

第三，隐喻性习语。隐喻性习语都是约定俗成的表达方式：意义完整，结构凝固，字面不可直接解读。隐喻性习语像完全词汇化的隐喻一样，其结构和喻义都是稳定的。隐喻本身就是一个词素的组合体，它也与原所指脱离了联系，而直接负载了新义，如"Damon and Pythias""kick the bucket""spill the red beans"，等等。隐喻性习语在汉语中更是普遍，如"朝三暮四""朝令夕改""朝气蓬勃""一朝被蛇咬，三年怕井绳"，真可谓随手拈来，不胜枚举。

所有语言都有许许多多规约化的结构和表达式，它们本质上可能是隐喻的，只是在语言应用时交际双方不再需要对此进行有意识的推理。这类隐喻就是前文所述的"死喻"。任何一种语言的词典中都收录了大量的死喻。

语言教学或认知学习词典的目标之一，就是通过一定的手段使这样的死喻在学习者的脑中复活。其目的是激活隐喻的认知图式。德巴廷（Debatin，1999）认为隐喻的确可以促进理解，因为它的生成依靠背景和经验知识，而且其本身也能够触发和表达这种知识。当然，固化于词汇中的死喻，未必会触发学习者的意象或图式。因此，语言教学应该有针对性地进行模式建构，以便激活这潜在的意象或图式，以使学习者回溯词汇中所包藏的隐喻过程。

二、隐喻认知的工作机制

隐喻的工作机制是隐喻研究中最丰富、最活跃的部分，从古至今各个领域的专家学者提出了种种理论来试图解释隐喻认知的机制问题。研究的进路也大概可以分为两条，一是语言学进路，二是认知科学进路。

（一）隐喻研究的语言学进路

亚里士多德在《诗学》中说：隐喻是用一个陌生的名字替换，或者以属代种，或者以种代属，或者以种代种，或者通过类推，即比较。[1]他区分了隐喻所牵涉的四类方式：①从属到种；②从种到属；③从甲种到乙种；④类比。他认为①②③三种隐喻是简单的隐喻，而④是最费解而又最迷人的隐喻。这就是替代论，只是他认为隐喻只能局限于诗歌领域使用，导致后世理论家对诗歌语言与日常语言的划分，这种思想统治隐喻的研究长达2000多年。直到20世纪初，亚里士多德认为，用我们实际想要使用的规范表达（proper expression）替代隐喻所占的位置即可实现非隐喻化。这等于说，隐喻是用生僻词替代标准词。因此隐喻是一种可有可无的现象，它只是增加语言表达力的一种工具。这一观点的基础是"规范意义论"，即认为存在一种有原始意义组成的规范意义层次，由此可以不通过隐喻而表达任何意义。替代论的主要缺陷在于，并非所有的隐喻都可以用字面语言解释，有很多隐喻根本找不到对应的字面解释，即使解释也会有一定的意义损失。

Geoge Miller提出了对比论，认为隐喻是两个事物相似性的比较，或者说是明喻的缩略。这种理论符合人们的直觉，当说"A是B"时，往往会脱口而说那是"把A比作B"，传统上许多修辞学家和文学批评家也都持类似看法。Miller认为，隐喻就是对事物相似性的陈述。他相信，对一个隐喻只要能明确地说明两个事物之间的相似性，也就得到了它的意义。对比论的主要缺陷在于，其所依据的相似性具有对称性，但是隐喻却不具有对称性；再有，对比论预设了本体和喻体都是真实存在的，但是隐喻中的喻体有时是根本不存在的，如龙、凤凰等；还有，相似性的确定也是一个非常棘手的问题。

格赖斯从语用的会话原则出发来研究隐喻。他认为："会话原则的最高原则是合作，具体体现为四个准则：数量准则、质量准则、关联准则和方式准则。其中质量准则规定，不要说自己认为不真实的话，不要说没有证据的话。这样看来隐喻是对质量准则的违反。"[2]塞尔是对隐喻持语用观的代表人物。顺着格赖斯的思路，塞尔将隐喻最基本的问题几乎等同于间接言语行为，认为二者的不同只在于，在间接言语行为中，说话者既要表达句子的直接意思又要表达间接意思；而在隐喻中说话者只想表达后者，

---

[1] 胡壮麟. 认知隐喻学 [M] 北京：北京大学出版社，2004: 18.

[2] 田润民. 隐喻的语用观 [J]. 外语与外语教学，1995（1）.

即隐喻话语不表达实际所说的话的字面意思。

科恩（Jonathan Cohn）在反驳塞尔的隐喻语用理论的同时，抓住了隐喻语义理论的核心。科恩认为，隐喻就是语义异常，语义破格。隐喻的意义本质上属于句子，而不仅仅属于言语行为。他说明隐喻是各种各样系统地破坏语义规则的结果，这是解释隐喻的基础。具体地说，删除语义特点的规则，可以作为说明直接来自词语意义的隐喻意义的手段。但删除哪些语义特征呢？Cohen说，词语的语义特征依其重要性递减而排列，删除最重要的语义，即上位语义，就得到隐喻意义。Kitty和Lehrer认为，隐喻意义产生的单位不是词或句子，而是语义场，是语言跨语义场映射的结果。语义场是由组合关系和聚合关系构成的二维结构。语义场之间有交集，但一般是相互排斥的。横跨这些相互排斥的语义场的表达形式就是隐喻偏离。所以隐喻是意义跨语义场的变化，也有人称为语义异常。[1]语义观与语用观的缺点是一样的，无法在语义偏离或言外之意与语言错误之间做出区分。

张力论认为，隐喻中两个无关的指称物并置在一起会形成一种张力，这种张力被认为是两个无关指称物错误结合的结果，它能让接受者产生一种愿望去消除异常，从而消除张力。根据张力论，隐喻的目的是美学的，是为了愉悦接受者。随着张力的逐渐消逝，隐喻也逐渐成为普通语言的一部分。[2]Earl Mac Cormac指出了张力论的不足：隐喻的真假不是由经验决定的，而是使用。张力论认为隐喻是一个错误，因为两个指称物的并置对我们是不熟悉的，但是随着使用的增加，张力在降低，真的成分就会增加。语言的真假与使用直接联系，这是奇怪的。

Monroe Beardsley于1958年的Aesthetics中提出了冲突论。Beardsley认为人们有很多方法都可以言说一物而意指另一物，这些就是自相冲突的话语。隐喻就是自相冲突话语中的一种，只是隐喻包含了某种直接的或间接的逻辑矛盾。当某一言语明显是错误的或间接矛盾的，接受者就会寻求其他层次的意义，这就是词语的内涵。因此隐喻的第二层次意义与修饰语的内涵有关，只要修饰语中有内涵可以适用于主语，不管多么荒谬，隐喻就产生了。如果修饰语没有可用于主语的内涵，那就是胡言乱语。冲突论的主要问题在于它把形成隐喻的冲突归于语言意义本身，独立于语境。那么有些隐喻并没有冲突，如否定隐喻，以及一些靠语境产生冲突的隐喻都无

---

[1] Rothbart，Daniel. Explaining the Crowth of Scientific. Knowledg[M]. Lewiston/ Queenston/ Lampete: The Edwin Mellen Press，1997: 27-28.

[2] Eileen Comell Way. Knowledge Represeniation and Metaphor[M]. Kluwer Academic Publishers，1991: 12-14.

法得到解释；另一问题是修饰语的内涵有很多，如何确定是哪种含义用于主语呢？

（二）隐喻研究的第二条道路是认知进路

隐喻的认知研究超越了语言形式的束缚，不再把本体和喻体当作词项、语言表达、语义，而是作为意义场、认知域或心理空间；也不再把隐喻意义当作对语言的理解，而是作为意义场的相互作用、认知域的映射或心理空间的合成。这里主要包括了三个理论：相互作用论、映射论和合成空间理论。

相互作用论是I. A. Richards在1936年写成的《修辞哲学》一书中首次提出来。他认为一个词语不仅仅是代替了一个过去的、可离散的印象，而是常见特征的综合。当我们使用隐喻时，我们对正在思考中的不同事物有两个想法，却由一个词或短语体现，其意义是它们相互作用的结果。Max Black是相互作用理论的集大成者，其观点可以归纳如下：①隐喻由主项（principal subject）和次项（secondary subject）组成，前者指被隐喻使用的单词，后者指语境；②次项应视为一个系统而非单独的事物；③将与次项意义相关的意义集合投射到主项上，即形成隐喻。意义集合是某语言共同体共同认可的，因而是可以预知的，但有时说话人会引入新奇的、独创性的意义集合；④说话人用选择、压缩、强调、组合的方式将意义集合投射到主项特征之中；⑤对于特定的隐喻，主项和次项以固定的方式相互作用。[1]

相互作用论的缺陷在于：首先，所谓的"相互作用"其实是单向的，因为只有框架（frame）或载体（vehicle）（也就是喻体），对焦点（focus）或主旨（tenor）（也就是本体）的作用，而没有反过来的作用。Black解释隐喻时使用的隐喻"滤镜"也有不当，因为滤镜只是被动地用于某个事物，不涉及相互作用，因而也不能说明意义是如何转换、相似性如何产生；其次，没有对主项和次项语义系统相互作用的机制以及意义转换的机制做出明确说明，因为可能存在多种相互作用的情形，无法确认理解者应该选择哪一种相互作用的结果；再有，Black强调主项和次项的同时存在，但是忽略了复合隐喻和单项隐喻的解释。我们发现很多情况下主旨，即第一主题，是可以不出现的；有时主旨和载体还可以合而为一，如"眩晕的峭壁（the giddy brink）""打转的时间（eddying time）"等。

映射论是著名认知语言学家Lakoff和Johnson创立的。他们认为，隐喻是

---

[1] 严世清. 隐喻理论史探 [J]. 外国语，1995（5）.

人类理解抽象概念并进行抽象思维的主要途径，人们可通过隐喻这种基本的认知手段，运用较具体、结构较清晰的概念去理解那些较抽象、缺乏内部结构的概念。从结构上说，隐喻是将源域（source domain）的较熟悉、易于理解的框架映射（mapping）到不太熟悉的、较难理解的目标域（target domain）之上。这种映射具有单向性、不完全性、系统性的特征，并遵守不变原则（invariance principle）。单向性就是只有源域对目标域的映射、而没有目标域对源域的映射。不完全性就是源域对目标域的映射是部分映射，它突出一部分特征，同时也掩盖一部分特征。系统性意思是源域的特征会随着认识的深入不断的、系统地映射到目标域上，形成一系列语言表达式。所谓的不变原则，就是隐喻映射在与目标域的内在结构保持一致的前提下，保留源域的认知布局，即意象图式结构。例如，如果源域是个容器图式结构，容器的内部将映射到目标域的内部上，外部映射到目标域的外部上，边缘映射到目标域的边缘上。在路径图式中，源域中的起点被映射到目标域中的起点上，源域中的目标被映射到目标域中的目标上等。[1]

四、隐喻的认知功能

隐喻的认知功能早就为亚里士多德等人所发现，且为方达尼尔、理查兹等人所探索，而当今莱考夫、约翰逊等认知语言学家又对它进行了纵深挖掘和广泛阐发，使之更详尽、更系统了。当然，仅从隐喻的认知功能着眼肯定不能探明隐喻本身为何物，但是这对于我们认识语言的意义表达机制、交际效果以及语言教学、认知学习词典编纂等都是很有意义的。

（一）人类组织概念系统的基础

根据认知语言学家的论述，人类概念系统中的许多基本概念都是隐喻性的，也就是人类词汇的基础大多是隐喻性的。从严格的意义上讲，隐喻本身不构成理据，只有隐喻发生之前的符号才可能谈得上是否具有理据性。但是隐喻表达式因为意义的继承关系而具有相对理据性。根隐喻是人类概念系统中深层次的核心概念，已经被编码到人类语言之中，它一方面支撑了词汇系统，另一方面也决定着人类的思维方式和话语表达方式。实际上，每个人都被隐喻网络网住——客谓梁王曰："……王使无譬，则不能言矣"，无譬的结果只能是"弹之状如弹"，不仅难明事物奥理，而语言亦苍白无力。进而言之，如果离开了隐喻，我们人类便不可生存，这便

---

[1] 束定芳. 隐喻研究的若干问题与研究课题 [J]. 外语研究，2002（2）.

是所谓的"我们借以生存的隐喻"。隐喻随时都在发生,比如随着信息技术的发展,电脑网络进入现代生活。"信息高速公路"之类的新词也成了一个使用频率极高的"隐喻主题"。

束定芳(2001)曾从美国报纸杂志上摘取了有关电脑网络报道的新闻标题和内容,比如:

Prime minister rides the info-highway.

White House counts two million cyber tourists.

AT &T stalled on the info-highway.

上述例子显示,"highway"成了"电脑网络"隐喻中的一个中心概念,相关隐喻的词汇—语义由此而扩展开来。"隐喻主体"同时也是人们组织有关信息服务的一个核心概念。

"隐喻主题"表现为概念隐喻,构成一个隐喻的概念域。比如"Time is money."(时间就是金钱)这一概念隐喻就涉及众多的表达式,从功能角度看,概念隐喻影响和操纵着人类的认知方式。束定芳举了以下例证:

a. You are wasting my time.

b. I don't have the time to give you.

c. How do you spend your time these days?

d. That flat tire cost me an hour.

e. I have invested a lot of time in her.

f. I don't have enough time to spare for that.

"waste""give""spend""cost""invest""spare"这些词都用于金钱这一语义场,尽管有些词并非专用于此,而且我们也没办法考证最初的能喻与所喻之间的关系。以上这些句子,可以说包含或反映了"Time is money""Time is a limited resource"(时间是一种有限的资源)"Time is a valuable commodity"(时间是一种有价值的商品)等核心概念。除结构性隐喻之外,还有所谓的方向性隐喻,即用诸如"上下""内外""前后""开关""深浅""中心—边缘"等表达空间的概念来组织另外一种概念系统。这类隐喻与我们的生理构造特点及我们观察事物的方式或文化观念有着密切的关系。例如,根据方向性隐喻我们可以发现"Happy is up."(幸福即向上。)这一隐喻概念,而这一概念隐喻又下辖许多隐喻表达式,如"I am feeling up today"(今天我感到很开心)、"in high spirits"等。常见的方向性隐喻有:"Foreseeable future events are up(and ahead){可预见的未来事件即上(和前)}、"High status is up"(地位高即上)、"Low status is down"(地位低即下)、"Good is up"(好即上)、"Bad is down"(坏即下)、"Virtue is up"(美德即上)、"Depravity is

down"（堕落即下）、Rational is up（理性即上）、"Emotional is down"
（情感即下）。仅举以下几例，以见一斑：

a. Bush is over Cheney. Cheney is under Bush.

（Bush has power over Cheney）

b. Bush is above Cheney. Cheney is below Bush.

（Cheney is under Bush's status.）

a. Bush is ahead of Cheney（for promotion）.

b. Cheney is behind Bush.

a. He has really been up in the world.

（He has raised in status or ranks in society.）

b. He is quite down-and-out.

（He has no money and no hope of any.）

（二）人类组织经验的认知工具

隐喻体现为意义之流，我们凭借隐喻以某一领域的经验来认知另一领域。这样，隐喻就为我们提供了一种途径，以利用相对熟悉、相对容易把握的经验领域来认识或组织我们不太熟悉或较难把握的领域，乃至形成某种态度，并采取相应的行动。我们人类经验中的概念系统在很大程度上建立在本体隐喻之上。本体隐喻又可分出实体和物质的隐喻和容器隐喻等。所谓"实体和物质隐喻"，就是通过物体和物质来理解我们的有关经验，这就使得我们能把一部分经历作为一种同类的、可分离的物质来看待。我们一旦把某种经历看作实体和物质，就能对它们进行指称、述谓、量化和范畴化，并对它们进行理性的讨论。就如人类空间方位的基本经验导致了方向性隐喻一样，有关物体（特别是我们的身体）为各种不同的本体隐喻提供了经验基础。本体隐喻可以为不同的目的服务，而不同的隐喻反映了不同的目的。例如，把"inflation"（通货膨胀）看作一种"实体"便给我们提供了一种指称该经历的方法：

Inflation is enemy.

a. Inflation is lowering our standard of living.

b. If there is much more inflation, will never survive.

c. We need to combat inflation.

在以上这些例句中，"inflation"都被看作一种实体，这就使得我们能够指称它，对它进行量化，使得我们能够辨认其某一方面的特征，将其作为一种对象，并对其采取相应的行动。这样的本体隐喻对我们理解经验世界是十分必要的。有些本体隐喻还可以加以引申，例如"The mind is a brittle thing"（大脑是一种易碎的物品），可以引申出"The mind is a machine"（大脑是一台机器）和"The mind is a brittle object"（大脑是一种易碎的物品）。例如：

The mind is a machine.

a. My mind just isn't operating.

b. I am a little rusty today.

c. We are still trying to grind out the solution to this equation.

The mind is a brittle object.

a. Her ego is very fragile.

b. He broke under cross-examination.

c. The experience shattered him.

这些本体隐喻已固着于语言之中。这类隐喻在我们的思维中已经如此自然而普遍，我们往往会把它们看作对大脑现象的直接描述。

所谓的容器隐喻，就是以容器概念建构其他抽象概念。具体说来，它赋予某种事物以边界，视之为容器，因此可以量化。以下我们主要借用束定芳（2001）的分类和例证进行说明：

第一，我们常把地方和与其有关的事物作为一种容器，这样它们就可以有疆界，我们就可以对它进行量化了。如：

在南京这个城市的容器里，吸附能力最强的磁体，正是情爱悲欢写就的精神内核。

第二，把事件、行动、活动和状态等也可以看作容器：

a. Are you in the race on Sunday?

b. How did you get out of washing the windows?

第三，我们倾向于用物理的经验来组织我们的非物理经验，如情感、心理和文化经验。它们都可能是人类最基本的经验过程。例如在下面三句话中，第一句不是隐喻，而是一种直接的经验过程，第二句和第三句分别是"Social groups are containers"（社会团体是容器）和"Emotional states are containers"（感情状态是容器）的派生物：

a. Harry is in the kitchen.

b. Harry is in the Elks.

c. Harry is in love.

在英语中最能体现容器隐喻的当是介词"in"和"out"了，它们不仅指涉具体的城市、包裹、山洞等等，而且还指涉抽象概念，比如英语词库中有"in one's heart""in one's memory""out of sight, out of mind"之类的表达式。实际上"out of sight, out of mind"整个义是一个结构隐喻，其中"out of sight""out of mind"是实体隐喻中的容器隐喻。把视觉领域看作容器的情况十分常见，比如：

a. The plane is coming into view.

b. He is out of sight now.

综上可见，隐喻对人类认知活动的影响是潜在而深刻的，或者说隐喻直接参与了人类的认知活动。基于此，莱考夫等人的见解，即隐喻是人类概念系统组织和运作的一个重要手段这一断言，是很具有说服力的，其对隐喻系统的挖掘的确达到了空前的深度。

（三）认识事物的新视角

语言是表征性的，其一个基本且强大的表征手段就是隐喻。人们通过某一领域的经验来谈论另一领域的经验，由此而产生一个认知域作用于另一个认知域的认知过程。比如战争是人们熟知的认知域，人们就会把战争这一认知域迁移到不太好言说的另一个认知域，我们常说，"与天斗""与地斗""与人斗"，就是把对象当作了敌人。我们还会说"最大的敌人是自己"。可见，"敌人"的内涵由于隐喻的运用而变得十分丰富。而且，战争会成为一个概念隐喻而涉及被喻指认知域的方方面面。束定芳（2001）引用美国前总统卡特的能源战略来说明这一问题。卡特把能源危机比作一场战争。这一战争隐喻产生了许多相关的蕴涵，而这在某种程度上又影响了相关政策的制定。例如，因为是战争就必然会有敌人（enemy），它会威胁国家安全（threat to national security），因此就需要确定目标（setting goals），建立新的指挥系列（establishing a new chain of command），设计新的战略（plotting new strategy），收集情报（gathering intelligence），调动部队（marshalling forces），等等。由此可见，隐喻就把能源危机纳入到了一个战争的语义场。而就语言的表征系统而言隐喻则成了重要的概念—词汇化，即语义—词汇的扩展手段。维莱特（Wheelwright，1962）指出：新的语境可以被看作一种视角、一种维度，通过它们人们可以以某种方式，某种独特的、与任何其他方式不同的方式来看待现实。以上讨论都处于词汇化层面，另外隐喻的应用层面也是拓展认知域的有效手段。

隐喻从一个方面说明了语言的表征性，它把最基本的表意单元传送过来，而传送之外的意义则要常想象来填补。

（四）隐喻的类推说理功能

人们还可以把隐喻的认知功能提升到可拓逻辑的高度，化矛盾为不矛盾，从而解决正常情况下解决不了的问题，收到出奇制胜的效果。这就是隐喻的类推说理。

隐喻的类推说理，在日常生活中随处可见。"黑猫白猫，逮着老鼠就是好猫"这句话家喻户晓，而且享有世界级的知名度。这就是隐喻类推说理的明证。邓小平在改革开放之初，为了推行资本主义国家普遍采用的市场经济体制而避免政治阻力，用了这个浅显易懂而又鞭辟入里的隐喻，取得了难以估计的政治、经济效果。

古代汉语中有许多说理的散文经常采用对比的方式来说明一种道理，使人不知不觉地接受了说话者的论点：

玉不琢不成器，人不学不知道。

剑虽利，不砺不断；材虽美，不学不高。

再援引一段古英语中的说理性散文和钱钟书《围城》中的一句话：

The fine crystal is sooner crazed than the hard marble, the greenest beech burnth faster than the driest oak，the fairiest silk is soonest soiled，and the sweetest wine turnth to the sharpest vinegar. The pestilence doth most rifest infect the clearest complexion，and the caterpillar cleaveth to the ripest fruit. The most delicate wit is allured with small enticement and most subject to yield unto vanity. (John. Lyly, Euphues; Quoted from Goatly, 1997:152)

我（高松年）是研究生物学的，学校也是个有机体，教职工之于学校，应当像细胞之于有机体。（钱钟书《围城》）

上例表明，人们往往使用一个领域的知识来说明另一领域的特点，通过类比的方法而达到说服他人的目的。从一个认知域到另一个认知域的映现这一隐喻现象，揭示了语义—词汇的生成规律和语言的应用规律。而且，概念隐喻又把我们带到了另一个语义场，丰富了我们的语言表达手段，也给我们的认知学习提供了可利用的手段。

第三节　隐喻认知应用研究

自我们首次发现概念隐喻以来的二十五年中，文学理论、法律研究、语言学、科学哲学等不同领域的研究人员对隐喻进行了令人兴奋的应用。他们已经确定了概念隐喻在诗歌、法律、政治学、心理学、物理学、计算机科学、数学和哲学中的中心地位。他们的研究揭示了在以下学科里隐喻是如何建构我们的思维方式的，甚至决定了什么样的想法是允许的。

一、文学分析

在《不仅仅是冷静的理性》一书中（1989），莱考夫和特纳表明，在大多数情况下，诗歌中的隐喻是日常思想和语言中所使用的稳定常规概念隐喻的扩展和特殊情况。诗人的隐喻创新被证明并非是创造全新的隐喻思维，而是对业已存在的隐喻思想进行新的安排，以形成旧隐喻映射的新扩展和组合。

莱考夫和特纳也表明，传统的概念隐喻处于谚语的核心；在《死亡是美丽之母》（*Death Is the Mother of Beauty*，1987）一书中，特纳展示了日常概念隐喻应用到情节结构时会怎样构成寓言的基础。在《文学心灵》（*The Literary Mind*，1996）一书中，特纳则表明了隐喻合成是如何来建构寓言以及其他常见的文学想象的产品的。

从约翰逊的《道德想象力》（*Moral Imagination*，1993）、莱考夫的《道德政治》（*Moral Politics*，1996）和莱考夫和约翰逊的《体验哲学》（*Philosophy in the Flesh*，1999）等对隐喻和道德的讨论中，文学的道德维度的隐喻基础已经很明了。

二、政治、法律和社会问题

概念隐喻理论最重要的应用是在政治、法律和社会问题领域。法律理论家史蒂芬·温特（Steven Winter）在大量的法律评论文章和一本题为《林中空地》（*A Clearing in the Forest*，2001）的书中，探讨了隐喻在法律推理中的核心作用。法律隐喻比比皆是，从"公司是法人"（拥有第一修正案权利）的隐喻，到不动产是集合权利，再到对知识产权的不断发展的隐喻理解。正如温特所说，最高法院用隐喻来扩展以前判决中发展起来的法律范畴是很常见的。因而隐喻是对我们整个社会生活产生影响的有力法律工具。

莱考夫的《隐喻与战争》一文，在海湾战争前夕通过互联网被分发到数百万人，该文不仅一直是对美国政府使用隐喻说服民众的最重要分析，而且也是对概念隐喻在制定外交政策中所发挥作用的最重要分析。该文详细地论述了美国政府用来概念化伊拉克的政治和经济形势的隐喻是如何系统地掩盖战争的最可怕后果的。在莱考夫和约翰逊的《体验哲学》（1999）一书的"理性"一章中，对经济和政治领域广泛使用的理性行为者模式的隐喻结构进行了全面分析，同时也分析了这一模式掩盖了什么。

莱考夫的《道德政治》（1996）分析了美国保守派和进步派的政治世界观。莱考夫在该书中问到为什么在堕胎、枪支管制、死刑、税收、社会事业、环境、艺术等问题上各自的观点结合在一起形成了两个相互对立但又各自明智和连贯的框架。答案是，这些观点被无所不在的道德隐喻连在一起，而这些道德隐喻反过来又是由相反的家庭理想模式组织的。保守的知识分子都明确地阐明了其家庭—道德—政治关系纲要，但是，在大多数情况下，进步派都没有表明。这本书为改革论者提供了了解自己道德体系的指南。这表明了制度是如何团结各种改革论者的，以及改良主义和保守主义政治后面的总体道德基础是什么。这一分析适用于美国的每一个主要社会问题。

三、心理学

业已证明心理学隐喻分析对认知心理学和临床心理学很重要。认知心理学是由认为概念都是字面的和无形的这一旧观念所主宰。隐喻理论的文献为反驳这一观点提供了压倒性的证据，并开启了形成获得更有趣的认知心理学的可能，其实在一定程度上这种认知心理学已经存在（Gibbs，1994）。例如，情感的隐喻概念化已经作了大量的研究（Lakoff，1987），对自我（Lakoff and Johnson，1999，第13章）、心智、记忆和注意力（Fernandez-Duque and Johnson，1999）的隐喻的研究也很多。

对于临床心理学来说，隐喻理论前景巨大。我们现在已经足够了解我们无意识的隐喻系统，能够揭示它们如何影响我们作为个体的生活，以及在我们一生中我们开发了哪些个人隐喻以便使我们的生活有意义？我们还知道有哪些婚姻和爱情的基本隐喻，以及配偶之间的隐喻会有何差异。这种差异可能会导致巨大的困难。莱考夫的《道德政治》描述了家庭模式之间极为重要的差异，以及这些差异今后可能会怎样影响我们以后的生活（1996）。虽然熟练的治疗师在这个领域可能有很好的直觉，但隐喻理论给我们的自我意识的认知和情感维度提供了一个系统化的指导（关于将隐喻理论应用于释梦的相关讨论，参见Lakoff，1997）。

四、数学

如果有任何领域被认为是字面的、无形的和客观的，那便是数学。然而，莱考夫和努涅斯（Rafael Nfifiez）（2000）表明数学也完全是隐喻性的。以实数直线为例来看。数字不必是线上的点。"数是线上的点"是一个隐喻，就像"数是集合"是隐喻一样，"数是集合"的隐喻被用作19世纪后期发展起来的数学集合论的基础。莱考夫和努涅斯（2000）所著《数学从何而来》（*Where Mathematics Comes From*），是一个对数学的隐喻结构的大规模研究，从算术到集合论和逻辑，到无穷的形式，再到经典高等数学。数学原来不是宇宙无形的、字面的、客观的一个特性，而是一个有形的、主要是隐喻性的、稳定的知识大厦，是由生活在这个物理世界中的人类的大脑构建的。

五、认知语言学

隐喻理论是认知语言学的一个核心分支学科，旨在为大脑和心智的一般性研究中的概念系统和语言奠定一个阐释基础。因此，它借鉴并寻求整合最近的认知心理学、认知神经科学、发展心理学的研究成果，以形成一个统一的理论，可以解释语言从句法到语义再到话语尽可能多的方面。认知语言学其他重要发展包括：

（1）封闭类元素的语义学，如空间关系（Talmy，2000）。

（2）范畴结构的研究，包括基本层次范畴、原型和辐射范畴（Lakoff，1987）。

（3）心理空间（Fauconnier，1985；Fauconnier and Sweetser，1996）。

（4）框架语义学（Fillmore，1982，1985；Sweetser，1990）。

（5）合成空间（Fauconnier and Turner，1998，2002）。

（6）认知语法（Langacker，1986，1990，1991）。

（7）认知构式语法（Goldberg，1995；Lakoff，1987）。

语言的神经理论正在开发中。它试图提供基于神经计算的思维和语言的统一理论（Regier，1996；Narayanan，1997；Feldman and Lakoff，前言）。

第三章
英汉隐喻的历时对比研究
及其文化基础

　　隐喻是英汉语词汇系统中的一种常见而又十分复杂的现象，对英汉词汇系统的发展有重要的影响。本章主要是通过对英语与汉语两种语言隐喻的分析和比较，进一步探讨隐喻与语言表达方式之间的联系，以及英汉两种语言在隐喻表述上的意义与文化特征、共性与差异，从而对文化因素如何作用于语言的形式与意义表述，以及语言与文化之间的联系等问题做出恰当的解释。

第一节　隐喻与文化的关系

一、隐喻与文化连贯

文化中最根本的价值观与该文化中最基本概念的隐喻结构是一致的。让我们举例来看看一些文化价值，它们与我们的"上—下"空间隐喻是一致的，相反的价值观则缺少连贯。

"更多就是更好"与"更多为上""好为上"一致。"更少就是更好"则与之不符。

"更大就是更好"与"更多为上"和"好为上"相符。"越小越好"则与之不符。

"未来将更美好"与"未来为上"和"好为上"一致。"未来将更糟糕"则不符。

"未来会有更多"与"更多为上"和"未来为上"相吻合。

"未来你的地位将会更高"与"高地位为上"和"未来为上"达成一致。

这些观念在我们的文化中根深蒂固。"未来将会更美好"是进步的宣言。"未来将会更多"在某些专门的情况下特指产品的汇聚和薪水的提升。"你的地位在不久的未来将会步步高升"则是追名逐利者的代言词。这些观念与我们现在的空间隐喻相符，相反的观念则不符。如此看来，我们的价值观念并不是独立存在，而必须形成一个与我们赖以生存的隐喻概念相一致的系统。我们并不认为所有与隐喻系统相符的文化价值观都实际存在，但那些确实存在并牢固确立的价值观的确与隐喻系统相连贯。

前面我们所讲到的扎根于我们文化中的价值观，总的来说体现了万物平等的理念，但也常有不平等之事发生。这些价值观中存在矛盾冲突，与它们相联系的隐喻中也存在着矛盾冲突。为了解释价值观念（以及它们的隐喻）中的这些矛盾冲突，我们必须发现使用这些价值观和隐喻的亚文化所赋予它们的不同优先权。比如，"更多为上"拥有最大的优先权，因为它的身体基础最清晰。"更多为上"比"好为上"更有优先权，这就体现在"通货膨胀在上升"和"犯罪率正不断上升"两个例子中。尽管通货膨胀和犯罪率都是不好的事情，这些句子表述的意思仍是合理的，因为"更多为上"总是具有最高优先权。

总体来说，哪种价值观被赋予优先权部分取决于我们所处的这个亚文化，另外一部分则取决于个人价值观。主流文化中各种亚文化共享基本价值观，但是赋予这些基本价值观以不同的优先权。比如，当涉及如"现在分期付款，透支购买昂贵的大型车还是购买便宜的小型车呢"这样的问题时，"更大为更好"有可能与"未来将会更多"相冲突。美国有这样的亚文化，你购买大型车，却不需要担心未来；也有另外的亚文化，先考虑未来，于是买小型车。历史上有一时期（在通货膨胀和能源危机前），在特定的亚文化中，拥有小型车就是地位的象征。在这种文化下，"道德为上"和"节能是种美德"优先于"更大就更好"的观念了。如今社会，小型车数量在"勤俭节约更好"优先于"更大为更好"的庞大亚文化背景下更是急剧增长。

　　除了亚文化，还有些群体，共有某些与主流文化价值观相冲突的重要价值观，但他们仍以一种不太明显的方式保留了主流文化的其他价值观。我们来看看特拉普教（Trappists）的教规。在该教规中，他们确实信奉物质财富"越少越好"和"越小越好"，因为在他们看来物质财富妨碍了最重要的事情——侍奉上帝。特拉普教赞同主流观念"道德为上"，不过他们赋予其最优先等级和不同界定。"越多越好"尽管仍适用于道德，地位依然为上，不过不是在这个世界，而是在最高的世界，即上帝的王国。此外，就精神成长（向上）并最终达到救赎（真正的向上）的方面来说"未来将更美好"也是对的。这是典型的主流文化之外的群体。道德、善良和地位可能被彻底地重新定义，但是他们依然是"为上"。重要的东西，还是越多越好，关于重要的事情，未来将会更好，诸如此类。相对于僧侣群体的重要事情，价值系统内部与主流文化的主要方位隐喻是一致的。

　　个人，一如群体，在其赋予什么以优先权，如何界定何谓善、何谓德行高尚等方面都会因人而异。在此意义上，个人也是亚群体的一种。关于什么对他们很重要，他们个人价值体系和主流文化的主要方位隐喻是一致的。

　　并不是所有文化都会像我们一样给予"上—下"方向优先权。有的文化中平衡与集中发挥着比在我们的文化中更重要的作用。或者我们来看一下"主动—被动"这个非空间方向。对于我们来说，大多数情况下，"主动为上""被动为下"。但是也有这样的文化，更为看重被动而非主动性。一般说来，主要的方向性上—下、里—外、核心—边缘、主动—被动等似乎跨越所有的文化，但是哪些概念被赋予何种方式的方向性，哪些方向又是最为重要的，却是因文化不同而不同。

二、隐喻连贯性的挑战

我们已经证明隐喻和转喻不是任意性的，而是构成连贯的体系，我们据此对我们的经验进行概念化。然而在日常生活的隐喻表达中表面上的不连贯现象并不难发现。对此我们还没有做过全面的研究，但是就我们所仔细考察的几个实例来看，它们其实并非是不连贯的，尽管乍一看毫无干系。让我们来分析下以下两个例子。

（一）表面上的隐喻矛盾

查尔斯·菲尔墨（Charles Fillmore）（在谈话中）发现英语有两个相互矛盾的时间组织模式。

第一种是，未来在前面，而过去在后面：

在我们将来的（ahead of us）几个星期里……（未来）

这些都已经落在我们身后了（behind us）。（过去）

第二种是，未来在后面而过去在前面：

在以后的几周里……（未来）

在之前的几周里……（过去）

这似乎是隐喻时间组织中的一个矛盾。此外，这些看来明显矛盾的隐喻可以混用，却不会产生不良后果，比如：

我们正前瞻今后的几个星期。（We're looking ahead to the following weeks.）

在这里，好像时间组织上ahead把未来放在前面，而following则把未来放在后面。

要理解这其实是连贯一致的，我们必须先来看一下"前—后"的组织。一些事物，比如人和汽车，有内在的前后，但是另一些事物，比如树木，则没有内在的前后。一块岩石在特定环境下可以有前后之分。假设你在观察一块中等大小的石头。在你和石头之间有一个球——假设球离石头一英尺远。这样的情景下，你可以说"球在石头前面"。这块石头因而有了前后之分，好像它的前面朝着你。但这不是普遍的。有些语言，如豪萨（Hausa）语中，石头的方向正好是反过来的。所以当球在你和石头之间的时候，你要说球在石头的后面。

运动物体有前后之分。一般认为移动的方向为前方（或者是约定俗成的权威的运动方向，所以一辆倒退的汽车依然有固定的前面）。例如一个球体卫星，静止不动时没有前后之分，然而一旦入轨运行，就依其运动方向而有了前后。

现在，英语中的时间是依"时间是运动物体"的隐喻建构的，未来在不断地朝我们移动：

……的时刻终将到来。

……时间已过去很久了。

行动的日子终于来到。

谚语"时光飞逝"正是"时间是移动物体"这个隐喻的一个实例。既然我们面向着未来，那么就有：

即将到来的几个星期……

我期待着圣诞节的到来。

一个极大的机会摆在我们面前，我们绝不能错过它。

依据"时间是移动物体"的隐喻观念，时间就有了前后之分。就跟所有移动物体一样，它行进的方向就是前方。那么未来就是面对着我们运动，就有了以下的表达：

我无法面对未来。

面对即将发生的事情……

让我们直面未来。

所以，当我们以人来给时间定方向时，时间朝向的表达式是在我们前面、我期望、在我们面前；但当我们以时间来定方向时，时间表达就成了先前的、接下来的。因此我们有：

下个星期以及它后面的一个星期。

却不是：

我后面的一个星期……

既然面对我们的是未来，在未来之后的是更远的未来，而所有的未来都在现在之后。所以接下来的几周和我们面前的几周是一样的。

这个例子不仅仅是说明这里的时间概念不存在矛盾，同时也揭示了所有牵涉其中的微妙细节：时间是运动物体的隐喻，时间被视为运动物体而获得的前后方向，当基于此隐喻的用以描述时间的词如接下来的、先前的及其面对等被适用于时间之上，其运用是一致的。所有这些一致的详尽隐喻结构是我们平时形容时间的日常语言的一部分，只是太过于熟悉，我们一般不会注意。

（二）连贯性与一致性

我们已经呈现了"时间是运动物体"这一隐喻的内在一致性。但我们对于逝去的时间还有另一种概念化方式：

时间是固定的而我们穿行其中

我们历经多年……

我们走向更远的20世纪80年代……

我们正迈向岁末。

从这里可以看到，有两种形容"时间逝去"的情况：一种情况是我们在移动，而时间是静止不动的；另一种情况是时间在移动，而我们是静止不动的。共通点在于在这种相对运动中，未来都是在我们前面，而过去都在我们后面。两种隐喻都蕴含从人类的角度时间从我们的前面移动到我们后面。

尽管这两个隐喻不一致（即它们不能形成统一的形象），但由于从属于同一范畴时，它们仍能作为子类别而相契合，共有一个共同蕴涵。隐喻的连贯性（即相互契合）和一致性是有区别的。我们发现隐喻间的联系更倾向于相互连贯而非相互一致。

第二节　英汉隐喻的共性

一、英汉语时间与空间概念隐喻的意义表达

（一）英汉语"过去"与"现在"时间表达

人类的语言在时间概念的表述过程上都会存在着某些共性。如，人们把时间看作是一条直线，直线的左边是时间的起点，而直线的右端则是时间的终点。这种时间概念的表达如同马克·约翰逊（Mark Johnson）所描述的"路径图示"（图3-1）：

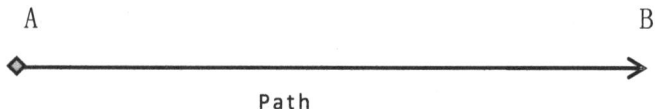

A   B

Path

图3-1　Path Schema

Source Mark Johnson（1987）

约翰逊（Johnson）认为："这一路径图示反映了我们在日常生活中所感受到的，围绕地球的运动和周边其他物体的运动"。

我们的旅途正是这样一种类似"路径"的运动——有起点，也有终点。而在起点和终点这两个点之间也可能有无数个节点，这些节点表示我们在旅途过程中可能会停留的驿站或遇到的事件。这样的点，由一条直线连接起来，构成一个表现旅途时间顺序的过程。同时，这一类似"路径"的图示还可以用来表达生活中许多相同的概念。比如，用来表达旅行，

也可以用来表达诸如人生、爱情、某项事业或工作等人类社会活动。人的生命可以说是最为典型的"路径图示"概念。人的出生就可以看作是这样一条线的起点，人生命的结束可以被视作终点，而生命过程中的各个阶段则可以被看成这样一条线中的各个节点。这些点和线一起构成一个完整的人生过程。正因如此，我们才有了"人生是旅途"这样的概念隐喻。"人生是旅途"的隐喻概念几乎存在于所有语言之中。英语和汉语均享有同样的概念。如爱丽丝·戴南（Alice Deignan）在Cobuild *English Guides*：*7. Metaphor*一书中援引的经典例句：

（1）He had ahead start in life.

（2）Two roads diverged in a wood and I took the one less traveled by. And that had made all the difference.

以上两句话里都使用了"人生是旅途"的概念隐喻，其中，例（1）中的ahead start（领先），意为在生命旅途中抢占了先机和优势。而例（2）（选自Robert Frost的诗*The Road Not Taken*），表明了人生旅途中，由于选择了一条不被游人所踩踏的路，而使人生发生了变化。将人生比作'旅途'，好像已经成为一种思维定式，人们很难想象出任何比'旅途'更为贴切的比喻方式。

汉语里，将人生比作旅途的例子同样比比皆是，如以下这篇散文：

生命如同一辆奔驰的列车，风驰电掣，永不停息。

我们每个人都是生命之旅的乘客，当生命的列车行至半途，我们的子女加入了我们的生命之旅中……

除了"人生是旅途"的这一概念表述外，英语和汉语在时间概念的表述方面还有许多共同之处。在英汉两种文化中，人们习惯于把时间视作一条延续的线，由左向右不断延伸，如图3-2所示。

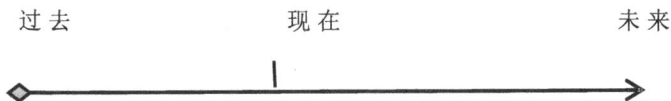

图3-2　英汉语时间图示

而且，人们通常是背朝过去，面向未来，如图3-3所示。

图3-3　"面向未来，背对过去"的时间概念

如，英语里有We are facing the future和We are looking forward to the future，以及Look back to the past等表达方式。汉语里，也有着与英语类似的时间表述方式。如："回顾过去，展望未来""将过去甩在脑后，勇敢地面对未来"等。

以上的例子说明，汉语与英语在时间概念上相同，都存在着"面向未来，背对过去"的概念。

（二）英汉语时间概念come和go表达的共性

概念隐喻是人类认知世界与表达经验的一种普遍的思维方式，是人们认知事物的需要，它不仅仅是语言的，更是概念的、认知的，是普遍存在的。在时间的概念隐喻表达层面。尽管英汉两种语言在用空间、实体来隐喻时间上存在着一定的差异，但也存在许多相同之处。以下我们仅通过来/去，come/go的分析进行比较，来认知两种语言在时间表达上存在的共同性。

（1）来/去，come/go表空间关系：来/去，come/go都是表示动态空间关系的词语。根据《现代汉语词典》和《牛津高阶英汉双解词典》，我们将来/去，come/go在英汉两种语言表达上存在的共同性阐释如表3-1所示。

表3-1　英汉语时间概念"来 / 去，come / go"表达空间关系的共性

		来/come	去/go
汉语	定义	来：表示到说话人所在地参与某件事。	去：表示离开说话人所在地自行做某事。
	例句	你来得正好，我正要去找你呢。	我明天打算去广州进货。
英语	定义	come: move to, towards, into, etc, a place where the speaker or the writer is, or a place being referred to by him.	go: move away from place where the speaker or the writer is or a place he imagines himself to be.
	例句	Kelly is coming to see us tomorrow. 凯莉明天来看我们。	Will you go to the party? 你去参加宴会吗？
英汉表达的共性		在使用动词来/去，come/go时，事物移动的方向很重要。如果移动的方向是朝向说话人的，应使用来/come；如果移动的方向是离开说话人的，那么就要使用去/go。	

（2）来/去，come/go表时间关系

已有研究[1]指出，英汉语在看待时间与观察者的相对运动方式时，时间

---

[1] Clark1973 Lakoff & Johnson，1980；Lake off & Turner，1989

的空间隐喻表征主要基于两个隐喻系统：时间在动隐喻系统（Time-moving Metaphor System）和自我在动隐喻系统（Ego-moving Metaphor System）。前者把时间轴比作是一条河流或传送带，事件在传送带上从将来移向过去，即将来向我们走来；后者指自我或观察者所在的场景沿时间轴向着未来移动，即我们朝将来走去，如图3-4所示。

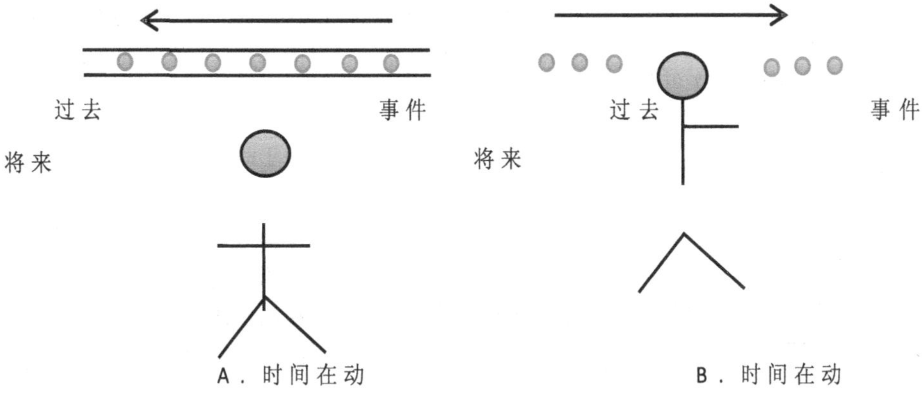

过去　　　　　　　　　事件　　　　　　　过去　　　　　　　　　事件

将来　　　　　　　　　　　　　　　　　将来

Ａ．时间在动　　　　　　　　　　　　　Ｂ．时间在动

图3-4　时间在动（Time Moving）的隐喻

时间在动（Time Moving）的隐喻：观察者的位置固定，时间则是运动着的，它面向运动的方向。如：

The time for action has arrived. /The deadline is approaching. /Christmas is coming up on us. /The summer has just zoomed by. /Time flies when you're having fun. /Time drags when you're bored.

汉语中，"到""过""来""来临"等词语的时间含义也正是由这种隐喻方式形成的，如表3-2所示。

表3-2　英汉语时间概念来／去，come／go表达时间关系的共性

英语	汉语	共性
（1）With the passing of time, her hair became whiter and whiter. （2）Thirty years have gone away from us, but we are unconscious. （3）The cold winter arrived earlier but is reluctant to go.	（1）随着时光的流逝，她的头发越来越白了。 （2）30年的光阴从我们身边溜走了，而我们却不知不觉。 （3）严冬提早到来，却又迟迟不肯离去。	从上面的例句中我们不难看出，时间是移动的，而观察者是固定不动的。即过去的时间已经从我们身边经过，未来的时间正一步步向我们走来。无论在英语还是在汉语的表达中，时间在动的隐喻系统都是同样存在的。

英语	汉语	共性
（1）He will finish reading this book within two weeks. （2）The People's Republic of China has walked over an extraordinary journey of fifty years.	（1）他将在两周内读完这本书。 （2）中华人民共和国走过了50年不平凡的历程。	汉语中 " 前景 " " 前途 " "向前看"的表达使用的都是自我在动的方式。
（1）My teacher has stepped into middle age. （2）We will study hard and run toward the splendid tomorrow together.	（1）我的老师已步入中年。 （2）我们将努力学习，携手奔向美好明天。	由于时间是不动的，动作的执行者进入某一时间的行为正像进入空间中某一实体的行为，而对于动作执行者动作的描述，无论在英语还是汉语中，词汇都是非常丰富的，并且是一一对应的。

在汉语中，我们很多时候用来/去表示时间，如表示未来时间的词语有"将来""来年""来日""来生"等，而表示过去时间的词语有"去年""去日""去岁"等。英语当中也有类似的情况，如the coming year（来年），days past and gone（逝去的岁月）。表示空间概念的词语来/去，come/go用于表达时间，这实际上是概念隐喻的结果，通过隐喻，动词的词义得以引申。

这种空间概念用于时间概念，并不是凭空想象出来的，而是来自人自身的经验。这些经验模式帮助我们理解抽象概念和指导我们推理，形成有形体的想象式理解。人们根据自身的经验结构，将时间看成是一条水平轴，时间不断从远方向我们靠拢，越来越近，随后经过我们，又不停地向远方流逝，越去越远。

（3）来/去，come/go表状态

来/去，come/go在表状态时的隐喻延伸义为：当我们面对一个较为期待或理想的状态（towards a more desirable state）时用"来/come"；当我们面对一个不希望或不想要的状态（towards a less desirable state）时用"去/go"。通过隐喻，来/去，come/go的意象图式结构被映射到目标域"状态"的意象图式结构上。这是事件结构隐喻（Event Structure Metaphor）的一种特例，主要是通过利用空间、运动和力量方面的隐喻来表现事件结构的不同方面的特点。

来/去与come/go在表状态时还有两个值得注意的地方，具体表现如表3-3所示。

表3-3　英汉语时间概念来／去，come／go表达状态关系的共性

英汉语时间概念来/去，come/go表达状态关系的共性
（1）汉语中的来/去经常与其他词语组合构成复合趋向补语来表达状态，如："来"与"起"组合成"起来"表达到了某种较好的或所期望的状态，"来"与"上"或"下"连用表示成功做到了某事；"去"则与"下"组合构成复合趋向补语"下去"，表示某种不好的状态的持续，"去"很多时候还与否定词连用构成"……不下去"，表示某种状态难以持续。英语中的come/go也有类似结构。
（2）汉语中的来/去和英语中的come/go在表达状态时存在一些不一致（incoherence）的现象，如，汉语中的"来"并不总与好的事物联系在一起，如"来火儿""来袭"，并且也跟"去"一样，常常与否定词连用，表示没能做成某事，如"答不上来""想不起来"；而英语中的come在表达more desirable和less desirable这两个概念时也不是那么泾渭分明的，come有时可能表达sth. less desirable，如come at（袭击），come down with（染病）；而go有时也与sth. more desirable联系在一起，如full of go（充满活力），make sth. go（使成功）。对于这种不一致，我们的解释是："当我们面对一个较为期待或理想的状态（towards a more desirable state）时用来/come；当我们面对一个不希望或不想要的状态（towards a less desirable state）时用去/go"，这两个隐喻并非独立存在，而是与一个庞大的概念隐喻体系共同发挥作用，这个概念隐喻体系又是与某一种文化中那些最基本的价值紧密联系的。这些价值之间的冲突导致了不同概念隐喻之间的冲突，哪种隐喻模式占上风取决于在这种文化当中哪一种价值享有更高的地位。

汉语和英语在概念隐喻结构中表现出来的一致性是概念隐喻基于人们自身经验的自然结果，也有力地证明了概念隐喻普遍存在于各种语言中，并且贯穿于人类的行为和思维中。语言是文化的产物，是特定文化认知模式的反映，人类的认知和信息处理机制有共性，这是隐喻思维之共性的基础，英语和汉语中的某些概念隐喻的重合现象是人类认知共性的反映和体现。

（三）英汉语时间概念表达的相似性

从上述讨论中可以看出，英汉语有关时间概念的表达方式的相似之处有如下几个层面：

（1）水平面：前/before，后/after，来/come，去/go

前/before，后/after表示时间在英汉语中的运用较为普遍。如：

①转天/in the following day

②后天/the day after tomorrow

③前天/the day before yesterday

④很久以前/long before

来/come在英汉语中都表示时间正在朝观察者移动。如：

⑤The New Year is coming.

⑥将来，未来，来世，来日，来生

与来/come相反，去/go，往/pass总体上表示时间的过去，时间继续从现在移向过去。如：

①The year went by quickly. the passed years，the passed winter

②去年，去岁，去冬，去日

③往年，往事，往日，以往，往届

（2）垂直面：上/up，下/down

汉语中，"上"代表较早或过去的时间，"下"代表较晚或将来的时间。如：

①上半年，上半天，上辈子

②下半年，下半天，下辈子

英语中，以up、down代表时间的例子并不多，但也存在。如：

①ascendant，desendant

②This year went down in a family history.

（3）过去被看成是旅行者已走过的路或者留下的痕迹。如：

①历程，旅程，前尘

②Mary passed the time quickly.

（4）现在的时间被看成是与观察者共在的。如：

①at present，at the moment

②现在，现时，正在

上述英汉语所共享的时间概念认知方式进一步说明了人类对时间概念的认知共性，即认知语言学普遍认为的，"人们在认知这个世界的时候都是以自己的经验，也就是人类自己的生理机制，以及人类与自然界和社会相互作用所得到的身体体验和社会经验为基础的"。对于时间的概念表达，人们基本上遵循两种认知模式，即自我在动（Ego Moving）和时间在动（Time Moving）此外，根据以上两种思维模式，人们在采取以上第一种思维模式时，说话人（观察者）常常要面对未来，是一种以将来为主导的认知模式；而采取第二种思维模式时，说话人（观察者）常常要面对过去，是一种以过去为主导的认知模式。以上两种时间的思维和认知模式皆与人的生活和观察事物的角度有关。也就是说，人类透过自身的社会体验所获得的对时间概念的认识是英汉语隐喻存在相似之处的基础。

（四）英汉语时间概念表达的两种主导方式

（1）以将来为主导（future-oriented）的时间表达方式：

①前程/prospect，前景/foreground

②莫愁前路无知己，天下谁人不识君。（高适《别董大》）

（2）以过去为主导（past-oriented）的时间表达方式：

①前天，昨天，今天，明天，后天

前年，去年，今年，明年，后年

②前天/the day before yesterday

后天/the day after tomorrow

③前尘/the past

前面提到的观点/the above-mentioned opinion

④我未之前闻也。（《礼记·檀弓》）

前事之不忘，后事之师也。（《史记·秦始皇纪赞》）

（五）英汉语空间概念的表达

在空间概念隐喻的表述方面，英语和汉语存在很多的共性，其原因在于不同语言的使用者，享有近似的空间概念。这些概念源于人们对周围事物的身体感受。较为典型的空间概念包括"在……之内"（in）"在……之上"（over、above-cross、above、covering）等。事实上，这些概念与包容（containment）认知图示有关。也就是说，使用"在……之内""在……之上"时，人们在说明所感受到的不同空间概念，如以下英语句子里介词in的空间概念是不一样的：

（1）the water in the vase

（2）the crack in the vase

（3）the crack in the surface

（4）the bird in the tree

（5）the chair in the comer

其中，例（1）中in的概念与例（2）和例（3）中in的概念是截然不同的。花瓶里的水和花瓶（表面）上的裂痕虽然都在表达"在……之内"的概念，但人们对这两种截然不同的"在……之内"的概念的空间感受是不一样的。人们的空间概念感受可以很快将上述不同的概念区分开来。"在树上""在墙角""在盒子里""在碗里""在腿上（腿上的肌肉）""在边界上"和"在田里"给人们所带来的空间感受是不一样的。

有趣的是，人们对空间所做出的不同判断，即以上英语里所提到的由于所描述的事物差异而导致的空间视觉和感觉差异，在其他的语言里同样存在。汉语同样具有以上空间的差异。在汉语里，"花瓶里的水""花瓶（表层）上的裂痕""田野里的庄稼"等，同样都是"在……之内"的概念，但是空间感觉是不一样的。同样"河里的一条鱼""空气里的细菌""雾里的尘埃"，这些词组里"在……之内"的空间感觉是不同的。

不同的语言，虽然采用的表达方式有所差异，如英语里用in，汉语里用"里"和"上"等，但对"在……之内"的概念理解是一致的。正是由于英汉两种语言之间存在这些共性，即类似的思维定式，才使得语言的使用者在英汉两种语言之间自如地进行语码和意义转换，意义得以表达。

在读到以上英语句子时，母语为汉语的人不会因为语码的变化而无法理解其中的含义。同样，根据人类共享的基本的空间概念，人们还可以理解和想象出更为抽象意义的"在……之内"的空间概念，如汉语里"在思想和灵魂深处""在骨子里""在意识里"等。而这些表达方式同样存在于英语语言中，如deep in the soul、in one's consciousness or mind等。

1. 英汉语"上"与"下"的空间概念的表达

英汉语在"上"与"下"的基本空间概念表述上有很多共性。这主要是源于人类思维方式的共性。布鲁曼（Bruman）和拉考夫（Lakoff）（Saeed，1997:313）对英语中不同的above空间概念感受做了描述，如：

（1）The plane is flying over the hill.

（2）Sam lives over the hill.

（3）She spread the table cloth over the table.

（4）Harry still hasn't gotten over the divorce.

熟悉英语的人会很容易发现以上各句子里over含义的差异，同时能够辨认出每个over所表达的空间概念。比如，例（1）中所表达的"上"的概念是动态的，而其他例句中over所表达的概念是静态的。其中，例（2）中over的概念和例（3）中over的概念又有区别，即上方物体（trajector）和下方背景物（backgound）之间的空间是不一样的。虽然over的概念都是以路径影像图示（path image schema），即移动物（trajector）从：一个方向相对于背景物（back ground）向另一个方向移动的路径方式运动得以实现，但由于移动物和背景之间的差异，其蕴含的空间概念也就不同。如，例（4）中所表达的over概念似乎又与其他例句中over的概念有所区别，抽象意义的divorce概念被具体物化，被视为人生旅途中的障碍，需要跨越。

以上例句中所表达的"上""下"空间概念可以基本上归纳为crossover（跨越，越过），above（悬于上方）和coveting（覆盖于上方）三种空间模式。这些人类思维的基本模式均体现在英汉语语言表述方式中。

2.英汉语"在……之内"与"外"的空间概念的表达

英汉语都有类似的"内"与"外"空间概念。这种空间概念主要源于人体感知以及人类生活的真实体验。

这种人类体验的"内"与"外"的空间概念可以是多重的，它可以包括一般意义的包容和穿透式的包容两种。

第一，一般意义的内外成分的分离：成分可以在容器内或在容器外。

第二，容器可以穿透：如果一个包容有某成分的容器被其他容器所包容，那么这个成分即被两个容器所包容。比如，人在床上，而床又是在屋子里，那么就可以说，人在屋子里。

英汉语的"内""外"空间概念常被引申用以表达诸多的抽象概念。

3.英汉语"情感"概念隐喻的意义表达

以上讨论的时间、空间等概念思维方式，在现实生活中被人们借用，以表达一些更为抽象的概念。如，人类的情感等。

（1）"高兴"概念的表达：

英汉语中，人们时常将高兴的心境与"上"的空间概念相联系。如，英语里有：

①I am feeling up.

②My spirits rose.

汉语里"高兴"的概念可以用相同的空间方式进行表述。如：

③我们情绪高涨。

④他发表了热情洋溢的讲话。

（2）"悲伤"概念的表达：

相反，在表达"悲伤"的概念时，英汉语都经常采用"下"的空间概念加以描述：

①He is really low these days.

②My spirits sank.

③他近来情绪很低落。

④我们心情很沉重。

英汉语在借用"上""下"空间概念表达抽象概念时，具有许多共性。比如，象征好的或积极的感情常常用"上"的空间概念表达，而不好的或消极的概念则用"下"的空间概念加以描述。

（3）"权力"概念的表达：

①He has control over me.他远在我之上。（他的权力大于我。）

②He is under my control.他远在我之下。（他的权利小于我。）

（4）"价值"概念的表达：

①The quality of the product is high. 产品的质量很高。

②Things are looking up. 产品的生产和销售呈上升趋势。

（5）"道德"概念的表达：

①He is high minded. 他的道德高尚。

②That was a low trick. 那是个低俗的把戏。

4.英汉语"容器"概念隐喻的意义表达

前面提到的"容器"空间概念在英汉语中常常被借代，用以表达时间、空间、区域范围、认识空间、人际关系等抽象空间等。

（1）"身体"被视为"容器"：

①the man in the hat戴着帽子的男子

②the woman in white穿着白色衣服的女子

此外，汉语中人体的各个器官常被视为"容器"，如：内心充满喜悦，满腹牢骚，满眼怒火，满头是汗，浑身是伤，满脸是血（汗），满头白发，满堂喝彩，满堂红，满心欢喜，满手，全身心等。

（2）"时间"被视为"容器"：

①in the twentieth century在二十世纪

②in 1999在1999年

③in spring在春天

④in March在三月里

⑤in the morning /afternoon / evening在上午 / 下午 / 晚上

（3）"空间"被视为"容器"：

"想象和思维的空间"被视为"容器"，如：

①as expected不出所料

②Out of sight，out of mind.眼不见，心不烦。

考虑"知识信息体系"被视为"容器"，如：

③have experienced many vicissitudes of life饱经沧桑

④weather-beaten饱经风霜

"意识范畴"被视为"容器"，如：

⑤in a rage愤怒之中

⑥in a hurry匆忙地

⑦in fun开玩笑地

心灵深处"地点和处所"被视为"容器"，如：

⑧The town centre was chock-a-block（with traffic）. 市中心（车辆）挤得水泄不通。

⑨the highest mountain in the world世界上最高的山

"人际关系"被视为"容器",如:

⑩internal disturbance and foreign aggression内忧外患

⑪beset with difficulties both at home and abroad内外交困

"组织和单位"被视为"容器",如:

⑫全部/全面/全方位/全自动/全民/全国/全家/全班/全厂

从以上的对比过程中,我们可以清楚地看出英汉语在时间与空间隐喻概念层面拥有的共同之处。英汉语除在基本的时间和空间概念隐喻方面有许多共性之外,在思维的其他方面也存在诸多相似之处,如人们时常将我们的社会比作"生命体系""机器""市场""战场""舞台""游戏"等。

二、英汉语"肢体"与"器官"的隐喻意义表达

世界上,在任何语言中都有方位词,这些方位词包括天体、地景、人体,其中人体的方位词为最多,如主要的数词系统都是由人体发展而来的。身体名称的转移都遵循以下几个基本原则:从上到下,从前到后,从部分到全部。通常是以上面的部位为高级,以下面的部位为低级。人体部位名称常扩展到指称其他有生命或无生命的东西,应用的原则包括形状、大小、功能、相对位置等几个因素。许多人体部位的名称都属于基本词汇。人体名称的用法常是隐喻的,而且绝大部分的人体名称都有这种用法,这就大大地扩增了人体名称的使用范围。例如,"心碎"心并没有真正破碎,"厚脸皮"脸皮并没有加厚,"柔肠寸断"肠子并没有断掉。在汉语中,人的诸多心理活动都取自"心",英语里也有类似说法,如:

(1) It touched my heart. 我的心被感动了。

(2) How to win her heart? 如何赢得她的芳心?

(3) There's a man after my own heart. 有一个男人很合我的心意。

(1) 英汉语很多的"肢体"和"器官"隐喻的用法相同或近似,如:

①They wouldn't have the backbone to disagree with him. 他们不会有勇气与他争执。

②We need to bring in some new blood to brighten up our image. 我们必须引进一些新鲜血液来改善我们的形象。

③Proofreaders need to have a good eye for detail. 校对者需要对细节有很好地识别力。

④We need to find a way to end the conflict without either side losing face. 我们需要找到一种办法来结束冲突,同时又不使双方丢面子。

⑤She had the guts to decide what she wanted and go for it. 她有勇气确定目标并为之奋斗。

（2）汉语里常用的身体隐喻很多，常见的有：

表3-4　汉语中常用的身体隐喻

情绪反应	以身体部位名称来隐喻人的情绪反应，如： 喜：眉开眼笑，嬉皮笑脸，心花怒放 怒：怒发冲冠，柳眉倒竖，大动肝火 哀：愁容满面，心如刀割，肝肠寸断， 乐：手舞足蹈，笑掉大牙 烦恼：愁眉苦脸，蹙额愁眉，心烦意乱 紧张：张口结舌，瞠目结舌，硬着头皮
人际关系	手足之情，肝胆相照，推心置腹，心照不宣，促膝长谈，肌肤之亲，把手言欢，唇亡齿寒，人心隔肚皮，一鼻孔出气，眼中钉，貌合神离
人品差	心狠手辣，虎头蛇尾，死皮赖脸，奴颜婢膝，掇臀捧屁，令人齿寒，心口不一，翻脸无情，只手遮天，见钱眼开，遮人耳目，包藏祸心，面善心狠，狼心狗肺，勾心斗角，不轨之心，铁石心肠，脑满肠肥
修养	肚量大，宰相肚里好撑船
能力表现	伶牙俐齿，三寸不烂之舌，白手起家，得心应手，胆大心细，扬眉吐气，炙手可热，笨手笨脚
人的勇气或诚恳	一身是胆，肺腑之言，忠言逆耳，苦口婆心，肝胆相照
恐惧	心惊胆战，心胆俱寒，心惊肉跳，毛骨悚然
处事态度	好汉不吃眼前亏，袖手旁观，大处着眼小处着手
判断	看走眼，独具慧眼，眼拙，逃不出手掌心，鹿死谁手，烫手山芋
个性	心直口快，古道热肠，铁面无私，衣来伸手饭来张口
不当的言行	长舌妇，信口开河
处境不佳	腹背受敌，心腹之患
内心明白	心知肚明，肚子里点灯
时间	一转眼，间不容发，过眼云烟，迅雷不及掩耳

三、英汉语"家庭"的隐喻意义表达

在当今，"家庭"概念隐喻的使用十分普遍。如邻里和好友之间将彼此称为"兄弟""姐妹"，以促进友谊和感情交流，拉近与改善彼此之间的关系。许多语言里都可见到这样种隐喻现象。

从政治与社会意义上说，这种以"兄弟"相称的概念隐喻现象反映出一种社会现象，即人们对平等社会的追求（*The Sibling Society*. Robert Bly，1996）。

汉语里，"家庭"隐喻的使用十分普遍。即使是在很正式的场合，"兄弟"或"姐妹"的称谓也很常见。比如城市与城市之间建立友好关系，彼此之间均成为"兄弟城市""姐妹城市"。商业界，公司与公司之间可以称为"兄弟公司""父子公司""姊妹公司"等。为此，"兄弟部队""兄弟单位"的称谓在汉语里尤为普遍，已成为一种固定下来的"家庭"概念隐喻的表达方式。

某种特定社会背景之下的社会组织，如"兄弟会"等，皆体现了"家庭"概念隐喻在汉语里的应用。

在"家庭"概念隐喻的使用上，英汉语均十分普遍，用法几乎一致。

四、英汉语"动物"的隐喻意义表达

英汉语在"动物"隐喻的使用上，相同的地方更多一些。从某种意义上来说，更能凸显出两种语言在概念隐喻使用上的相似之处。比如，"禽兽""畜生"等词都常用来比喻人较为丑陋的一面，以及禽兽般的行为等。以下是一些较为常见的例子：

（1）I know how to deal with James，but Michael is a different animal. 我知道怎样对付詹姆斯，但迈克尔是不同类型的人。

（2）The music business is an unpredictable beast. 音乐界的发展真是不可预测。

（3）That is why societymust be protected from brutes like him. 这就是为什么必须保护社会使之免受他那样的禽兽侵扰的原因。

（4）She was having kittens because it was very late and her daughter wasn't home yet. 她心中非常焦急不安，因为时间已经很晚了而她女儿还没回家。

五、英汉语"植物"的隐喻意义表达

英语和汉语都有很多以植物比喻人的情况。在汉语里用树木比喻人的品格、用花比喻人的容貌等，而以植物喻"人的外貌与性格特征"以及"爱情"等似乎是汉语特有的概念表达方式。

英语里虽然用植物喻人的用法与汉语不完全一致，但在用植物比喻人与事物的活动等诸多方面与汉语有很多相同之处。比如，用crop（庄稼）比作收获，用seed（种子）比作埋藏下隐患，用branch（树枝）比作分支机构等。请看以下的英语例句以及汉语翻译。

（1）Now he cannot speak to us and though it hurts to say this. He is little more than a cabbage. 现在他已无法和我们说话。虽然这样说是令人难过的，但他差不多是个植物人了。

（2）The store has branches in over 40 cities. 这家商店在40多个城市有分店。

（3）It is important to recognize jealousy as soon as possible and to nip it in the bud before it gets out of control. 尽早识别嫉妒心，在其失控前就将其解决在萌芽状态，这很重要。

（4）The book is the fruit of years of research. 这本书是多年研究的成果。

（5）What are the historical roots of the region's problems? 该地区问题的历史根源是什么？

第三节　英汉隐喻的差异性

一、英汉语时间与空间概念意义表达的差异

（一）英汉语在方位词"前、后"实践和空间概念表达上的差异

（1）英汉语用"前、后"方位词表示时间概念存在差异。英语"未来"在前，"过去"在后；汉语"前、后"的时间概念表达方式则有所不同。如：

①后福future blessings

②今后的任务the tasks ahead

③吃苦还在后头呢。The worst is yet to come.

（2）英语里可以用词缀来表示时间关系，如pre-、post-。汉语则不存在这样的词缀。

（3）汉语中，"前、后"可以单独使用。如陈子昂的诗句："前无古人，后无来者。"

导致以上差异可能有多重原因。首先，汉语和英语时间概念的表达方式存在差异。英语属于横向直线时间概念表达文化，人们一般面向未来，背向过去。而汉语虽然具有同样的时间概念的表达方式，但同时也存在"上、下"纵向，以及以事件发展顺序为依据的时间表达方式。由此，汉语里已经发生过的事情在前面，未发生的事情在后面。

此外，汉语词性的概念是从西方语言借来的，汉语和英语虽然词性基本一致，如方位词等，但汉语中许多词的用法很活。如"前"与"后"两个方位介词都可以单独使用，作名词。如在陈子昂的诗中，"前"与"后"均指一段时间，其中，"前"用以指过去的时间段，"后"用以指未来的时间段。从语言形式上看，英语有词缀，而汉语没有词缀。

根据拉考夫（Lakoff）提出的两种时间隐喻的产生原则，即时间在动隐喻（Time Moving Metaphor）和自我在动隐喻（Ego Moving Metaphor）。第一种观点是观察者不动，时间在运动，这样时间就是向着说话者的方向走来。而第二种观点是时间不动，观察者在动，这样过去的时间就是被观察者经历过的。由于存在着两种不同的原则，所以在比较时会发生一些原则错位，而且由于中西文化与思维模式的不同，导致在语言使用中出现其特有的意义表达方式。

（二）英汉语在方位词"上、下"时间和空间概念表达上的差异

汉语时间表达方式除上面提到的"前、后"表达方式外，以"上、下"方位词表示时间同样体现出汉语与英语在时间概念表达方式上的差异。英语里的"上、下"方位词一般不用来表达时间的概念，虽然也可用纵向轴直线的形式表达时间顺序，如"过去"的时间也是在上，然后由上至下延伸，但是在语言层面上却难以看出英语具有与汉语同样地以"上"和"下"等方位词表达时间的用法。

汉语里常见的以"上、下"表示时间的例子有（其中"上"表示过去，"下"表示将来）：上下五千年；上溯到远古时期，下溯至近代文明；上（远）古时期；上世纪；上述问题；上文；上个月；上一周：上一次；下个月；下一周；下一次，等等。

英语上述时间概念的表达则不可以由介词up/down和above/beneath来完成，同样的概念表达则必须由特定的时间限定词，如last、previous、next、following、from...to...等加以描述。譬如 the last two years/decades/centuries、 in the previous century、from the ancient past to the present、next year/decade/century，等等。

以上例子表明，汉语里存在着以"上、下"表示时间的语言表达方式，这一用法是汉语的一种特殊的时间概念表达方式，与英语时间概念表达形式形成鲜明的对比，进一步说明了英汉语在时间概念的表达上存在着明显的差异。

此外，英汉语在通过"上、下"方位词表达空间概念时，同样存在明显的概念差异。汉语在表述"上、下"概念时，不完全分辨英语里above和beneath的含义。所以在表达英语上述概念时，汉语不得不在"上、下"方位词前加上一些附加修饰成分，如"高、高高的、紧贴（靠、依附）"以表达其含义，如：高高的天上，紧贴（靠、依附）在……的下面，等等。

再有，汉语里"上"的意义通常不完全分辨所指事物的位置是在物体的表面、内部，因此喻意比较模糊，既可以指在物体表面，也可以指在物体内部，如：在桌子上，在椅子上，在树上，在心上等。而英语里以上意义区别可以通过方位介词on或in表达，如：

①在桌子上on the table

②在心上（里）in one's heart

③在海上on the sea；at sea

汉语和英语"上"的表达方式很不对称，但汉语中"里"的方位表达与英语表达方式则有很多相同之处，比如：

④You don't often have a chance to swim in the sea in England. 在英格兰你不常有机会在海里游泳。

但当汉语"一头撞在了树上""在海上"译成英语时，则译为bump into the tree、Run into the tree、on the sea、at sea。例如：

⑤His car skidded and ran into a lamp post. 他的车打滑，撞到了一根路灯柱上。

（三）英汉语"将来"概念的差异

在表达将来的时间概念时，英语常用future-oriented ontological metaphor，而汉语则使用"将"一类的助动词。如：

The task of emptying the house lay before us. 我们将有任务去腾空那幢房子。

与英语里will、shall、be going to等表示将来的助动词相比，汉语里表达将来概念的词更多一些。除以上提到的"将"一词外，表示趋向的动词，如"要""由"等，也可以用以表示将来的概念（石毓智，2007）。这些用法在现代汉语和古汉语里均十分常见。如例句里的"来""去"，常见于现代汉语："回"常见于古汉语：

（1）眼看就要下雨了。这学期要结束了。

（2）鸡鸣外欲曙，新妇起严妆。（《古诗为焦仲卿妻作》）

（3）你去打水，我来收拾屋子。

（4）我们去研究研究，看该怎么解决。

（5）快吃吧，都凉了，回头还有工作。

（四）英汉语不同的时间表达方式

无论是在英语还是在汉语中，都可以用"长、短"来形容人的寿命，如：long-lived（长寿）、short-lived（短命）。但是，英汉语言中有关时间隐喻的表达也有所不同。在汉语中，人们还可以用空间域的"高"和"低"来表达年龄。如：高寿，低龄化。而在英语中，high和low则不能用来表达年龄。这种特殊的隐喻是与中国尊老爱幼的传统文化分不开的。时间顺序决定长辈在上，晚辈在下。在汉语中，有"光阴似箭"的说法，把时间比作"箭"，用来形容时间的流逝。而英语则不同，英语中用来表达时间时，有how time flies、the bird of time的说法，通常情况下，英语把时间比作"鸟"。尽管两者所表达的深层含义是相同的，但喻体呈现出明显的不同。

由于受各自文化背景、传统习俗以及生活环境的影响，英汉语在对时间进行隐喻认知时，所获经验相似性存在不同程度的差异，由此导致了两种文化中时间隐喻的表达差异。

时间是空间隐喻的产物。英语和汉语的时间都可以通过拉考夫所认为的"时间流逝是运动"这一认识得到解释。但是二者在词汇层面上的表述会有所不同。对于汉语来说，时间的表达有以下三个特点：第一，汉语倾向于多用面向过去型静态时间认知，英语倾向于多用面向将来型动态时间认知。第二，英语中时间介词空间概念的隐喻性转化比汉语丰富。第三，英语多把时间拟人化，而汉语多把时间物化。

（1）汉语倾向于多用面向过去型静态时间认知来指示时间序列，甚至用其来指示将来时间序列。英语要指示将来时间时，要么使用专用时间词，如：

①没准我还死在前头呢！Maybe I will die first.

②丑话说在前头！Let me tell you bluntly first

英语倾向于多用面向将来型动态时间认知。如：the months ahead、the tasks ahead。而且英语多用动态，如：the coming ten years、Christmas Day is coming。

造成这种差异的原因是中西文化和思维方式的不同（张建理，

2007）。第一，中西方时间意识上的差异。西方强调面对时间时发挥人的主观能动性，态度是积极的。例如，在美国，竞争非常激烈，人们都想在最短的时间内实现目标。中国文化受佛教和道家的影响，在时间意识上很被动，讲究以静制动，以不变应万变。第二，中西方在对待时间的价值取向方面存在差异。西方以未来为取向，追求进步和变化。中国人重视过去，崇尚先祖，尊重经验古训，喜欢效法先例。由此导致了英汉语词汇在空间、时间概念隐喻上的不同。

（2）英语中时间介词空间概念的隐喻性转化比汉语丰富。英语中表示时间的介词几乎都是其空意义得以表达。

在读到以上英语句子时，母语为汉语的人不会因为语码的变化而无法理解其中的含义。同样，根据人类共享的基本的空间概念，人们还可以理解和想象出更为抽象意义的"在……之内"的空间概念，如汉语里"在思想和灵魂深处""在骨子里""在意识里"等。而这些表达方式同样存在于英语语言中，如deep in the soul、in one's consciousness or mind等。

（五）英汉语方位隐喻概念的差异

1．"前""后"的概念差异

汉语里，"前"和"后"除用以表达时间概念外，通常用来表达方位的空间概念。"前"和"后"的概念与英语front和back的用法相近。

一般说来，汉语里"前"意指事物的正面，如"房前"即为房子的正面，"房后"则为房子的背面。但是，汉语里的"前"与"后"的使用同样存在概念隐喻认知语言学中所提到的，意义取决于"说话人所想象的空间意义"，即："前"与"后"的方位概念往往取决于说话人所处的位置。一般在排除"房前"即为房子的正面的前提下，通常房子的"前"与"后"要由说话人所处的位置决定，"房前"即为说话人所指的房子的前面，可以是"房子的正面（原指）"，也可以是"说话人的所指，即房子的背面"。

2．"左""右"的概念差异

汉语里"左"与"右"的方位表达形式很多，也比较灵活，如：向左、向右；在左边、在右边；左行（使）、右行（使）。与英语用法的最大不同是汉语"左""右"通常只指方位，不区别"左""右"方位与坐标之间的距离，没有英语to the left（一定距离之外的左方向）、on the left hand side（在左边）的明显区别。即使汉语里说"左边""右边"，其距离感只能从说话人的情景判断，字面上不清楚。如若加以特别区别，汉语里则必须加上一定的限定词，如"左方向""紧靠左边"或"左边不远处"等。

二、英汉语"肢体"与"器官"隐喻的意义表达差异

英汉语在肢体与器官概念隐喻方面存在的差异较多，许多肢体和器官的隐喻形式为汉语所特有，在英语和其他语言里并不存在。比如《黄帝内经》中某些器官被冠以"官名"，以说明其在人体中的重要性。同时中医的药物名称和治疗方法同样被冠以"官名"，这些皆属于汉语所特有的语言表述方式。

以下我们仅就英汉语对"心"人体器官概念隐喻的使用差异，分析英汉语在肢体与器官的隐喻概念上存在的差异。

各民族生存环境的历史差异导致了其各自不同的文化传统，对外部世界的体验不同导致了不同文化中的隐喻系统存在差异，如地域、宗教以及文化等差异。以下我们从实体隐喻、空间隐喻以及容器隐喻等几个方面探讨英汉语"心"隐喻的使用差异。

（一）空间隐喻

空间隐喻具体可以分为一维、二维和三维空间。

1. 一维空间

"心"可以被隐喻为线条型的物体，而"长"的概念映射到"线"，又映射到"心"，就有了"心弦""牵心""揪心""挂心""提心吊胆"等词语（齐振海，2004）。

例："心弦""牵心""揪心""挂心""提心吊胆"

heartstrings，be worried about，heart-wrung，be concerned about，be nervous

从上面汉英的对比翻译中可以看出，"心弦"和"揪心"在英语中有与之相对应的用法，尤其是"揪心"一词，英语中wring与"揪"一样可以与"心"搭配。而"牵心""挂心"以及"提心吊胆"中的动词"牵""挂"以及"提"在英语中则没有相应的动词与"心"连用。这三个词都表达了担心的情绪，英语中表达这种意义时用的是与"神经紧张"相关的worried、concerned和nervous三个词。

2. 二维空间

二维空间的特点映射到抽象的"心"上，是将"心"看作为平面空间。所以，就有了"心比海阔""心宽气朗""一片真心"等词语。让我们来看下面的分析：

例：他一天到晚只知道怎样把最后的力气放在手上、脚上，心中成了块空白。

From morning till night，he forced the last vestiges of this strength into his hands and feet，his mind an utter blank. （吴恩锋，2004）

在上面这个例句中，"心中成了块空白"中的"心"被当作一个二维空间，而英语中则用mind取代了heart（王文斌，2001）。这是因为西方传统上将人的理智和情感比较清晰地划为两个不同的器官来主管，即心主情感，头主理智。由此，我们可以了解英语中没有对应使用heart的原因。

3.三维空间

三维空间具有立体的空间结构，立体的三维空间特点映射到心上，产生"心头""心窝""透心凉""心坎"等词语。

例："心头""心窝""透心凉""心坎"（陈岳红、向晓红，2007）

in mind，pit of the stomach，penetrating coolness，the bottom of one's heart

以上汉语的"心"在英语中几乎没有完全对应的用法，只有"心坎"一词对应在英语中出现了heart，但英语中的"坎"没有用ridge而是用了bottom，由此可以看出"心坎"一词汉英并非完全对应。

另外三个词"心头""心窝""透心凉"在英语中均没有出现heart。"心头"一词在汉语中一般用作"记在心头"，而英语中对应的是bear in mind或keep in mind。这种情况还是可以用"心主情感，头主理智"来解释。因为学习记忆等活动属于理智的范畴，因此在英语中需要使用mind。

"心窝"在英语中虽然也用到了人体器官，但用的是stomach而不是heart。这可能与英语国家的相关文化有关。"透心凉"是中国人较为常用的口语，此词在英语中没有同样形象的隐喻表述，仅有字面对应的penetrating coolness。

（二）实体隐喻

首先从"心"的实体隐喻方面探讨英汉语"心"概念隐喻的使用差异。所谓实体隐喻，就是将抽象的、模糊的、不易解释的概念，用具体化的、有形的、明显的实体来解释或体验。我们可以用"心"这样的实体概念表述更为抽象的意义概念。以下我们通过从大小、轻重、颜色、好坏、冷热、得失以及物质形态七个方面来对比英汉语"心"的隐喻使用差异。

1.好坏之分

例："好心肠"和"坏心肠"

good heart和bad heart（吴恩锋，2004）

汉语的"好心肠"和"坏心肠"，在英语中可以找到相对应的词语。但英语中表示"好心"还可以用good soul或good intention。

2. 大小之分

例："雄心"和"半心半意"

a big heart和half-hearted（齐振海，2004）

英语中的a big heart一方面可以对应汉语中的"雄心"，另一方面也有汉语中"心胸开阔"之意。而英语中的half-hearted可以对应汉语中"半心半意"的表达，指的是缺乏热情。

3. 颜色之分

例："红心""绿心""黑心"

red heart，green heart，black heart（吴恩锋，2004）

汉语中"红心"具有奉献青春、牺牲自我的政治色彩，而英语中的red heart只表示人的活生生的心，多指"红色心形"或"红色心状物"。"绿心"的汉英意义相同，都表示保护自然界绿色生物的决心。"黑心"在汉语中很常用，指不讲道德，丧失良心。但在英语中，black heart除了有汉语的这个意思之外，还可以强调心情低落、暗淡或者忧伤。

4. 轻重之分

例："掉以轻心"和"心情沉重"

treat sth. lightly和a heavy heart（齐振海，2004）

上面的例子中，汉语的"心情沉重"和英语的a heavy heart是相互对应的。但汉语中的"掉以轻心"与英语中的a light heart无关。a light heart是褒义词，指"愉悦的心"，而"掉以轻心"在英语中只有直白的翻译。

5. 得失之分

例："掳获芳心"和"丧失信心"

capture one's heart和lose heart（齐振海，2003）

这里，汉语和英语相互对应，"芳心"指的是爱情，而lose heart中的"心"指的是抽象的信心。

6. 冷热之分

例："热心"和"铁石心肠"

warm heart和cold heart（吴恩锋，2004）

虽然英语中的warm和cold与汉语中的"热"和"铁石"并不完全对应，但除了程度上的些微差异以外，两对词之间有共同的特点。如"铁石"就包含了"坚硬"和"冰冷"两个特点，与cold是相通的。

7. 物质形态之分

物质形态可以分为固态、液态以及气态三大类。上面从大小、轻重、颜色、好坏、冷热、得失六个方面所分析的，都是关于"心"的固态隐喻的例子。下面我们着重从液态和气态两个角度来看"心"的实体隐喻。

从液态的角度，英汉语"心"隐喻的使用存在差异。

例："心潮澎湃""心血来潮""潜心"（齐振海，2004）

waves of emotions, a sudden impulse, with great concentration

从上面的例子可以看出，"心"的液体隐喻在汉语中应用得比较多，而在英语中一般都是直接使用情感类的词汇来表达相同的意思。另外，汉语中还有"心荡神摇""心水""心海"心如止水"等（吴恩锋，2004）。但不能忽略的是，英语中也有stir the heart of等"心"的隐喻，但相对汉语来说确实是少之又少。

从气态的角度，虽然英汉语中"心"的气态隐喻都不常见，但汉语中有"气"一词，我们常常说"心气高"等。

（三）容器隐喻

容器有"内""外"之分，也有"满""空"之别。同时，容器也可以被"开启"或"闭合"。相关的"心"的隐喻如"心满意足""亏心事""开心""关心"等。以下的例句中都含有"心"的空间隐喻：

（1）他的心里总是装着国家。

He always has the country in his heart.

（2）这个好消息使我的内心充满喜悦。

This good news filled my heart with joy.

（3）约翰在向贝蒂敞开心扉后，感觉好多了。

John felt much better after he opened his heart to Betty. （齐振海，2003）

以上三个例子分别从"内外""满亏"和"开合"三方面，说明了"心"被隐喻为容器的不同情况。从这些例子可以看出，汉语与英语的"心"的容器隐喻基本上是相通的。

但是，汉语与英语的"心"的容器隐喻又存在着一定差异。在汉语中，"心"已经成为思维、智慧、情感、公理、公正等抽象概念的外在表征；而西方传统上将人的理智和情感比较清晰地划为两个不同的器官司管，也就是心主情感，头主理智，所以，英语中与"心"有关的隐喻大多是和爱情、勇气、同情、恐惧等内容有关，而"心"用于指思想的情况则极为少见。

三、英汉语"动物"隐喻的意义表达差异

英汉语在"动物"概念隐喻的意义表达上存在着明显的差异，该差异主要源于两种语言的不同文化背景。两种语言中的动物隐喻概念都很多，

但用法不同。尤其是某些动物的象征意义在两种语言中的差异很大，如汉语用"虎"表达兽中之王，而英语却用"狮子"；汉语用"牛"来表达强壮、彪悍概念，如"壮如牛"，而英语里却用"马"，如as strong as a horse，用法截然不同。此外，一些动物隐喻属于某种语言文化所特有的，如中国的"龙""凤""麒麟"等动物形象是汉语所专有的文化概念，在其他语言中是不会见到的。正是由于以上的文化差异，导致了两种语言在概念隐喻表达上的种种差异。以下是英汉动物隐喻用法差异的例子，其中一些动物隐喻概念仅见于英语，而另一些动物隐喻概念只局限于汉语使用。两种语言形成形式，尤其在两种语言的翻译过程中形成强烈的反差。

（一）英文中有动物的表达，中文中没有

以下资料选自《精通英语习惯用语》（*Idioms* Organiser，Wright. J. 著，张莉、左健、高黎编译，北京：世界知识出版社，2004. 2）。

have/have got ants in one's pants坐立不安

let the cat out of the bag（无意中）泄露秘密

headless chicken发疯的，没命的

go to the dogs一蹶不振；不复往日之盛

talk the hind legs off a donkey说个没完

There are plenty more fish in the sea. 天涯何处无芳草。

be foxed迷惑

spring chicken年轻人

feather one's own nest营私；自肥

be in a flap处于忐忑不安、激动等状态

以下资料选自《英语成语来龙去脉》（孙海运、方如玉编著，北京：中国对外翻译出版公司，1989. 7）。

flea in one's ear刺耳的话，断然拒绝

all one's geese are swans敝帚自珍，言过其实

take a hair of the dog that bit you以毒攻毒，以酒解酒

as merry as cricket非常高兴，非常快活

as proud as a peacock不可一世，非常高傲

beeline直线；走捷径

bell the cat系铃猫颈；为大家的利益承担风险

bird of passage漂泊不定的人

buy a pig in a poke买下未经过目的东西；盲目负责

by shank's mare骑两脚马；徒步，步行

以下资料选自《英语成语与汉语成语》（陈文伯编，北京：外语教学

与研究出版社，1982.4）。

a pretty（nice，fine）kettle offish糟糕的局面

another（a different）kettle of fish另一种人或事

take the bull by the horns知难而进

a gay dog喜欢玩乐的人

a dumb dog沉默不语的人

a dirty dog坏蛋

die a dog's death死得可鄙或可悲

help a lame dog over a stile助人渡过难关

white horses泡沫翻腾的浪峰

pay for a dead horse花冤枉钱

以下资料选自《当代英语习语》（汪士彬主编，北京：宇航出版社，1999.1）。

chicken胆小的，怯懦的

a copycat模仿者，仿效者

like a bear with a sore head脾气暴躁的

no spring chicken（女人）青春不再

monkey about/around with sth.乱动；乱玩

a whale at（for/on）精于……的人；热心于……的人

have a whale of a time过得非常愉快

a busy bee大忙人

a bee's knees特别好的东西

a home bird喜欢待在家里家里的人

（二）中文中有动物的表达，英文中没有

以下资料选自《汉英成语词典》（北京外国语学院英语系词典组编，北京：商务印书馆，1982）。

fatigued by a long journey鞍马劳顿

white clouds change into grey dogs-the changes human affairs often take freakish forms白云苍狗

a lair of dragons and tigers-a place where people of unusual ability are to be found藏龙卧虎

a fox in the city wall and a rat in the village temple-evil-doers with strong backing城狐社鼠

newborn calves are not afraid of tigers-young people are fearless初生之犊不畏虎

beat the grass and startle the snake–act rashly and alert the enemy打草惊蛇

drive a duck onto a perch–try to make sb. do sth. entirely beyond him赶鸭子上架

（三）中英文表达一致

以下资料选自《英语习语对比》（*A Comparative Study Of English and Chinese Idioms*，郁福敏、郭珊琏编著，上海交通大学出版社，1999）。

a bird in the hand is worth two birds the bush双鸟在林不如一鸟在手

fish in the troubled water浑水摸鱼

以下资料选自《英语成语来龙去脉》（孙海运、方如玉编著，北京：中国对外翻译出版公司，1989.7）。

a wolf in sheep's clothing披着羊皮的狼；口蜜腹剑的人

ugly duck丑小鸭

以下资料选自《汉英成语词典》（北京外国语学院英语系词典组编，北京：商务印书馆，1982）。

a glimpse of a white colt flashing past a chink in a wall白驹过隙

a centipede dies but never falls down百足之虫，死而不僵

When leopard dies, it leaves a skin; when a man dies, he leaves a name. 豹死留皮，人死留名。

a shop which sells salted fish鲍鱼之肆

clumsy birds have to start flying early笨鸟先飞

nibble away like a silkworm or swallow up like a whale 蚕食鲸吞

以下资料选自《精通英语习惯用语》（Idioms Organiser，Wright. J. 著，张莉、左健、高黎编译，北京：世界知识出版社，2004.2）。

parrot fashion鹦鹉学舌

at a snail's pace缓慢地；慢得像蜗牛爬

flog a dead horse鞭打死马；徒费精力

以下资料选自《英语成语与汉语成语》（陈文伯编，北京：一外语教学与研究出版1982.4）。

One doesn't expect ivory from a dog's mouth. 狗嘴吐不出象牙。

（四）中英文表达不同

以下资料选自《英语习语对比》（*A Comparative Study of English and Chinese Idioms*，郁福敏、郭珊琏编著，上海交通大学出版社，1999）。

birds of a feather flock together物以类聚，人以群分

kill two birds with one stone一箭双雕

let the cat out of the bag露马脚

a drowned rat落汤鸡

as scarce as hen's teeth凤毛麟角

Out of frying pan into the fire.才出虎穴，又入狼窝。

chicken feed九牛一毛

play ducks and drakes鹬蚌相争，渔翁得利

live a dog's life猪狗不如的日子

crocodile tears猫哭耗子假慈悲

以下资料选自《英语成语典故大辞典》（*A Dictionary of The Origins of English Idioms*，科学出版社，1994）。

a lion in the way拦路虎

a black sheep害群之马

to kill the goose that lay the golden eggs杀鸡取卵

love me，love my dog爱屋及乌

straw dogs替罪羊

When the cat is away，the mice will play.山中无老虎，猴子称霸王。

以下资料选自《汉英成语词典》（北京外国语学院英语系词典组编，北京：商务印书馆，1982）。

even a worm will turn狗急跳墙

single-handed单枪匹马

worse than a cur or a swine狗彘不若

cloven hoof狐狸尾巴

gild the lily画蛇添足

a wise old bird识途老马

以下资料选自《精通英语习惯用语》（Organiser. Wright. J. 著，张莉、左健、高黎编译，北京：世界知识出版社，2004．2）

talk to a brick wall对牛弹琴

for donkey's years很长时间；猴年马月

can eat a horse能吃下一头牛

以下资料选自《英语成语来龙去脉》（孙海运、方如玉编著，北京：中国对外翻译出版公司，1989．7）。

birds of a feather一丘之貉

cannot say boo to a goose胆小如鼠

cast pearls before swine明珠暗投；对牛弹琴

flutter the dovecotes鸡犬不宁

show the cloven hoof露马脚

fine feathers make the birds人在衣裳马在鞍

以下资料选自《英语成语与汉语成语》（陈文伯编，北京：外语教学与研究出版社，1982. 4）。

flog a willing horse鞭打快牛

hold a wolf by the ears骑虎难下

like a rat in a hole瓮中之鳖

The grey mare is the better horse. 牝鸡司晨。

salt horse咸的或腌的牛肉（海员的行话）

a willing horse俯首甘为孺子牛

place oneself in the lion's mouth置身虎穴

四、英汉语"植物"隐喻的意义表达差异

（一）以植物喻人的外貌与性格特征以及爱情

以植物喻人的外貌与性格特征以及爱情等似乎是汉语特有的概念表达方式。尤其是中国的古人常以植物表达爱情、离别的心情，以及内心的悲楚。以下是汉语古典诗歌中的典型例子。

（1）红豆生南国，春来发几枝。愿君多采撷，此物最相思。（王维《相思》）

诗中的"红豆"均表达了诗人的怜爱之情。同样，"桃花"也用以比喻"怜爱"之意，如：

（2）小小桃花三两处，得人怜。（刘辰翁《花仙子》）

（3）流水桃花

以春日美景比喻男女爱情。唐李白《山中问答》诗：

"桃花流水窅然去，别有天地非人间。"此处以春天的美景比喻爱情。

此外，汉语里也有许多用植物表达爱情和父母情谊的例子，如：

（4）寸草春晖

小草微薄的心意报答不了春日阳光的深情，比喻父母的恩情难报万一。唐孟郊《游子吟》诗："谁言寸草心，报得三春晖。"

（二）以植物喻人的容貌

汉语里以植物隐喻人的容貌的语言现象尤为普遍。以下例举汉语中以植物喻人的用法：

（1）闭月羞花——以花朵形容女子容貌美丽。

（2）出水芙蓉——以芙蓉比喻诗文清新不俗，也形容天然艳丽的女子。

（3）章台杨柳——以柳树比喻窈窕美丽的女子。

（4）艳如桃李——容颜像成熟的桃李那样娇艳。

（5）杏脸桃腮——形容女子容貌美丽。

（6）桃羞杏让——以桃花和杏花形容女子比花还要艳丽动人。

（7）闲静似娇花照水，行动如弱柳扶风——以柔软的细柳比喻女子的轻柔姿态。

（8）逃之夭夭，灼灼其华——形容桃花开得红艳美丽，也用来比喻女子的美丽容貌。

（三）以植物比喻人的性格

汉语里以植物描写和隐喻人与事物的性格特征的例子很多。仅在中国古典小说《红楼梦》里就可见许多以植物隐喻人的性格与容貌特征的例子，如：

（1）我说是块肥羊肉，只是烫得慌，玫瑰花可爱，刺大扎手。

人们喜爱牡丹，广为种植牡丹，因其美丽和芳香。但牡丹浑身带刺，不易触摸。此处借用牡丹的特征隐喻小说《红楼梦》中探春虽美貌但个性泼辣、无人敢惹。

其他文学作品中相同的例子有：

（2）张尹二妃终是水性杨花，最近因高祖数月不入其宫，心怀怨望。（《说唐》）

"杨花"软弱而易被风吹动。此处以此花形容女子轻浮、对丈夫不忠贞。

（3）咬定青山不放松，立根原在破岩中。千磨万击还坚劲，任尔东西南北风。（郑板桥《咏竹》）

汉语里竹子刚韧挺拔，常被人喻作人的坚韧个性。

（4）宝剑锋从磨砺出，梅花香自苦寒来。（《警世贤文·勤奋篇》）

梅花不畏严寒。此处以梅花形容人们不畏艰辛和困难的品格。

汉语以植物表达人物的性格概念隐喻由来已久，在不同的历史条件和环境之下，植物的隐喻又会带有某种时代与社会的特色。

概念隐喻具有鲜明的时代与文化特征。从以上列举的以植物喻人的实例中不难看出，与英语比较起来，汉语在以植物隐喻和表达人的容貌与性格上，语言更为丰富。而且，汉语中植物的寓意带有十分鲜明的民族文化特征，是英语和其他语言所不具备的。这种语言现象的存在，从某种意义上说明了概念隐喻文化特征对语言使用所起到的影响。

第四节　隐喻研究的跨文化视角

一、隐喻体验和常见事物的跨文化特征

众所周知，Lakoff等研究认知隐喻的学者有一个核心思想，就是隐喻不仅存在于语言中，更存在于思维中。换句话说，他们认为我们不仅借用隐喻说话，更借用隐喻思想。由于人们的很多体验是相同的，所以我们大家其实共享很多隐喻思维模式。比如一个男孩成长过程中逐渐认识到，人情绪低落时体位常向下，而高兴时一般体位常向上，这一认识慢慢渗入到他的思维深处，结果他便在无意识的状态下形成了happy is up and sad is down这一对概念隐喻，于是在成长过程中的某一点，便不自觉地将这个概念隐喻用来作为表达日常事件的"把手"，开始说"热情高涨""情绪低落"这样的话。这个男孩的妹妹和他一起长大，有与他一样的体验经历，因此也有相同的隐喻体验基础，所以兄妹两人共同享有这个理解的体验基础，于是当哥哥说"我今天情绪低落"时，妹妹一下子就理解了。上述假设以单一的文化为基础，已经得到心理学的证实。但我们是不是也可以假设这种共享也可以延伸到所有文化呢？也就是说，在所有文化中的人都有共享理解世界的体验基础。这实际是在讨论隐喻的普遍性（universality），或者说隐喻的跨文化性。我们很难通过调查世界上所有的语言来证实这点，但是至少可以在有限的语种间进行比较研究，相对地证实隐喻的普遍性或跨文化性。但是即便都是概念隐喻，它们之间的跨文化亲和力是不同的，所以在讨论隐喻的跨文化性前，有必要对隐喻进行区别。

二、基本隐喻与神经理论

隐喻理论取得重大进展是在1997年，约瑟夫·格雷迪（Joseph Grady，1997）、克里斯托弗·约翰逊（Christopher Johnson，1997）和斯里尼瓦斯·纳拉亚南（Srinivas Narayanan，1997）提出了重要见解。我们已经发现的一些案例，如"多为上"，其中对于世界的经验似乎为隐喻提供了基础。例如在"多为上"中，我们经常体验到高度的增加与数量的增加是有关联的，就像我们往玻璃杯里注水一样。阻止我们充分注意到身体基础的是我们主要关注本书中所讨论的复杂隐喻。

格雷迪指出，复杂隐喻来自基本隐喻，这些基本隐喻直接根植于我们的日常经验中，这些日常经验将我们的感觉运动经验与我们主观判断的域联系起来。例如，我们有"亲情即温暖"的基本概念隐喻，因为我们最早的情感经验与被紧紧拥抱的温暖的身体经验相对应。

克里斯托弗·约翰逊认为，孩子是在归并日常生活不同概念域的基础上学会基本隐喻的。他研究了"知道即看见"（Knowing is seeing.）这一隐喻的发展，表明孩子首先使用的是"看"的字面意思，也就是说，只是表示视觉。然后孩子们进入到看见与知道被归并的一个阶段，孩子说这样的话"看见爸爸进来"或"看见我泼了什么"，看见跟知道同时发生。像"明白我的意思（See what I mean.）"中"看到"（see）的明显隐喻用法只是后来才产生的。这些用法讲的是知识，而不是字面的看见。

约瑟夫·格雷迪的和克里斯托弗·约翰逊的研究结果可以通过斯里尼瓦斯·纳拉亚南（1997）提出的隐喻神经理论来解释。纳拉亚南利用计算技术进行神经建模并提出了一个理论。在该理论中，概念隐喻是通过神经地图计算的，即连接感觉运动系统的具有更高皮层区域的神经电路计算的。

地图和映射这两个术语来自神经科学。在大脑的视觉系统中，神经元从视网膜投射，即延伸到初级视觉皮层（V1），视网膜中相邻或相近的神经元投射到视觉皮层（V1）中相邻或相近的神经元。视觉皮层（V1）中活跃的神经元被称之为在V1中构成视网膜图像的地图。这里的隐喻是地形学的，视网膜是领土，而Vl是地图。

同样，运动皮层据说包含身体的地图。遍布整个身体神经元簇"投射"（即连接）到运动皮层的神经元簇，身体里相邻或相近的神经元簇投射到运动皮层中相应的相邻或相近神经元簇。这样类型的地图在大脑中很常见。

因此，在隐喻的神经理论中，地图和投射这两个术语呈现出全新的意义。地图或映射为物理链路，即连接称之为节点的神经簇的神经电路。这些域是大脑不同区域中高度结构化的神经元集群（neural ensembles）。

神经图谱是通过神经募集学到的，即连接到源神经元和目标神经元集群的神经元的长期增强，它们在约翰逊的归并理论时期是强制性的。神经学习机制产生基本隐喻的一个稳定常规系统，这些基本隐喻倾向于一直保持在概念系统中，并不依赖语言。

例如，"亲情就是温暖"这一隐喻（如"他是一个温暖的人。"或"她是一块冰。"）就是来自一个孩子被父母深情地拥抱的共同经验。在这里，喜爱与温暖一同发生。用约翰逊的话来说，它们被归并了。在两个不同的大脑部位同时发生神经元激活：即掌管情感的和掌管温度的。正如神经科学中俗话所说："一起被激发的神经元之间的连接增强。"脑区间适当的神经连接被募集。这些连接从物理上构成了"亲情是温暖"的隐喻。

隐喻是一种神经现象。我们所称为隐喻映射的东西物理上实现为神经地图。这些神经地图构成了神经机制，自然且不可避免地募集抽象思维中所用到的感觉——运动推断。基本隐喻油然而生，我们都意识不到它们。这样的基本隐喻多达数以百计，其中绝大部分都是我们孩提时代通过大脑和身体在日常世界里运作而无意识地自动学会的。我们有关于时间、因果关系、事件、道德、情感及人类思想中心的其他领域的基本隐喻。这样的隐喻也为我们复杂的隐喻思维和语言的系统提供了上层建筑。

我们无法选择是否要隐喻式地思考。因为隐喻地图是我们大脑的一部分，不管我们愿意与否，我们都会隐喻式地思考和说话。由于隐喻的机制在很大程度上是无意识的，无论我们知道与否，我们都会隐喻式地思考和说话。此外，由于我们的大脑实体化了，我们的隐喻将反映我们在这世上司空见惯的经验。不可避免的是，许多基本隐喻是普遍的，因为每个人都有基本相同的身体和大脑，生活在基本相同的环境中，只要相关的隐喻特征有关。由基本隐喻构成并利用基于文化的概念框架的复杂隐喻是另一回事。由于利用文化信息，这些隐喻可能在不同文化中差异显著。

三、隐喻的常规性

隐喻的常规性（conventionality）其实是个很简单的概念，就是说某个隐喻常见与否，读者熟悉不熟悉。我们这里指的隐喻包括概念隐喻和语言隐喻。人有一种习性，见到从来没见到的事物就感到新奇，结果就特别注意那个事物，用句时髦的话说，特别吸引眼球。比如我们从来没见过熊猫，见到了就特别有新奇感。但是每天见到的事物就会感到习以为常了。即便是一开始感到非常新奇的事物，天长日久也会失去吸引力，熊猫也不例外，经常见到后就会失去新鲜感。

现在米看看隐喻常规性和跨义化之间的关系。鉴于图式是以人的感官为基础的，所以理论上说，意象图式隐喻不会在跨文化过程中遇到大障碍。当然我们这里主要指的是理解，而非表达，因为完全可以理解并不等于可以按照原样翻译，这点我们以后再谈。先说常规程度高的隐喻，比方说Religion is a journey, not a destination. 这句不仅在英语中能被理解，在汉语中人们也能理解，因为journey这个意象图式在说汉语的人的思维中也同样存在。而I am going to let Paris stew in her own gravy. 这句虽然不是以意象图式为基础，但由于这个意象隐喻的基础也是生活中常见的活动（炖食物），常规程度并不低，所以理解也没有大问题。当然到底是按照原来的隐喻翻译，还是不按原来的隐喻翻译，仍可以讨论。最后英语成语Every dog has its day. 中的比喻方式则相对不那么常见，或者说常规程度较低，所以"狗"这个意象隐喻在跨文化中的差异更值得注意，因为狗在英汉文化中的附加含义不同。

　　隐喻的常规程度在跨文化研究中是个很值得关注的问题，特别是在翻译表达时，如何看待不同常规程度的隐喻这点非常关键。我们需要给不同常规程度的隐喻划定价值，到底哪些隐喻更有价值，需要在翻译中保留，哪些无大价值，可以自由处理，甚至可以完全忽略。比如汉语中的"你我之间有点摩擦""21世纪已经到来""网络技术马上就会赶上他们"等都是隐喻说法，但我们并未察觉到其中有隐喻，因为这些隐喻的基础都是图式，所以这些隐喻的价值就相对较低。而The State of New Jersey is a valley of humility between two peaks of conceit. 这句中的valley和peaks也是隐喻，但却是意象隐喻，所以给人以强烈的印象。

第四章
英汉隐喻与英语翻译理论

隐喻在文学作品中的地位及其重要，其翻译质量直接影响整部作品的翻译质量和艺术效果，因此对隐喻翻译的研究显得至关重要。由于隐喻是一种比较特殊的表达方式，人们在英语翻译过程中，常常感觉难以把握，因此探究英汉隐喻的翻译策略问题是非常必要的。

第一节　翻译的认知隐喻解读

一、从对等原则的角度看隐喻与翻译

（一）翻译对等原则简述

对等不是一个新概念。当人们开始翻译时，总是有一个参照的文本，根据这个文本译者反复思考，写出和那个文本中意思相近的话。这就是对等原则的雏形。一个从事翻译的人，他至少认为那个原文的文本是可以翻译的。也就是说，他承认，在一个语言里可以表达的东西，在另一个语言里也可以表达，译者可以在译入语中找到价值相等的文字来表达原文的意思。当然我们也注意到，对语言不可译性采取比较极端态度的学者总认为，语言之间根本就没有真正对等的可能性，根本就不可能忠于原文。有的学者索性认为，对等其实是子虚乌有的东西，但大家已经用惯了这个概念，暂且就让它留在翻译研究的领域里，不必认真对付它就是了（Baker，1992: 12）。我们说，这种否定对等的态度不是没有道理，学者往往也可以找出例子证实这种不可译性。但从事翻译的人更看重语言之间实际交流的需求，他们不希望因为理论上的正确，就停止了语言间的交流。达不到彻底忠于原文的目的没关系，我们退而求其次，绝对的对等办不到，近似的对等总可以吧？因此，所谓的对等也不是百分之百的，译者只是尽一切努力，尽可能地靠近绝对对等，但我们永远达不到那个绝对的目标。

在翻译理论中，对等这个术语也许是西方学者提出来的，但对等这个概念却并不只归西方特有，中国学者提出的信达雅、神似、化境等，都是以原文为参照，本质上说，他们想达到的目标也是对等。在众多的对等学说中，比较引人注目的一派就是奈达提出的功能对等理论。

根据奈达的观点，翻译就是要在目标语中以最自然的方式重现原文的信息，首先要重现语义，因为语义是最基本的，然后可能的话也要重现风格。他认为，最好的翻译读起来应该不像翻译。要让原文和译文对等就必须使译文自然，而要达到这个目标就必须摆脱原文语言结构对译者的束缚。因为大多数情况下，原文的结构和译文的结构是不同的，所以必须有所改变。可以看出，他的对等概念并不是文字上的对等，不是说要在词的层面上，在短语结构层面上，在句子结构层面去寻求对等。相反，他认为这些形式，往往需要在翻译中摆脱，因为被原文的文字结构牵着走，就会产生不自然的文字来，而奈达主张译文应该自然顺畅。由于有这样的指导思想，他就认为，将Do not let your left hand know what your right hand is doing.（Matt 6:3 RSV）改成Do it in such a way that even your closest friend will not know about it. 是可以的，因为原文仅是一个隐喻，隐喻本身的形式没有多大意义，翻译时把隐喻的意思说出来就行了。他甚至认为washing the feet of fellow believers这种译法不恰当，正确的译法应该是showing hospitality to fellow believers，因为这个洗脚动作的基本意思是show hospitality，而洗脚这一仪式在近代已经失去其原始的意思，仅具有隐喻意思。奈达的一个最经典的例子就是将as white as snow译成very white，因为如果读者从没有见过雪，按照原样将比喻说出来，读者反而不懂。奈达上述的观点，反映出他对文化因素的重视，对等不是机械的对应，而是考虑到社会文化因素后的灵活对等，难怪他早期使用的术语就是灵活对等（dynamic equivalence）。

（二）认知对等概念的提出与评论

正是在这个对等的大背景下，我们将概念隐喻引入讨论，提出诸如隐喻层的对等有没有意义？翻译中哪些隐喻的对等有意义？哪些没有意义？隐喻作为文化的载体在跨文化中到底有多大意义？鉴于一个个语言隐喻都是心智中概念隐喻在语言上的具体表现，那么有没有必要在翻译中求得"认知对等"（cognitive equivalence）？目前学术界已有人提出这个问题（Mandelblit，1995；Zoltan Kovecses，2005；Al-Hasnawi，2007；Dordevic，2010）。但如果有必要求得认知对等，对等的内容又是什么？这些问题却有待澄清。

早在1995年，Mandelblit就在其博士论文中提出"认知翻译假设"，认为翻译隐喻可从下面两个方面考虑：

（1）在源语和目标语之间映射条件相同。

（2）在源语和目标语之间映射条件不同。

有趣的是，Mandelblit是从翻译过程花费时间长短这个角度看翻译问题的，他认为，如果源语和目标语之间映射条件相同，翻译时花费的时间就少，步骤相对简单。而在源语和目标语之间映射条件不同时，译者就有可能需要在不同的翻译策略之间权衡，如到底是将隐喻翻译成明喻，还是采用释义法（paraphrase）、加注法，或是索性解释，甚至完全删除。我们可以看出，Mandelblit的具体处理方法和传统隐喻翻译方法没有差别，但决策的基础却完全不同，他是从认知隐喻的映射角度切入的。他在源语和目标语之间映射条件不同时提出的建议可以说和我们目前采用的常规方法无异，但对于源语和目标语之间映射条件相同时的建议，我们未必完全认同。在实际翻译过程中，源语和目标语之间映射条件相同时，我们未必就采用和原文隐喻相同的译法，我们照样需要推敲。换句话说，译者仍然可能像在源语和目标语之间映射条件不同时一样，需要在不同的策略间选择，并不一定简单。这就引出了一个很重要的问题，翻译的总策略到底应该是以不偏离原文为首选，还是时刻都给偏离原文的译法留有一席之地。其实，这是个很复杂的问题，牵涉到所译文本、翻译目的等各种因素，仅仅因为源语和目标语之间映射条件相同就假设翻译时花费的时间少，步骤相对简单也许未必能正确描述翻译的实际运作。

另一位学者Al-Hasnawi（2007）则提出了隐喻处理的三种情况：

（1）在源语和目标语之间映射条件相同。

（2）在源语和目标语之间映射条件相同，但翻译词语选择不同。

（3）在源语和目标语之间映射条件不同。

虽然这是三个条件，但作者认为把它们看作是一个连续体更合适。在这个连续体的一端是源语和目标语之间映射条件相同的情况，在另外一端则是源语和目标语之间映射条件不同的情况，而介于中间的是上面的第二种情况。那些具有文化普遍性的隐喻恰恰适合第一种情况，而第三种情况则可以解释文化特异性强的隐喻，因为有不同的映射，翻译时需要不同的隐喻。至于第二种情况，则是那些概念隐喻相同，但源语文化和目标语文化伦理道德系统不同的情况。尽管在这一类中，作者建议在源语和目标语之间映射条件相同的情况下，可以使用不同的选词，但其理由则仅仅是"伦理道德系统不同"，并没有包含那些由于通顺修饰方面的考虑而改变原文隐喻的情况，而这种情况却很常见。

Kovecses隐喻翻译的观点则要更全面（2005:131-151）。他的基本策略可以概括成下面四种：

（1）隐喻的映射条件相同，相同的词汇表达。

（2）隐喻的映射条件相同，不同的词汇表达。

（3）隐喻的映射条件不同，相同的词汇表达。

（4）隐喻的映射条件不同，不同的词汇表达。

我们可以看出，他的处理方法更为详尽，包括了我们关注的本可以用相同译法，但却偏偏不用的情况（第二种情况）。

另外，Dordevic也从科技、专业和官方文本的翻译角度讨论了这个问题，认为从认知文化的角度分析原文表达译文是必要的（2010）。总之，提出翻译认知对等的学者大有人在。

那么我们如何看待认知对等这个问题呢？换句话说，认知对等到底指什么，或者更确切地说，译者需要怎么做才算达到了认知对等的要求？首先，我们不否认认知对等是一个合理的议题。但是假设原文确实存在一个由无数隐喻构成的认知网络，构成了译者翻译时移植的对象，那么译者真的有必要把这个网"搬到"到译文中吗？反对这样做的人也许会从强势文化和弱势文化的角度看这个问题，认为把原文的认知网络搬过来无疑会将强势文化移植到弱势文化中来，把原文的思维特征移植到译入语的文化中，潜移默化地改变译入语文化的思维特征。其实这倒未必需要担心，因为假如翻译方向相反的话，也许就会把弱势文化输出到强势文化，整体上看各得其所。而且普通文本中大部分的语言隐喻都是基于感觉器官的感知和最常见的生活经历，而这些概念都具有跨文化的普遍性，所以搬过来也未必就是陌生的怪思维，我们自己的生活中也依靠这种隐喻思维概念。至于那些通过"蕴涵""混合""拟人"等手段创造出来的特异隐喻，它们不是"生活中依赖的"（live by）隐喻，不是认知隐喻网络中的"主体成员"，因为它们常是作者刻意安排的隐喻。这类隐喻即便没有认知隐喻对等这一要求，译者可能原本也会基于修辞、美学等其他因素，将它们移植到译文中来。

尽管不主张认知对等这样一个总的提法，但我们却认为在不同的情况下给隐喻足够的重视确实必要。这里强调的不同情况主要包括文本和目的，也就是说，在有的情况下，可以考虑移植有些隐喻，有的情况下则可以忽视隐喻，皆视所译文本和翻译目的而定。比如普通传达信息的文本中就不必考虑那些基于常见概念隐喻的表达法，但文学等文本中就有必要考虑意象隐喻等。也就是说，对于认知隐喻对等这个问题，我们希望具体情况具体对待，不主张笼统地谈认知隐喻对等。下面就让我们来看看翻译中隐喻问题具体是怎么处理的。不主张认知对等这样一个总的提法，但我们却认为在不同的情况下给隐喻足够的重视确实必要。这里强调的不同情况主要包括文本和目的，也就是说，在有的情况下，可以考虑移植有些隐喻，有的情况下则可以忽视隐喻，皆视所译文本和翻译目的而定。比如普通传达信息的文本中就不必考虑那些基于常见概念隐喻的表达法，但文学等文本中就有必要考虑意象隐喻等。也就是说，对于认知隐喻对等这个问题，我们希望具体情况具体对待，不主张笼统地谈认知隐喻对等。

二、翻译目的和隐喻处理

任何一个认为客户的要求至高无上的理论，都不会强调原文隐喻，不会瞄准隐喻对等这个目标，除非客户要求将隐喻作为关注的目标，但后者仅有理论上的可能，实际提出这样目标的可能性几乎等于零。当然这不等于说，这类文本的翻译从不寻求隐喻对等，但这种对等是在考虑客户需求的大前提下的"小把戏",并非认知层的深刻考虑,与认知学者们提出的认识对等不一样。

呼唤类文本的翻译最适合用目的论来解释。让我们现在来看几则广告翻译的实例,观察一下译者是否或如何处理原文的隐喻的:

Overdraft Facilities(BEA/东亚银行)个人透支服务

Lock in your interest rate and protect yourself down the road!

锁定息率,毋惧利息起伏

在这个广告中,译文至少有两个隐喻,一个是"锁定",一个是"起伏"。第一个与原文的隐喻思维相同,但是第二个起伏则完全和第一个原文的隐喻不同。原文背后的概念隐喻financial life is a journey(down the road),但译文的隐喻则基于水波(interest rates are waves)。可以看出,译者尽管在第一部分完全接受了原文的隐喻,但第二部分却完全改变了原文的隐喻,就语义上说和原文基本没有关系,可以说是一种灵活的解释,前半句隐喻的对应和后半句完全摆脱原文隐喻,不可能用认知对等来解释。从认知隐喻的角度,确实也可以有一些提示,比如原文lock是个比较明显的隐喻,基于我们生活中常用的实物,是一个意象鲜明的实物,而原文的down the road则是一个图像图式隐喻,所以图式隐喻比较容易被忽视,也是符合我们前面对隐喻的描写。

Is your money taking you where you want to go? Get there.(James World Funds)

阁下的投资有否更上一层楼?登峰造极。

这句广告中的隐喻显然是将投资当作是旅程(investment isa journey),而译文根本没有使用原文的隐喻结构。尽管采取原文的思路并非不能翻译(把你带到了你想去的地方),但是译者不会沿着这个思路翻译,因为它太缺少对读者的感染力,结果译者完全使用了另外一个全新的隐喻"更上一层楼"。从认知隐喻的角度看,原文的隐喻也是基于意象图式隐喻(journey),因此不去翻译它的可能性就很大,因为这类隐喻尽管有认知的价值,却在达到广告目的方面没有什么价值。这里,翻译的目的高于原文的隐喻特征。其实,即便是一个意象鲜明的隐喻,也必须服从广告的翻译目的,未必就有一定要在译文中反映出来。

How fast will the new high-speed internet actually be?

Well, put it this way. Tie yourself down.(infineon technologies)

新的高速互联网究竟有多快?

请您系好安全带。这则广告把互联网比作了高速公路,一问一答都是基于the Internet is a highway system这个隐喻,而译文完全保留了这个基于概念概念的语言隐喻。这个概念隐喻目前基本已经广为接受，所以没有交流的障碍，译者同时也觉得原文作者用了Tie yourself down这个由基本隐喻派生（extended）出来的意象鲜明的隐喻，可以成为译文的一个"卖点"。结果，原文和译文隐喻层完美对应。但是，这种对应毕竟不是语言的考虑，更不是背后概念的考虑，说到底仍然是翻译目的驱使的结果。

本节探讨了翻译的目的论及其和隐喻的关系。笔者觉得目的论由于把关注点放在了客户身上，所以原文的隐喻往往不是译者关注的焦点。换句话说，任何强调翻译目的论的人，大概对原文的隐喻以及隐喻背后的概念不会特别关注。

第二节　隐喻视角下的翻译决策

一、从隐喻的角度看准确性

尽管不少翻译理论家不怎么看得起对等理论，但翻译实践者面临的毕竟是对等的问题，换句话说，仍然是准确与否的问题。我们毕竟是在把别人说过的话，在另一个语言中再说一遍，所以再高深的理论，在实践者那里，还得落实在准确这个议题上来。

但准确这个概念又很难把握。一篇文章细节处照顾得相当周到，字、词、句层面上相当准确，但批评家会说，整体并没有反映出原文的风格，所以人家仍然可以说你不准确。比如下面这段广告中节选来的文字：

When an iceberg is born, the sound is like thunder. The impact shoots water hundreds of feet into the air and waves lap gently against your ship. You relish every moment, marveling as the sights and sounds of calving glaciers thrill you again and again. That is the lure of enchanting Glacier Bay, where the most astounding natural forces take center stages.

当冰山诞生时，其声如雷霆一般，其冲击力将海水射向数百米高的空中，激起的波浪轻拍着你的船。你品味着这每一刻的时光。冰川崩裂之状、之声让你一次又一次震撼，同时你也惊叹不已。这就是令人着迷的冰川湾的诱人之处，在这里最令人惊叹的自然力量占据了中心舞台。

你看译文毕恭毕敬，唯恐遗漏，结果面面俱到，读起来甚无味道，怎么起到广告宣传的作用呢？那么我们放弃繁琐的细节：

The shift in economic policy that took place during the 1980s has continued into the 1990s and has reached virtually all developing countries.

早在20世纪80年代，经济政策的转变就开始起步了，且一直延续到20世纪90年代，几乎所有发展中国家都经历了转变。

这个译文重组了原文的结构，没有在细节处求准确，但是原文描述的基本事实却都包括在里面了。译者很满意，却没有想到被批评为在原文细节上有偏差，不够准确。批评者认为，原文的基本框架式The shift has continued and has reached. ，所以这样的文本应该求得细节上准确，比如可以译成"20世纪80年代出现的经济政策的转变在20世纪90年代仍在继续，并且事实上已经波及所有发展中国家"。可见准确性没有一个单一的标准，文本因素和目的要求，都可能左右译文的准确，原文文本承载事关重要的信息，对准确性的要求自然就更高些。相反，就可能不需要过于斤斤计较。但是，即便是重要的文本，也不见得就处处亦步亦趋，不得介入解释，比如下面的例子：

Our China Practice provides Corporate, Intellectual Property, and Tax expertise, and includes structuring and financing of China-based businesses, cross-border mergers, acquisitions, and the representation of U. S. companies investing in and doing business in China.

我们的中国业务部提供公司法、知识产权法以及税法方面的专业服务，包括为以中国为基础的商业机构设立公司并提供融资服务，跨国兼并和收购，以及为美国公司到中国投资和从事经营活动提供法律服务。

句中斜体的词并没有按照原文的词义翻译成"代表"，而是翻译成了"提供法律服务"。在这里当然可以翻译成"代表美国公司"，但是"提供法律服务"恰恰是代表美国公司所需要做的具体工作，所以不用原文的文字仍然可以接受，有时甚至更好。

除了从细节和总体看准确外，有时我们甚至可以提出一个更为大胆的问题：我们有必要处处都要那么准确吗？具体的翻译需求从来都不是脱离社会现实的真空需求，因此译文使用者的需求并非和原文文本的特征一致，也就是说，译文的使用者完全可能不需要非常准确的译文。目的论的支持者可以找出说不完的例子来支持这个论点。最能说服人的例子就是林纾的翻译。众所周知，林纾不懂外文，他是依靠别人口述来翻译的。假如我们以文本为准绳，那么林纾在翻译中的错误或增删之处肯定不少，但是当时的社会现实需要林纾的翻译，林纾也不负社会的期望，满足了人们的需要。所以准确并非是一成不变的。因此有些翻译理论家就认为，在满足特定目的的前提下，译文够好了就行，比方目的论的学者就举出下面的例子说明这个道埋：

In Parliament he fought for equality， but he sent his son to *Eton.*

斜体字Eton到底需要怎么翻译，要看很多因素，比如翻译的目的，读者对这个词的了解等。译者没有必要去追求绝对的准确，过度的努力是没有必要的。根据这个建议，如果是翻译成中文，我们首先要了解一下我们服务的读者群是否知道这个词，如果知道的话，不妨简单地翻译成"伊顿公学"，也不需要解释，因为大家都知道，这可是一个一般人上不起的学校。但是如果读者根本不知道这个词的意思和文化内涵，则不妨删掉"伊顿"二字，就说贵族学校。译者没有必要去求绝对准确，达到交流的目的就够好了（good enough）。可以这么说，在有些场合，达到了最低标准就已经够好了，没有必要去追求那个最高标准，因为，我们毕竟还要进行"经济核算"，不能无止境地去追求完美。比如Pym就提出高危险（high risk）和低危险（low risk）这对概念，认为一篇文章里，有些地方事关重大，得非常谨慎，翻译时花去的时间就会较多，比如一个牵涉主体的名词；但是有些地方则没那么重要，花费的时间就可以少一些，比如一个仅起修饰作用的形容词，译者不应该均匀地分配时间。

到底是强调微观的细节，还是宏观的整体？我们似乎可以看出一个倾向，背景是语言学的学者较容易关注细节，强调文本的准确，而以社会学为背景的学者常喜欢强调宏观的社会效应。作为一个翻译实践者，我们不需要陷入这类争论，但是却有必要知道，准确不是一个一成不变的概念，到底需要准确到什么地步，也可能因为文本、目的之不同而变化。尽管我们知道有时确实可以接受"够好了"这样的建议，但我们追求精益求精的目标不会因此降低。换句话说，"够好了"和精益求精之间并不矛盾。假如"够好了"是最低标准，而精益求精是最高标准，译者也许常常得不停地纠结，以便在两者之间寻求平衡。

二、"翻译"与"释义"

（一）翻译概念与释义概念的界定

一般说，有些文本的翻译，比如信息类文本的翻译，说出信息就行，不必计较信息的表达方式，仅有内容就行，但有些文本的翻译，则需要照顾到表达方式，就是内容裁体，即语言本身的特征。在翻译和释义这对概念中，可假设翻译更严谨，不轻易放弃文字上的对应，因此沿用原文中表达法的机会较多，而释义不太关注细节的对应，自己消化后重组的可能性就较大，释义者很关注可读性，所以仅求语义的相近，不希望让太过精确的语言表达影响了译文的流畅和整体效果。当然我们充分意识到，不管任何类型的翻译都不可能完全被文字牵着走，跳脱原文文字的束缚是不可缺少的，所以就这个意思来说，翻译活动中不可能没有释义。但释义这个方法可偶尔使用，不宜过度使用，因为To translate does not mean to explain or comment on a text, or to write it as we see fit（Pym，2010:52）。可见在这些学者看来，解释原文不属于翻译活动的范畴，而对原文添加评论当然就更不用说了。

相反，这里说的"翻译"就有比较靠近原文，不轻易添加解释，更不引入评论的倾向。有时我们确实这么做，比如经济报告的翻译，科技翻译，甚至比较严肃的文学翻译等，"翻译"的成分就会较大，也就是说，不宜仅满足于意思的大致对等，不宜将隐性的理解过程显性化。一句话，不宜有过多"释义"的成分，因为后者不很关注细节的对应，仅求语义的相近，而且还会将理解原文时的一些过程奉献给读者。但是有的时候，这类略有增减、稍加修正的方法却并无不可，太严谨了反而不好，比如一般的游记或旅游景点介绍，大可不必锱铢必较，把意思说出来就行，不一定要用同样的说法，但需要同样的意思。打一个比方，"翻译"就是不仅需要获得同样价值，而且在某些地方，在某种程度上还需要同样的钱币，但"释义"更多是需要获得同样的价值，却不一定需要使用同样的钱币。我们这里说的"翻译"和"释义"就是在这样的背景下定义的，而且两者之间也没有明确的界限，从一方到另一方不是突变，而是渐进的。而在具体翻译中，这两个概念拿捏不当的例子是非常多的。

（二）翻译和释义概念的应用

比如较正规的文本，那些与政治原则、经济利益、思想理念密切相关的文本，翻译的时候就不宜采用过多释义的方法。请看下面的例子：

The economic problems that afflicted so many developing countries in the wake of the debt crisis of the early 1980s，were at the origin of the reform process.

八十年代早期，债务危机引发了经济问题，进而影响了很多发展中国家，也促发了改革进程。（学生作业）

上述译文中释义的成分似乎多了些。尽管译文很顺畅，三个递进的关系（引发了、进而、也）表面上非常得体，但细看原文就会发现，原文的逻辑关系和译文的逻辑关系不一样。原文的核心意思是The economic problems were at the origin，其他的意思都是附着于这个核心意思的。但译文把三个动作处理成渐次递进，这样就打乱了原文的逻辑关系，最终造成译文的意思和原文有了差别。鉴于这是联合国的经济报告，所以避免过多释义，采用更多翻译的处理方法就更恰当些：

在20世纪80年代初期债务危机之后影响众多发展中国家的经济问题是这一改革过程的根源。（联合国译文）

再看下面这句。这也是和国际政治有关的文本，而且原文的语域比较高，句法结构属于正规语体：

The Universal Declaration of Human Rights, adopted unanimously by the U. N. General Assembly in 1948, represented an authoritative articulation of the rights that Member States are generally obliged to protect and promote under the U. N. charter.

《世界人权宣言》是联合国大会于1948年一致通过的文件。这个文件采取了法律的形式将人权的概念确定了下来。因此各成员国必须遵照《联合国宪章》宗旨保护和促进人权。

如果我们从句子的大意来看，这个译文和原文基本差不多，原文几个信息译文都包括了，如1948年通过了《世界人权宣言》，成员国遵照《联合国宪章》宗旨保护和促进人权，"法律的形式将人权的概念确定了下来"这部分原文没有，但引申一下的话，这个意思原文里似乎也有。然而，译文解释的力度太大了，不仅原文的逻辑关系被改变，而且还有添加，比如将"《世界人权宣言》是联合国大会于1948年一致通过的文件"单独列为一句，就是将一个次要信息放到了主要信息的地位，不符合原文的逻辑关系；"因此各成员国"中的"因此"把一个原文没有的因果关系添加了进去。我们似乎可以诊断出这个译文的病症在哪里。关键的问题可能是，译者在翻译得很早阶段就脱离了原文，在头脑中组织阅读中得到的信息，结果大致信息也许并没有丢弃，但细节对应不起来，而偏偏这又是一个比较正规的文本，细节的吻合又非常重要。就本例来说，句子的核心是The declaration represents articulation，这是句子的主干，是说话人最想表述的内容，其他的都是次要信息。所以表达这个核心意思就当然应该是译者的首要任务。下面的译文多少避免了释义的弊病：

在1948年联合国大会上一致通过的《世界人权宣言》权威性地表述了成员国根据联合国宪章有责任要保护和促进的权利。

我们不妨从逻辑驱动和情感驱动这个角度，看翻译和释义的应用范围。一个文本如果是逻辑驱动，即文句的展开多以逻辑牵动，则翻译过程中就应该多倚重较为注意细节、严谨的翻译法。所以科学技术的文本、政治法律的文本、正规的经济。

贸易文本（如经济合同）比较适合使用翻译法。其实有些很正规的文本除了逻辑驱动这一特征外，还有另一个特点，即有些词的译法已经早有规定，译者自己很难做决策，所以这种情况下释义的机会不多。相反，若译文主要是以情感驱动，即原文文句的展开多被作者的情感牵动，则有可能适合释义成分多些的译法，因为这时译者确实可以做出自己的选择。所以风土人情的描写、个人的抒情回忆、旅游景点的介绍等非正规的文本，适当地朝解释这个方向倾斜一点也许有益无害。比如下面这一段：

To those of us who cannot be there，I offer my consolations. Do not despair. At least we don not need to sweat in the gym to lose those undesirably gained pounds or to dye our hair to gain back those irretrievably lost years in order to look better in front of our classmates of the year，especially those on whom we had a secret crush.

对于我们中间不能到场的那些人，我送给你们安慰。不要绝望。至少我们不必到健身房去流汗，去甩掉那些不受欢迎的赘肉，或者去染头发，设法赢回一去不返的岁月，以便在当年的同学前看上去更好看，特别是那些我们曾经暗恋过的同学。

这就是一篇以情感牵动的文本。我们当然不能说这里文句的展开没有逻辑思维，但我们可以马上就能分别出这段文字和上面逻辑驱动文本的差异。所附的译文四平八稳，也没有什么可以指责的，但译者似乎仍然没有摆脱逻辑驱动的思维。此时稍为抑制一下逻辑，加大一些释义的成分，译文的效果也许更好：

不能赴会的同学，我送上安慰，大家无须失望。我们至少不用为甩掉几磅赘肉去健身房流淋漓大汗，不用去理发店染黑白发求流年倒转，仿佛瘦了身染了发，在当年的同桌前你便英俊，在暗恋的女友旁你便潇洒。

当然到底应翻译还是释义，并不是仅用逻辑与情感这两个概念就说得清楚的。有时仍需要具体情况具体处理，学习翻译的人不应该指望用几个规则去指导五花八门的翻译现实。

三、文学中的隐喻研究

（一）从认知隐喻角度看文学语言

Lakoff和Johnson区别传统隐喻和认知隐喻的要点，其中一个就是隐喻并非文学所特有，它渗透在语言的所有领域。所以谈认知隐喻和文学，就得从这个基本点切入。我们平时也听到不少喜欢文学的人说，经典的文学作品都是讨论大问题，比如生命、死亡、爱情等，而这些议题都比较抽象。比如说，死亡这个议题就抽象得很难用非隐喻的语言表达。当然你可以说，死亡就是人停止呼吸，心停止跳动，脑停止活动，但这些仅是科学的定义，一般交谈时不会这么说。我们没有注意的现象是，英语中表达死亡的说法几乎都是隐喻的，Lakoff例举了一系列表达死亡的用语，比如he passed away，he's gone，he's left us，he is no longer with us，he's passed on，has been taken from us，he's gone to the great beyond，he is among the dear departed等（1989:1）。这些都是语言隐喻，均源于death is departure这个概念隐喻。所以在这派认知语言学家看来，文学隐喻的原材料也没有什么特殊的，无非是些日常生活中的普通概念而已。这就把文学和非文学之间的隔阂拆除了不少。确实，当我们读到miles to go before I sleep这句诗时，我们都知道这不是在说睡觉，而是在说人生，而其中的概念隐喻（life is a journey，death is sleep）确实是存在于我们思维中的普通概念。

那么难道会用这些隐喻就是文学家了吗？当然不是，否则的话，任何人都是文学家了。在文学家的笔下，这些概念隐喻仅仅是基本的材料。但这些材料我们都习以为常，所以没有什么新鲜感，作家们觉得它们不"给力"，不够劲儿，不能"震撼"读者。于是他们以这些隐喻为原材料，在细节上做些"手脚"，或加以延伸，或加以深化，总之，想尽办法让语言不平常普通，让文字出奇制胜，如莎士比亚《哈姆雷特》中的独白For in that sleep of death what dreams may come。本句主要的认知基础是常规隐喻death is sleep，原本并不特殊，但由于dream的使用，一下子超出了常规的期待，读者就感到隐喻与众不同。一个好的作家能化常规为神奇，思路起于常规，却不止于常规，Lakoff举了下面的几句诗：

Because I could not stop for death—

He kindly stopped for me—

The carriage held but just ourselves—

And immortality（Emily Dickinson）

表面上看，诗人这里的隐喻是比较奇特的death is a coachman，但是其依靠的源头概念隐喻仍然是非常普通的death is departure。所以源头的概念隐喻属于语言文化群体，已经被所有这个群体中的成员所接受，不可能有新奇感；但从源头延伸出来的隐喻则是属于作家的，是他苦心经营的结晶，作家为了这个可能会百般推敲，为的就是语出惊人。

求得语出惊人可以依靠常规概念隐喻，然后设法以不常规的方式营造出使人为之醒目的语言隐喻。所以观察文学隐喻可以从概念隐喻和语言隐喻两个方面分析。上面说的是概念层不惊人，但语言层惊人。但偶尔还有一种情况是，作者从思维概念层上就显得奇特。Lakoff认为，只要概念隐喻结构合理，一个有创意思维的人总能合理解释一个奇特的概念隐喻。如果我们对香蕉这种水果非常熟悉的话，也就能解释death is a banana这个非常规的概念隐喻。如果概念本身就奇特，表达概念的语言不可能不奇特。但是以奇特概念隐喻为基础的语言隐喻是否需要在翻译中反映则另当别论。

当然对于Lakoff等学者提出的这套分析文学的理论也不是没有异议的。不仅认知语言学界有人挑战这种理论，传统的文学批评界也从叙事学、文体学等方面提出不同的看法，这里不赘述。

（二）从隐喻的角度看文学翻译

从上面一系列的分析，我们似乎已经渐渐地形成了一个观念，好像文学作品中的隐喻需要另眼看待，因为其价值较大。你看纽马克就把文学归为表情类文本，然后又具体地提出了文学类文本的处理方法，如译者需要将重点放在原文，要强调原作者，翻译单位要小，以便捕捉细微处的文学特征，遇到隐喻时需要在译文中再现隐喻。所有这些建议都提示我们，原文里有些价值不小的东西，而且常存在于细微之处，也就是我们常说的the devil is in the detail。确实有时无需这些条条框框的规范，单凭直觉译者就能感觉到文学作品中的隐喻并非可有可无的摆设，比如Pinker引用了下面这个出自文学作品的句子：Soon will be sliding dorvn the razor blade of life（2007:121），我们一眼就能看出有一个隐喻，而且这个隐喻从认知的角度看，并非基本隐喻，不是意象图式隐喻，而是意象隐喻。换句话说，这个隐喻是刻意安排的，可能会有价值，不是花瓶摆设。Pinker就认为这个sliding down the razorblade是作者有意拿来"震撼"读者的，使读者能深切地体会生活的艰难。换句话说，为了让读者从普通平常中惊醒，作者下了"猛药"，誓要把他们震醒。这样一个依靠鲜明意象在源域和目标域间映射而成的隐喻不可能解释一下就了事，假如你翻译成Life is hard，基本意思当然不错，但是力度就差远了。用目前时髦的话说，这样翻译就太不给力了。再如，几乎很多学生都把There are three New Yorks这句翻译成"纽约有三种意义""纽约有三种人""纽约有三层意义"之类的解释性翻译，因为他们认为在现实生活中纽约只有一个，而且根据上下文，该句就是在说三种人。究其根源，这样翻译的原因还是译者没有树立隐喻意识。用复数描写一个城市本该促使我们去用隐喻解读，进而在翻译中保留原文的隐喻形式"有三个纽约"。再比如：

Things in the east usually move with glacial slowness. Dawn, lazy and drawn-out, lingers in twilight a long time before spreading. A silver lining is a happenstance in an overcast sky.

这里生动的隐喻描写恰是文学的体现，用glacial是将世事变化比喻成冰川移动（human affairs are glaciers）；用dawn是将人类的历史比作一天的历程（human history is a day），同时也将dawn拟人化（dawn is a human）；最后一句将希望比作阳光（hope is sunshine in the sky）。译者若将如此丰富的隐喻用解释的办法抛弃或淡化掉，如"东方的事变起来总是极度缓慢"，就会大大地冲淡文学语言的感染力，文学也将不复存在，所以译者只能反映原文隐喻的特征："东方的事动起来总如冰川移动一般缓慢。黎明在破晓之前，总是慵懒地在昏暗的晨光中无尽头地徘徊。一线银光是阴沉天际中的偶然希望"。

为了在细微处捕捉文学表达的特征，有时只抓住sliding down the razorblade这样鲜明的隐喻仍不够，并不那么显眼的隐喻也有保留的必要。下面这句摘自一个短篇小说：

It was her sister Josephine who told her，in broken sentences， veiled hints that revealed in half concealing.（*The Story of An Hour* by Kate Chopin）

不少学生翻译这句时把后面的修饰语综合起来翻译成"吞吞吐吐地告诉她"，应该说，这样的翻译基本达意，但是释义（paraphrase）的成分大了些。若在非文学作品中这样的释义也许可行，但文学翻译仍以少用释义法为上策。就本句而言，broken是把文句比喻成物件，可以将它打破，hints是可以被遮盖起来的物件，而话语也成了物件，可以分成两半，一半透露出去，一半仍然隐藏着，隐喻思维贯穿着这句话。但是这不是一个意象隐喻，上面提到的隐喻都是基于人体感知的图式概念隐喻（如sentences are objects）。若译成"吞吞吐吐、半掩半藏地向她吐露了这个消息"，就更好地照顾到了隐喻。译者感到用"破碎的句子"不适合目标语的行文习惯，甚至意思会有偏差，而改用了"吞吞吐吐"表达了英文broken的意思，再用"半掩半藏"表达后半部分。

你也许会问，难道文学作品中的每一个隐喻都那么重要吗？那倒未必。我们无法像一个"执法者"那样，去规范译者的每一个翻译决策，但是提出大致的倾向却是有益无害的。有些隐喻也许对文体等有些作用，但分量仍然会有轻有重，重的需要更认真对待，尽可能在译文中翻译出来，轻的则可视情况而定，没有翻译出来也不必感到十分内疚。

至此，我们一直在谈论总体的文学，但是文学的范围非常广泛，一句"文学翻译要注重隐喻"的口号是概括不了文学翻译的。莎士比亚的诗和自传文学不能同日而语，散文不能与小说一视同仁，即便都是诗，张三的诗和李四的诗隐喻力度也许差别显著。所以一个译者必须在翻译文学作品前做很多"功课"，有时甚至需要借用一些观察分析文本的方法，以便分析能事半功倍。

第三节　隐喻翻译实例分析

一、原文

Teenagers and young adults mingle①in a society of abundance, intellectual as well as material. American youth in the twenty-first century have benefited from a shower of money and goods, a bath②of liberties and pleasing self-images, vibrant civic debates, political blogs, old books and masterpieces available online, traveling exhibitions, the History Channel, news feeds... and on and on A. Never have opportunities for education, learning, political action, and cultural activity been greater. All the ingredients③for making an informed and intelligent citizen are in place.

But it hasn't happened. Yes, young Americans are energetic, ambitious, enterprising, and good, but their talents and interests and money thrust④them not into books and ideas and history and civics B, but into a whole other realm and other consciousness. A different social life and a different mental life have formed among them. Technology has bred it⑤, but the result doesn't tally with the fulsome descriptions of digital empower-ment, global awareness, and virtual communities C. Instead of opening young American minds⑥to the stores of civilization and science and politics, technology has contracted their horizon⑦to themselves, to the social scene around them. Young people have never been so intensely mindful of and present to one another, so enabled in adolescent contact. Teen images and songs, hot gossip and games, and youth-to-youth communications no longer limited by time or space wrap them up in a generational cocoon⑧reaching all the way into their bedrooms, The autonomy D has a cost: the more they attend to themselves, the less they remember the past and envision a future⑨. They have all the advantages of modernity and democracy, but when the gifts⑩of life lead to social joys, not intellectual labor, the minds of the young plateau at age eighteen. This is happening all around us. The fonts of knowledge are everywhere, but the rising generation is camped in the desert, passing stories, pictures, tunes, and texts back and forth, living off the thrill of peer attention E. Meanwhile, their intellects refuse the cultural and civic inheritance that has made us what we are up to now F.

二、译文

青少年们一起相处在一个富足充裕的社会，不仅物质富足，而且知识充裕。二十一世纪的美国年轻人欣逢金钱和商品的甘霖，又沐浴在自由和令人陶醉的自我形象中，还受惠于活跃的民间辩论、政治博客，更得益于网上获取的尘封旧书和大家名著，巡回展览，历史频道，新闻摘要等，不一而足。教育、学习、政治行动、文化活动的机遇从来也没有像现在这么多。培养一个有知识有智慧的公民所需的一切都已万事俱备。

但这个智慧的公民却并没有出现。没错，年轻的美国人活力充沛、雄心勃勃、事业心强，人很不错，但是他们的才智、兴趣和金钱并没有把他们引向书本、思想、历史、公民知识，相反却将他们推进了另一个领域和另一个意识空间。一种不同的社会生活和一种迥异的精神生活在他们中间形成。技术孕育了这种生活，但结果却并没有像人们所说的那样实现了数字赋能、全球视野、虚拟社会。恰恰相反，技术并没有打开年轻美国人的心灵，让他们去接受文明、科学、政治的宝藏，技术反而把他们的视野拉回到身边，使他们围绕身边的社会环境画地为牢。年轻人从来没有像现在这样相互关注，相互接触，善于交往。年轻人的影像和歌曲，青少年热衷的闲聊和游戏，不再受时空限制的交流，所有这一切把一代人如蚕茧一样包裹起来，影响力所及，直逼他们的卧室。这种自主自顾是有代价的：他们越关注自己，就越少回顾过去，越少展望未来。他们有现代和民主所能提供的所有好处，不过生活赠予他们的尽管如此丰盛，可换来的却仅是社交场上的欢乐，并不是追求知识的耕耘，年轻人智力到了十八岁就不再发展了。环顾四周，此等例子比比皆是。知识的源泉随处流淌，但正在成长的一代人却在沙漠中安营扎寨，相互传递故事，分享照片、音乐和文字，靠同辈关注所带来的刺激而活着。同时他们的思想却又拒绝接受文化和社会的传统，而我们今日之所以是我们，却恰恰有赖于这些传统。

三、注释

这里的注释主要分两部分：一部分是与隐喻有关的注释，一部分则是对非隐喻语言点的注释。我们不可能将文章里所有的隐喻都照顾到，但我们将把文章里与翻译关系比较大的隐喻尽量做一些解释。本文议论的成分多于纯粹的信息，所以文字的特征可能需要有所反映，以便反映作者的口气与态度。但这毕竟不是文学作品，译者不必陷入文字游戏中去，无须过度纠结于那些仅仅起修饰作用的辞藻。

（一）隐喻翻译问题注释

（1）动词mingle也是一个不易发现的隐喻，背后的概念隐喻是relationship is cohesion。显然这不是一个十分有意义的隐喻，翻译时把意思说出来就行。有些学生总是不能放弃"混"这层意思，其实没有必要。这句的大意就是说年轻人在一起相处交往，这样说就足够了。

（2）这里有两个意象强烈的隐喻，即shower和bath。第一个shower至少需要有两个隐喻概念支撑才能成立，首先作者先要把金钱和物质比成大雨，其背后的概念隐喻是material is water，但是这里还隐含一个量的比喻，就是说不仅是把金钱等物质的东西比做了雨水，还量大的意思，背后的概念隐喻是quantty is water。另外bath也是隐喻，其背后的隐喻概念和前面的shower一样，都是水，即自由比成了洗澡水，且也表示量大的意思。这两个隐喻不是意象图式隐喻，而是鲜明的意象隐喻，或者说是临时组合的隐喻，不是语言体系内已经存在的隐喻，又称one-shot metaphor。我们一般认为这类隐喻的价值会比较大，比如说一般情况下，文学作品里如果出现这类非常抢眼的隐喻，只要汉语基本可以接受，译者一般都应该保留。但在非文学文本中这类隐喻就基本起一个修饰的作用，没有重大意义。换句话说，保留不保留这个隐喻仅是一个选择，比如翻译成"二十一世纪的美国青年拥有大量的金钱和物质，享有很多自由和良好的自我形象"，就是"大量""很多"取代了这两个隐喻，完全可以被接受。但这并不是说不可能保留隐喻，若翻译成"欣逢金钱和商品的甘霖，又沐浴在……"，就很自然地保留了两个隐喻。毕竟保留隐喻后文字更有新鲜感。

（3）这里的ingredients就是隐喻，它背后的隐喻概念是tequired condition is food。如果按照这个食物的思路翻译下去，那么就应该是"成分""原料"等食物方面的用语。但这样的隐喻都没有什么意义，因为他已经成为语言体系内的一种表达法，隐喻已经淡化，且汉语本身还很可能排斥"食物"隐喻的用语，如"所需的原料"在这里就很别扭。因此译者根本不必把精力花在这个词上，根本不必去问"这个词到底该怎么处理"。翻译成"所有的条件""所有的要素"，甚至完全放弃这个词都可以，如参考译文"培养一个有知识有智慧的公民所需的一切"。

（4）之所以说这句是隐喻，是因为句中的主语不可能真正做出thrust这个动作，换句话说，这个动作只能是隐喻意义上的动作。诱发动词thrust的概念隐喻是non-rhysical thing is force。但这个隐喻基本上已经进入语言体系，我们已经习惯thrust的这个用法，翻译时选择任何一个表示动力的词都可以，如"驱使"。但是在学生的翻译作业中我们也看到译者没有注意这个force隐喻的后果，看下面这句"他们的才能、兴趣、金钱不是投注在书本、思考、历史以及公民知识上，而是其他领域和其他想法。"译者没有沿着Things thrust them into a place这个基本的force隐喻思路翻译，结果意思就和原文有些出入。

（5）这里动词bred背后的概念隐喻是technology is animal。这个隐喻在中文和英文里都不是非常突兀的比喻，一般我们汉语里能很自然地接受这个隐喻，如"科技孕育了这种生活"，倒是故意回避原来的隐喻反而更困难，如"造成了""促成了""带来了"虽然都不错，但"孕育"又准确又上口。

（6）这里的opening显然是隐喻。我们可以打开一间房子，打开箱子，但是mind是无形的思想，怎么打开呢？所以只能从隐喻角度将思想等抽象的东西打开。此时mind就是一个三维空间的地方，你可以打开，也可以关闭。打开后干什么呢？那么就应该看一下下面的the stores of civilization and science and politics，显然这又是一个隐喻，store这个词后面的概念隐喻是information is commodity，其字面意思就是supply of information，文明、科技、政治是无穷无尽的源泉，就像商店里的物流一样，而前面被打开的mind是可以来摄取这些"商品"的。所以如果我们先能形成这样一个隐喻的图像，头脑心灵开了，文明科技等构成的资源共心灵享用，那么译文出错的机会就不大，但是我们在理解时没有这样一个图像，那么翻译时自作主张、偏离原文的可能就越大。我们当然不是说译者必须向原文作者的思路一样翻译，但理解原作者的思路为我们准确理解原文提供了基础，况且有时按照原文的思路并非不可取。另外要指出的是，这里的open和he has an open mind的意思略不同，后者的概念隐喻是opinion is perspective，表示观点非一成不变，换句话说，就是I don't have a fixed opinion。

（7）此处的horizon显然是隐喻。一般来说这个词至少可以从两个方面看出它的隐喻联系，如when he went to university his political horizons expanded中的horizons就表示知识等意思，诱发它的概念隐喻是knowledge is view，说视野实际在说知识、观点等。但在下面一句中there are glimmers of hope on the horizon，horizon的意思就不再是知识了，而是人们所关心、希望的东西。所以我们必须搞清楚这个词在本文中的隐喻意思。我们只要看下文（intensely mindful of and present to one another）就知道，horizon这里指年轻人所关注的范围，所以其概念隐喻就是awareness/interest is proximity。这个关注圈子的大小映射到关心感兴趣的范围的大小上，而所有依照这个映射思维的翻译都基本可以接受，但关键的是我们这个隐喻的映射图像必须正确。

（8）名词cocoon显然是一个隐喻说法，其背后的概念隐喻是human is insect，其意思就是说人被包围起来受到保护了，如they were cocooned in a girl's boarding school。在这个文本里，该隐喻没有特殊意义，未必需要保留，但和前面的一样，刻意回避也很困难。如果直接用作隐喻困难，可以将其变成明喻的方法，如"所有这一切把一代人如蚕茧一样包裹起来"。本句还可能有一个很小的理解问题，即reaching的主语应是前面的Teen images and songs，hot gossip and games，and youth-to-youth communications，而不是cocoon。正是这些东西走进了年轻人的卧室。结构上看，解释成修饰cocoon最合适，因为比较近，所以有可能原作者确实意在让reaching这一短语修饰cocoon，但结果事与愿违。这种情况在大量写作过程中有时确会发生，所以译者必须在翻译中做出适当的判断。有趣的是，这个句子大部分人一看就懂，所以若以整句为翻译单位，意思不至于出差错。

（9）这里envision a future的概念隐喻是prospect is sight。隐喻意思已经不强烈了，所以翻译时没有特殊要求，可以保留隐喻，如"展望未来"，但如果一定想放弃隐喻也可以做到，如"思考未来"，但显然除掉隐喻不如保留隐喻更好。我们已经反复证实，隐喻若被体系接受，翻译时就无需考虑隐喻，而且往往直译确实也能被读者接受。一个反复见到的现象是，直译隐喻的机会远大于我们原来想象的。

（10）这里的gifts指的就是前面一系列的优越条件，显然也是隐喻，但这类说法汉语完全可以接受，不存在跨文化的障碍，如翻译成"生活的礼物"。但是也不一定非要这么翻译，比如将这个短语分解开也可以，如"不过生活赠予他们的尽管如此丰盛，可换来的却仅是社交场上的欢乐，而不是追求知识的耕耘"。

（二）其他翻译问题注释

A. 这里需要谈谈这一长串的名词如何处理。显然原文的and on and on告诉我们这一长串的东西总算完了。首先所有这些名词都是跟在benefitted from后面的，另外，bath后面跟的仅有两个（liberties and pleasing self-images），再后面的与bath无关，但都与benefitted from有关，结果我们就发现必须在bath这个短语后，再用一个词把后面的名词和前面的benefitted from连起来。译者可以只用一个，如"受惠于"，然后将所有剩余的名词都跟上，若感到太长，就在适当的地方再加上一个类似于"受惠于"的词，如"得益于"，视译者的需要而定，没有什么定律。另外，这一句中还有几个词要注意，如civic debate中的civic表示民间的，老百姓的；History

Channel是美国很受欢迎的有线电视频道；news feeds可作为科技专业名词用，如微软的词汇表中就翻译成"新闻源""新闻摘要"（繁体），但这里并非当专业词用，所以不见得需要那么准确，翻译成"大量的新闻"也行，当然用"新闻摘要"也可以。

B. 此处的civics应该是指与公民社会中的公民教育有关的知识，对照前面的CIVIC的差异。

C. 本句中的tally with基本上就是agree with的意思，也就是the results doesn't agree with the descriptions，就是说，所得结果和原来夸夸其谈描述的大相径庭。fulsome descriptions则表示当时人们对数字技术的描述吹得太神了，言过其实。fulsome是负面的词。这句中的the fulsome descriptions of digital empowerment、global awareness、and virtual communities可分解成people（not present in the text）describe the digital empowerment, global awareness and virtual communities in a way that makes you think that the description is fulsome。其中digital empowerment、global awareness、and virtual communities表示三个概念，比较简洁的译法是"数字赋能、全球视野、虚拟社区"，但这种文本不是技术文本，不见得要寻找标准答案，所以加几个词，把意思说清楚也未尝不可，如"获得了数字赋予的力量、无远弗届的视野和虚拟的社区"。

D. 这个autonomy主要指独立，不依靠别人，自己做主。这可以从上下文看出来，所以仅查英汉词典，然后翻译成"自动化"是不对的，要给出语境意义。

E. 短语live off原来表示经济上依靠某人才能生存，但此处已经隐喻化，表示要靠thrill of peer attention才能生存。这个peer attention就是年轻人需要同辈人的关注他们才会感到激动和兴奋。所以比较简单的译法是"靠同辈关注所带来的刺激而活着"。但如果需要行文上增添一些色彩，也可以译成"有了同辈的相顾便欣喜若狂，缺了伙伴的关注便无以为生"，意思一样，但这种变化需要根据文本以及译者整篇的文风而决定，一般情况下建议使用简单的译法。

F. 这里的cultural and civic inheritance表示文化和社会的传统，句中的civic主要指社会体系中与公民最相关的内容，如对选举、政府运作、公民参与等的关注。另外，最后一句有人翻译成"他们的思想拒绝接受铸就我们今天的文化与社会传统"。这样处理很不清楚，最好的办法是将这句分成两句，如"他们的思想拒绝接受文化和社会的传统，而我们今日之所以是我们却恰恰有赖于这些传统"。如果不将that从句分开，就无法将what we are up to now这部分的分量突显出来，而在这里突显这一点是重要的。

第五章
翻译、文化与跨文化研究

　　翻译作为跨文化交际的主要途径，就中国走向世界的文化战略而言，具有举足轻重的意义，翻译的文化纬度的重要性也随之显得日益突出。要跨越不同文化的栅栏，超越狭隘的文化民族主义，就得制定有效的跨文化交际策略。

第一节　文化、语言与翻译

一、文化与意义

（一）文化与意义相关概述

文化翻译的任务不是翻译文化，而是翻译容载或蕴含着文化信息的意义。意义始终是我们关注的中心：一般说来，它既是我们的出发点，又是我们的目的地。

根据这个前提，我们可以从两个维度来审视文化意义：宏观文化意义和微观文化意义；也可以从两个维度出发，将文化翻译分为广义文化翻译与狭义文化翻译。宏观的、广义的文化翻译容载一切文化信息的意义转换，其中包括语法意义。我们的理据是：语言本身是文化符号系统，其组织规律就是语法。语法规律（及范畴）具有语法意义，如动词的时、体、态、语气，代词的格、数、性，形容词的缀都是有意义的，翻译时不能忽视它们的语法意义；还有些语用规律诸如主语与谓语的定位、形合与意合等，此类手段所涉及的语言文化异质性问题也与意义和意义表现式密切相关。语法意义的可译性限度很大。问题在于：可译性限度虽然很大（如印欧语某些人称代词和若干名词的性、格、数等是汉语所没有的），但既然有意义，译者就不能熟视无睹。这里涉及两种异质性很明显的语法体系，二者各有其语法信息表达的独特方式或手段，因此我们可以在表达方式和手段上想办法。例如英语语法体系和汉语语法体系，就是两个不同的语言文化信息体系，蕴含两种不同形态的语法意义，这两个不同形态的意义系统之间的对应手段和方式转换就是广义的文化翻译。这时，我们采取的途径通常是以词汇手段替代形态手段，或者相反。正如雅可布逊说的：

If some grammstical category is absent in a given langusge，its meaning may be translated into this language by lexical means...

As Boas neatly observed，the grammatical pattern of a language （as opposed to its lexical stock）determines those aspects of each experience that must be expressed in the given languague: "We have to choose between these aspects，and one or the other must be chosen."

根据雅氏及其引述的鲍阿斯（F. Boas，1938）的见解，语法意义与词汇意义相对。人们可以选择词汇手段来表达自己的经验（意义），也可以选择语法手段来达到同样的目的。可见语法意义不仅在理解中起着思维组织者的作用，在表达上也大有文章，我们不能置之不理。因此它是文化翻译不应回避的问题。但必须指出，它只是广义的文化翻译，其实质是个功能问题。

狭义的文化翻译是我们议论得最多的，指文化矩阵中各层次反映在语言中的意义，集中于词汇、句子、语段（句子的有组织集结）、风格和语言文化心理等层面中。本书中所谓的意义，既关注这些层面中狭义的文化意义，也不忽视语法层面广义曲文化意义——道理很简单。语法通常是意义的规约者、制约者，也是语言异质性的体现者。

总之，意义是语言中员复杂的问题，因此理所当然地成为语言学和翻译学关注的核心问题。归根结底，文化翻译研究必须围绕意义问题展开。

（二）文化意义的宏观视角：广义文化翻译

按上文所述前提，从大的方面说，意义有两个文化维度：宏观维度和微观维度。也可以说广义的文化意义和狭义的文化意义。我们先从宏观仍角探访广义文化意义的双语转换问题。由于这方面的问题太广泛，我们只能择要而谈。

人类语言都有共性，语法都有共性，共性也就是同质性（homogeneity），这是问题的一面。另一面是异质性（heterogeneity）。由于文化母体不同，语言都表现出异质性，因此语言异质性问题的本质是语言文化问题。下面我们选择两个比较突出的议题来论述：一是汉语的主语异质性，另一个问题是虚词的语言文化功能转换问题。

1. 汉语的主语异质性：话题性

汉语的主语表现独树一帜，是汉语非常突出的语言文化特征。

首先是汉语主语的话题性（topicality）远比它的施事性（agentiveness或主语的使役性causativeness）广泛。试分析下列句子：

（1）李大妈死了四只鸡。（TR/TC）

（2）海水不可斗量。（TR/TC）

例子中"李大妈"和"海水"都没有施事性，与行为（动词）"死"和"量"无关：（1）中"死"的是"鸡"（鸡死了）；（2）中"量"的施事是隐含性逻辑主语"人"，"斗"在逻辑上是"用斗"，即表示方式或工具的状语词组中的宾语。与此类似的句子极多，如："村里死了人""一张床睡两个人""两个月挣七千元"等，这些句子的共性是：①（主位部分的）主语具有突出的话题性，它只是一个话题（T），而不是具备施事功能，但却统领全句，可见识信息中心；②逻辑主语隐含或被置于动词之后，形成了逻辑上的VS式，成了一个述题（rheme或comment），即表述成分，表述与话题有关的事。在说汉语的人的语言文化心理中个，说者关注的中心（话题）应该先表达出来（处于主体thematic position），使听着一目（一听）了然，让述题在后面自然相接，形成TR（theme+rheme）两段式，这才符合"重意"而"不重形"的思维方式。而英语是"重形"的，英语句法SV/SVO/SVO1O2/SVA/SVC等都恪守以SV做主轴的形式程式原则，所以我们说汉语是以话题占优势的话题型（TR/TC）语言，英语是主谓型（SV）语言。以上（1）（2）句英译后都从TR型变成了SV型：

（1）Four of Aunt Li's chickens died. （SV）

（2）The sea cannot be measured with a bushel. （SVA）

　　　　Sea water is immeasurable. （SVC）

主语话题化有极鲜明的文化意义。话题句在汉语中源远流长。楚文学中有很多例子。所以中国语法学界又将前者称为"大主语"，后者称为"小主语"，看起来，两个主语是平起平坐，其实"大主语"是上位，"小主语"是下位。这都是汉语句法的异质性语言文化特征。这一特征在（《离骚》）中又有变体，但话题性实质仍是一样的。

（1）伏清白以死直兮，固前圣之所厚。

（2）忽驰骛以追逐兮，非余心之所急。

（3）謇吾法夫前修兮，非世俗之所服。

（4）不量凿而正枘兮，因前修以菹醢，

（5）鸷鸟之不群兮，自前世而固然。

自（1）至（5）句中上段都是话题（T），下段都是述题（R/C），所以仍是TR/TC句式。汉语话题主语的语言文化特征可以设法反映在目的语中，有造诣的翻译家大都勉力为之。

汉语话题主语优势的文化意义是：第一，反映了以汉语作母语的人的文化心理：以说话者心目中的议题为信息交流中心，而不必首先顾及句子的形式程式，这就是说，主体意识的先导性可以超越形式程式的规约性；第二，这样就形成了以汉语作母语的人的思维方式特征：意念的主轴性。从汉语的宾语特征也可以看出汉语意念主轴的句法构形作用（"我吃大碗，你吃小碗"，吃的逻辑宾语应该是大碗、小碗中的内容，而不是碗本身）；第三，"话题述题"式（TR／TC）结构是二元（二项）并列（和合），反映了中国人的思维方式和风格，即二元和合之美；如天地（天大地大）、长短（三长两短）、东西（东成西就）、东山再起（东山+再起）、立竿见影（立竿+见影）、有情人终成眷属（有情人+终成眷属）等。

2. 汉语句法结构异质性：虚词的语言文化功能

汉语的句法结构机制独树一帜：在形态语言（inflectional language）

中认为必不可少的句法形态变化或形式部件（如be、being、been；have、having、had等）在汉语中悉付缺如，而代之以为数极有限的虚词。汉语句法结构就是凭借这些为数极有限的虚词，变化多端，左右逢源，变出了在形态语言中起句法结构功能作用的几乎所有的形式，包括语法范畴和句法序列。以《离骚》为例：屈原共写了372句，几乎每句都有一个虚字，从而使《离骚》句式散文化，对后世影响极深。除了"兮"字外，用得最多的虚词共9个。

据上文统计，"之"用得最多，其中87句属于标准用法，11句属于变异用法；"其"41句，其中33句属于标准用法，8句为该词的变异用法。以下各词的标准用法与变异用法之间的比例如下："以"：75比2；"而"：68比3；"于"：9比0；"乎"：11比5；"夫"：9比11；"此"：10比2；"与"：5比3。可见屈原的原则是以传承为主，创新辅之。这种态度也是根值得推崇的。

3. 英语句法形态的严谨性和规范性

英语语言文字也独树一帜。英语语法最突出的语言文化特征是它的句法形态（syntactic forms）的多样性、严谨性和规范性。多样性主要表现为形态手段和词汇手段并用、语序和语义并重。严谨、规范的具体表现是：

第一，恪守动词语法范畴规范，时、体、态、数等均见之于形，而且一丝不苟；

第二，恪守句子的句法单元分布形式规范；S、V、O、A、C各单元分布均有形迹可寻SV（主语加谓语动词）的提掣机制贯彻到每一句；

第三，恪守语段中的各级、各类应接手段（cohesive devices/ties）的用法规范，主、从层级分明，类属标志清晰可辨；

第四，恪守在严谨性、规范性的前提下的灵活性原则，同时又维护了句式配列和变化的开放性原则，始有英语文风的斗艳争芳。

英语以上四个语言文化基本特征表现在几乎每一个有造诣的英美作家的作品中。例如：James Joyce的短篇小说《初恋》（*Araby*）中的一段。

《初恋》不是作者的重要作品。但从英语语言文化特征的视角来看可以使我们认识到：作为以创新和变异闻名于世的作家James Joyce又具有非常严谨规范的一面。就像一位绘画大师，他那变幻莫测的潇洒风格原来——而且必须——建筑在功笔精微的索素描功底之上。这一点是不容我们误解或忽视的。

按照上面提到的雅可布逊的论述，我们必须在英汉转换中将原语段《初恋》中的英语语法范畴以汉语的词汇手段（助词、副词、关联词组等）表达出来；同时又有很多形态手段汉译时可以不作任何转换而略去。

以上例证说明：（1）英语语法范畴不仅具有"虚"的结构意义，而且也具有"实"的词汇意义；（2）凡是英语用形态手段体现语法范畴的地方，在不具备形态手段的语言（如汉语）中大抵可以用词汇手段取而代之。可见形态手段与词汇手段之间的区别只在于语言文化特征有异，不存在优劣之别。例如，从上例可以看到，汉语中不存在"一般时态"，也不必用什么词汇手段来表示"一般现在时"和"一般过去时"，却仍然不会引起说汉语的人误解，而英语就必须一板一眼地标出时间段（借助时态）来，这就是语言文化心理差异。时态是汉英语言文化心理差异外化为结构差异的典型例证之一，而且几乎无处不显露出来。

广义的语言文化意义涵盖全部语言文字、语音和语法特征，内容非常广泛。本书取论纲体式，难尽其意，但求凸显要旨。实际上，任何一种语言的语言文化特征都是广义的语言文化特征和狭义的语言文化特征的"整合"（整体性结合）。苏轼有两句诗可以概括汉语整个语言文化特征："出新意于法度之中，寄妙理于豪放之外"《苏轼文集》卷七十。叶斯帕森在论述英语时说，英语是一种理性化程度很高的语言，英语具有的是一种"阳刚之美"（"masculinity"，转引自E. Patridge著The World of Words，Section 3，Chapt. I）。按苏、叶之说来看汉、英双语的语言文化特征，也正体现宏观与微观的整体性结合。

（三）文化意义的微观视角：狭义文化翻译

文化意义的微观视角审视，就是在语言宏观结构的各语法范畴所蕴含的语法意义之外专注于词、词组、句、句段的表层、中介层及深层（文化心理）所蕴含的文化意义。可见，这种审视虽然是"微观"的，但其范围却很广，又深及心理层，"微观"只是相对于"宏观"而言。微观视角中的文化意义是我们的研究重点。下面我们将讨论文化意义获得的四种方式：映射、投射、折射和影射。

1. 映射

"映射"（reflecting）也可以称为"反映"或"映像"（mirroring），"像"生成于"映"。映射是词语获得文化意义最基本的方式，能比较直接地借助物象反映或勾绘出实体指称，可见相对直接性（directness）是映射的基本特征，也就是东汉许慎所说的"画成其物"，例如汉字中的"弓""刀""书"（书写）等字：古代的"弓"字就是大体按实物物象作出的提示性描绘书写式，"刀""书"是勾绘书写式。这种方式的局限性也在于此。映射成像，以象（象形）出字（符号）；在中国的"六书"中称为"象形"（pictograph）。"许慎解释"象形"时说："象形者，画成其物，随体诘诎，日、月是也"（说文解字·叙）。"画成其物"指

"弓""刀"是文化物象；"随体诘拙"主要指日、月、马、鸟等，都是自然物象的大体勾结，不是文化物象词语（文化词语）。古汉语文化物象词语集中于《尔雅》后十六篇，其中有相当一部分象形词，它们的文化意义足以映射方式将文化意义"映"在字（词）上。这是从词源学来分析（etymological analysis），实际上今天的汉字已经很难看出来了。以映射获得文化意义说明符号的任意性是相对的，映射可以提供相当强的提示性文化意义（文化物象），如古代的皿、鼎、彤（古代的一种祭祀）；更多的自然物象词语，如森、手、心等也具有提示性自然物象意义。英语词汇系统（包括文化词汇和通义词汇）中不存在映射式获得的文化意义。

2.投射

"投射"（Projection）或称"投影"，已基本上或完全摆脱了文化物象，不是在"形"而只是在"意"的层面上进行非直接的文化意义投射（在"音"的层面也有投射，使之携带文化信息，但一般没有意义承载）。这是语言获得文化意义的主要方式之一。所谓"投射"指文化群体、地域、人种、阶层、种性（caste）、职业等的文化特征、特色或特异性（特质）间接作用于语言各层级使之产生"文化着色（caltural colouriug）"（Massella，1988）。文化可以通过投射对语音、语法、词汇产生广泛的"着色效应"，使之携带文化信息。我们先从语音谈起。以英语语音为例，美国黑人英语音位具有明显的文化特色；如"th"的发音在the、then、that、those等等词中很接近（d），"th"在词尾时（如在with、birth、both、fruth中）又发了（f）另一个音位是"r"。词尾音节中的"r"常被略去，于是during成了doing。"r"在美国英语中的发音带有显著的文化特征，以下是社会语言学家拉波夫（w. Labov）所做的一次广为人知的调查。拉氏于90年代中期选择纽约曼哈领区三家不同等级的百货公司作"r"的发音调查，结果如下：

"Labov第一图"是按三家商店的等级分（图5-1）：

图中的Saks是一家高级商店；Macy's是一家中级商店，S. Klein是一家下层人士商店。

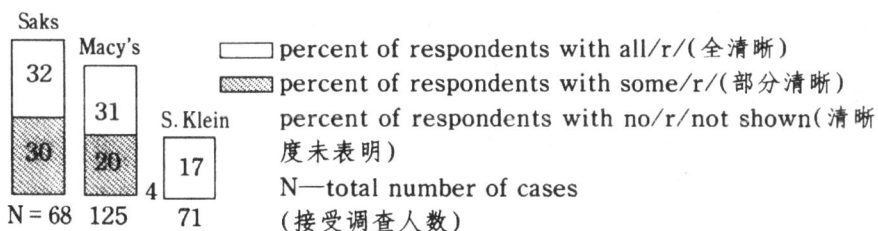

图5-1　Labov第一图

"Labov第二图"是按三家商店中的职业群体分（图5-2）

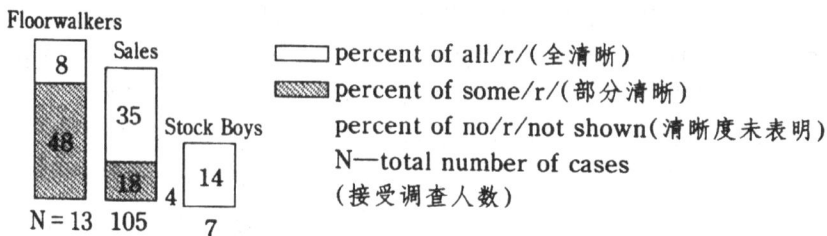

图5-2 Labov第二图

上述二图均表明：社会文化层级（在纽约曼哈顿地区）越高，发"r"的次数越多，清晰度越高。这说明文化背景作用于语音使之产生文化着色。文字手段接受文化系统的投射而产生文化意义（语势）。

英美文艺作品甚至正式文件中常常出现斜体的拉丁文、希腊文、希伯来文、法文、荷兰文甚至东方语文拼音调语（如yen可能来自汉语的"瘾"，have a yen for 对……上了瘾；Alnaschar阿拉伯文拼音，人名，Alnaschar's dream 意思是"如意算盘"）以增强文化语势。即便是英语，也可以借助文字形体（拼写式）之变增添文化着色，如爱尔兰和苏格兰英语、美国黑人英语等。

词语组合是文化意义投射的主要形式，词组也是文化意义最主要的内容载体之一，这是因为，投射既可以相当接近文化物象或非文化物象（指称），也可能与物象或指称有相当的距离（distance）或曰"疏离度"（distancing）。这是文化意义附着于词语呈现出不同方式的关键，因此，"疏离度"是一个关键词。

映射表示文化意义的获得是以物象与词语最贴近的方式完成的，意在勾绘或描写"镜中物"。投射就不同了：不同之处在"疏离度"。疏离产生的文化意义与词语的基本概念之间若即若离：恰如光影投射到容载屏上时可以很清晰、完整，也可能不太清晰、不太完整，尽管影像都发自光源。以下例子表示疏离度很小，若即若离中"即"明显大于"离"：wall have ears（隔墙有耳：法国王后Catherine deMedicis，1519–1589，建造Louver宫时在墙上安装了偷听装置，果然窃听到很多国家机要和秘闻），cannon fodder（炮灰：源自德语）Kanonenfutter，futter是饲料，文化意义与概念意义之间的疏离度很小：把士兵当作喂大炮的料草）；see through sb.（看穿；这一成语生命力极强，始于16世纪，如Ben Johnson在1599年写道：He is a mere piece of glass，see through him…Cynthia's Revels），等等。

投射与映射二者的疏离度前者远远大于后者，但投射性文化意义还是可以从字面分析出来。以下是文化意义投射于词语容裁体的例子：

bogtrortter，bog是沼泽，特指"爱尔兰沼泽"，trot是"走"，trotter是"走过……的人"。爱尔兰多沼泽，所以bogtrortter成了爱尔兰人的俗称。March to the beat of a different drummer意指不随大溜者，行军时击鼓是西方的习俗，不按军鼓的拍节声走的人肯定是一个不随波逐流的人。很多投射性文化意义产生于指称提供的有趣的联想：curtain lectures中的curtain指西方旧式床帏，床帏内的叮嘱再三，当然非妇道莫属了，可以译成"枕边训话"。爱尔兰人有很多姓Murphy的，Paddy则是的padrig或Padrick的呢称，这样一来，as Irish as paddy Murphy's pig（或as Irish pigs Shudekill market，W. Hzalitt，1869）意思就清楚了："地地通道的爱尔兰人"，上面提到bog是爱尔兰沼泽，因此，strsight from the bog意思也一样"货真价实的爱尔兰人（或物）"。投射性文化意义都比较容易从字面联想到指称，从指称析出有文化着色的概念的文化内涵。一般地说，投射的疏离度都不大：有文化着色，但仍不失明晓。

3. 折射

折射（refracting）的疏离度又大于投射的疏离度：由折射产生的文化意义已相当曲折，不易从字面分析出来，大抵需凭透视推衍、引申、演绎、点化等手段曲折地析义。例如爱尔兰人将素质上乘的男孩子叫做broth of a boy，broth是肉汤，肉汤富于营养，相当于"靓汤"。"靓汤童子"质素上佳。许多折射性文化意义产生于引申或典故，由典故衍生出比喻义。如爱尔兰英语中有一个引中性成语paddy wagon，paddy来源于爱尔兰人的常用名Padrick，常用于泛指爱尔兰人，因为爱尔兰人的后裔在美国有不少人当警察，于是警察用的囚车就被称为paddy wagon。有些词语的文化意义既来自于比喻，又源于典故。the ghost walks一语有人解释为"有钱使得鬼能行"，这是望文生义，其实意思比这更曲折、复杂，典出莎士比亚的Hamlet该剧中有"幽灵行走"就是ghost walks 的指称意义，但文化意义却是"发放薪金"。19世纪英国（一说是在英国的曼彻斯特）某莎剧团一连几周欠发演员薪水，演员正酝酿罢演。酝酿中戏演到该幽灵行走的时候，扮幽灵的演员在舞台一例喊道："No，I'm damned if the ghost walks any more until our salaries are paid."（呸！不给我们发饷我他妈的让鬼魂现身才怪。）The World Book Dictionary（以下略称WBD）举了一个例句：This is the day the ghost walks，相当于"今日发薪"或"今日出粮"。绝大多数的汉英形象比喻词组（成语、俗语）都有文化折射意义，如"死马当活马医""一竹杆打翻一船人""keep up with the Jones"，等等，难以计数。

4. 影射

影射（insinuating）的意思最隐晦，疏离度最大，意思指代和文化蕴含不明确，不知道文化底蕴的根本不知道在说什么。这是所看到的文化表层的含义和深层的文化含义就会相去甚远；它可以包含各种各样的情绪或态度，如蔑视、嘲弄、嘲笑、敌意、夸张等，模糊地，常常以非常规的方式表达，让人们觉得知其然不知其所以然。

可见其疏离度之大。英语中大量存在着反映英国人对爱尔兰及苏格兰的负面心态的词语组合。

从映射到影射表明了文化意义附着于本义的一个疏离度递增的过程。一般来说，文化意义越偏离本义就越向心理层次倾斜。这时表现式就越值得译者掌握好分寸，在用词上多加推敲。

（四）文化意义的特征

文化意义是意义的文化维度，文化维度中的意义具有不同于一般意义的特征。

1. 文化意义的人文性

词（词组）的概念意义不一定具有文化意义，但是所有的概念意义都可以通过人文化（humanization）而获得文化意义。所谓人文化就是语言使用：人可以通过使用语言给不具有文化意义的词语蕴含文化意义。文化意义是由语言使用者赋予的，这是文化意义很重要的基本特征，符合维根斯坦关于"意义即使用"的观点。

我们在讨论语言中文化信息分布时说过，语言中有许多词本身就是文化词语，它们的概念意义具有文化意义，这就是说，它们所蕴含的文化意义也就是它们的指称。例如某一个词（字）可能是文化现象或象征符号（如汉字"弓""刀"等）。在大多数情况下，词的文化意义并不是具象指称，而是某种观念或概念，可以称为观念指称（ideational reference）：它们都是非具象指称。在特定的情况下，语言使用者可以赋予非文化物象（非人文物象）以文化意义，这时，起作用的机制是文化心理。语言中的人名、地名、国家名等等的文化意义就是这样产生的。

文化心理可能将非人文物象（概念）人文化，使之具有文化内涵，即enculturalization（或humanization）。专名的意义大抵得之于此。这里可能牵涉到一个"原汁原味"的构成因素问题，翻译时不容掉以轻心。"可译"或"不可译"容当后论。

在文艺作品中通过自然物象（现象）的人文化而获得文化意义的例子几乎比比皆是。James Joye在他的自传体小说《青年艺术家肖像》中曾不断地提到大海和海鸟这两个动态形象，就是将二者从非人文物象推向人文物象，从而使前者蕴含了文化意义：爱尔兰是一个岛，终年有海鸟环飞。很明显，作家在这里寄寓了乡土味和萦思梦。

这是非常优美的自然景物人文化、意象化文化意义表现。这部小说先于Ulysses六年发表。很多意识流技巧在其中已初露端倪。

2. 文化意义的动态性

文化意义的另一个基本特征是它的动态性。有一种误解认为语言的文化意义是静态的、不变的。这种误解的根源是将文化与意义"脱钩"引致的。

使用中的语言的意义永远是动态的，因为话语是一种行为（act，wittgenstein，1953），它伴随意向，而获得一种语势（force），奥斯丁（J. L. AHstin）称之为意向性语势（illocutionary force，1970）。就意义本身而言，它可能是静态的（如字典中的词义），但一旦由人来使用，意义就被赋予了意向，被赋予了一种动态性（或能动性），那就是语势，所以语势也是将意义人文化的结果。为说明这种动势，奥斯丁将意向性话语语句称为"实施性话语"（performative utterances，Austin，1970）。

我们先从最粗浅的例子说起。常言说"水火无情"。"水""火"都是自然物态，是非文化词语，但当它们一旦进入下面这个句子，"水"与"火"不仅立即被人文化（水与火似乎马上成了人的敌人），而且立即被赋予了一种意向性，即意义动态性："不要大意，水火无情啊！"这种意义动态性必定处在某种人文环境中，我们就称之为文化语势。

文化语势通常产生于两种机制。第一，转变或转换机制：在大多情况下是人文环境的转变以及在特定的人文环境下的话语（篇章）情景转变、话题转变、情态转变、句法结构转换、词语语用转换、语种（双语或多语）转换、文体或风格转变等引起的。语势（force）的获得一般不是在静态环境下无缘无故地产生的：事态或事物发展过程中产生某种转变或转换才能蓄积、集聚某种force。第二，推进或发展机制：即在话语（篇章）铺叙或陈述过程中词语意义获得了新的文化意义动势。

话语发展也可以赋予原本平淡无奇的词语以强式文化语势。这是因为特定词语的意义在特定的文化环境下一步一步地累积了本来无足轻重或模棱两可或根本不大明白的语义。

这里还有另外一个问题需要注意。这个问题涉及文化意义在使用中内涵迭变现象，即双语转换中同一文化词语的指称在外语中不一定相同。指号（能指）的同一并不等于指称（所指）的同一，反过来也一样：引起变异的理据就是文化，不同文化与同一概念的文化符号的指称（所指）并不相同（如中国古代的弓与现代运动场上的弓形状其实很不一样）；或指称（所指）相同，实质不同：例如，汉语的"酱"不一定都是英语的sauce"酱"，可以是sauce，也可以是paste；而英语的sauce，也可以是汉语中的"油"，如"蚝油"就是。oyster sauce而不是oyster oil。但是，"酱油"

的"油"英语又不是sauce，而是soy了。另外，咖喱酱和番茄酱在汉语中都是酱，而英语只有咖哩酱才是则paste（curry paste），番茄酱成了catsup（tomato ketchup）了。语言文化与思维方式密切相连。汉语意义相对地重摹状累积，英语相对地重推衍重建。上例说的食用"酱"这个概念，英语缺少一个累积式概括词。汉语重"观物取象"，而且是"具象"，重"因物赋形""因形见义"，形象机制对汉语语言文字系统构建始终起着重要作用。英语是拼音文字，音位机制（功能）功过一切。由于重形与象，汉语语言文字在与义结合时的稳固性、执着性和不变性就比依仗音位的语言强得多。例如"闻"，汉语中的指涉可以累积耳（耳闻）、目（见闻）、鼻（闻其味）三种感官经验，这在英语中是不行的。

3. 文化意义的层级性

文化意义其所以比较复杂，原因之一是它有其层级性，而这个层级性又有三层意思。第一层意思是：意义是一个多维结构，而这个结构又可以一分为二：通义词语的意义是一个层级，如山川日月，春夏秋冬（但四季的划分及节气定名，如秋分、冬至等则是人的文化行为）；文化词语的意义又是另一个层级，如亲（亲属）官（政制）器乐，衣食工耕等，这是体物类；还有阴阳五行、仁义礼智等，这是抽象类。这一层级划分是从名物的视角从理论上探讨文化辩义的类属性。

第二层意思是按语言中的文化信息分布，我们可以将文化意义分为物质形态层、典章制度层、行为习俗层、心智活动层等四个大的层级。它们由表及里，从而形成一个层级性的结构短阵，这个层级划分有利于我们既从宏观的视角来审视及观照文化意义，又从微观的视角来分析及透视语言文化意义的内在格局。这种层级划分的理论意义是探究语言文化信息分布的结构性。

第三层意思是从理论上剖析词语获得文化意义的层级性方式，中心问题是"疏离度"。文化意义附着于词语或者说词语获得（或蕴含）文化意义的方式并不是如出一辙，有的与本义的疏离度大，有的与本义的疏离度很小及至于无。

"文化意义获得"从一度疏离（映射）到四度疏离（影射）是一个逐步脱离本义的梯式过程。这种剖析大大有利于我们研究文化翻译的对策性和表现法，有利于提高我们的文化翻译实践的质量。

文化意义的多维探索（视角、获得方式、特征）是文化翻译的外围课题，也可以说是基础性课题。我们之所以这样一步一步从外围到中心，目的在于贯彻"必先知之，而后治之"的学问之道。主体的盲目性（或半盲目性）也许是20世纪翻译实践的通病，也是翻译理论研究很大的缺陷。这里所谓主体的盲目性指：

第一，主体对本身的职能及职责缺乏清晰、全面的了解：首先，他与客体（原文文本）互为依存，他不具有超越客体可容性（文本的具体"实在"reality）的凌驾性，因此，单凭主体的悟性或主观认识制定主体的行为标准（所谓"翻译标准"）是不符合翻译科学的实际的。其次，客体可容性（文本的具体"实在"）的关键是意义，因此，应该对意义做深入、系统的研究，翻译学应该有自己的意义理论和理解（文本解读）理论。当然，在保证上述二项的前提下，主体享有最大限度的、充分的酌情权。

第二，主体的盲目性还表现为"文化意识"薄弱，具体而言，包括未能充分认识到文化意义在"文本实在"中的存在形式以及它是如何产生的，我们又应如何把握它；未能充分认识到文化意义的特征，终致未能充分认识到全面把握文化意义的意义和途径，表现策略更是缺少。

为此，我们有必要就第二点为一个世纪的实践和研究做一个总结，为的是巩固我们已取得的成绩、找出差距、为新世纪的征途跨出扎扎实实的一步。

二、语言的定义及其与文化的关系

语言是一个具有丰富内涵的概念，包括语音、词汇、语法等重要元素。在诸要素中，词汇是语言的主要元素，是语言的基础，甚至可以说是语言最重要的基础之一。另外，语言不是孤立存在的，它与人们创造的文化密切相关，作为语言重要元素的词语，自然也和文化有着最为密切的关系。这主要表现在词语本身直接反映了多姿多彩的文化，词语意义烙上了深深的民族文化的印记。词语的形式结构因素受到民族文化的深刻影响。语言的词汇，忠实地反映了它所服务的文化。

（一）语言的定义

在人类历史发展的过程中，语言是一直存在的一种现象，语言是人与人之间交流的一种工具，语言的发展是人类文明发展的重要体现。另外，语言与人大脑中的思维有着密切的联系，是思维的一种工具，语言可以传达思想，使抽象的思维得以实现。正是由于语言的存在，人类与动物的界限愈加明显，人类的社会生活才能有序进行。

不同的民族和国家有着不同的语言形式。但是，从语言的结构上来说，语言又有着一致性的：语言是集语音、词汇、语法为一个整体的结构体系，其中语音是语言的物质外壳，词汇是语言构成的建筑材料，语法是语言内部结构的组成规则。

由于语言区域、民族的差异性，不同的学者对语言的认识不同。比如，美国著名的语言学家萨丕尔（Edward Sapire）关于语言的定义：语言是纯粹人为的、非本能的，凭自觉制造出来的符号系统来传达概念、情绪和欲望的方法。它是一种文化功能，不是一种生活遗传功能。

《辞海·语言文字》与萨丕尔从不同的认识视角出发来论述语言定义，体现出其不同的研究对象和范围。

语言的定义可分为广义和狭义。从广义上来讲，语言是指人类用来交际、互通信息的所有的符号系统。可以说语言本身也属于文化范畴。从狭义上来说，语言是人类用于交流、表达的重要工具，也是文化传播的重要载体。同时，语言也是一种符号系统，可以用来谱写人类的发展史和文化史。

需要注意的是，从不同的角度可以有不同的关于语言的定义。但是，语言和文化的关系是任何定义都不可避免的。

（二）语言与文化

从语言的丰富内涵来看，语言作为一种社会现象，与文化有着密不可分的关系。语言是文化的一种形式，语言可以反映区域、民族的社会文化。文化需要以语言为载体进行传播，文化也可以影响语言现象的发展。

从整体上来说，语言是文化产生和发展的关键，同时又是文化存在的重要标志，语言是文化的一种形式，文化也是语言的另一种存在方式，语言和文化是相互影响、相伴发展的。文化的发展在很大程度上是依赖于语言和文字，文化的产生离不开语言和文字的运用；文化的发展也是受语言和文字的发展影响的；文化的永存不朽也是得益于文字的记录功能和语言的蕴含作用。另外，语言和文字具有最大的包容性：物质文化、制度文化、精神文化，人类所有的生产、创造、教育等文化活动要靠语言记录、表达；语言可以以文字的形式被记录下来，具有历史的永久性和稳固性，语言中蕴含着人类的知识经验和各种文化活动，并使它们能够代代流传下去。总的来说，语言文字是历史的活化石。通过语言文字可了解考察历史、追溯历史文化的踪迹。

文化是语言的底座，没有文化，语言也就不可能存在。语言的地位无论怎样重要，但它毕竟是精神文化的一部分，语言在其产生、变化和发展中一直受到文化的制约和影响。人类的文化创造活动产生了语言，没有人类起源过程所创造的原始文化，就不可能有原始的语言。文化是人类独创的，文化和人是同生同长的。语言文字和文化的关系因此至为密切，两者具有共生性和互依性。语言文字是一个民族的文化结晶，语言文字在文化中生存、贮存、留传。一个民族过去的文化依靠其语言文字流传，未来的文化也仰仗着它来推进。

可见，二者是密不可分的，下面对这二者的关系做具体阐述。

1. 文化因素对语言的影响

（1）文化因素是制约语言运用的决定性因素

语言的运用会受到很多因素的制约，其中文化因素是决定性因素。语境是语言生成和理解的前提条件，而文化就是语境的最主要部分。文化的决定性作用可以避免语言实际运用中的很多问题，如语言误解、语言冒犯、语言无礼等，主要表现在以下两个方面：

第一，不同文化背景对语言的制约。如汉语中两个朋友见面常会说："上哪里去了呀？"或者"你去哪里了？"，在中国人眼中，这充其量也就是简单的问候语，表示关怀；但是用英语则会翻译成"Where are you going？"或者"Where have you been？"，这会让外国人感觉很不舒服，因为他们会认为你的问题侵犯了他们的隐私权，他们有权力选择回答或不回答，甚至他们还可能气愤地说："这不关你的事情。"可见，文化对于不同背景的实际语言运用来说多么重要。

第二，相同文化背景对语言的影响。在汉语中虽然有着相同的文化背景，但是也存在着语言的差异性，尤其体现在名讳上，如嫦娥，原名恒娥，为了避讳汉文帝而进行了修改，这样的例子在古代的名讳中有很多。

（2）文化因素是语言词汇象征意义的来源

词汇是语言的基本结构，每一个词汇都有其自身的概念，而一种语言中所蕴含的词汇往往会反映出这个语言所在民族的文化环境。可以说，词汇对人类认识客观世界以及赋予人类世界的意义而言非常重要。词汇的意义分为概念意义和比喻意义。概念意义也称为"本义"，能够反映客观事物的特征；而所谓比喻意义，也可以称为"指称意义""引申意义"或者"象征意义"，这种象征意义的存在主要就是源于文化存在。由于各个民族文化的差异性，导致对待同一种事物而产生的认识也会存在差异甚至截然相反。例如，中国的"龙"和英语的dragon，在中国，龙是尊贵、威严的象征，如"中国龙""龙凤呈祥""龙的传人""望子成龙"等，但是在西方，dragon被认为是邪恶的，也被认为是相互争斗的根源，可见不同的文化代表的词汇意义也不相同。

（3）文化因素是语言形成和发展的基础

文化因素是语言形成和发展的基础，没有文化，语言就不会存在。著名人类学家、语言学家萨丕尔（Sapir）在他的《语言论》（*Language*，1985）一书中指出，语言是不能脱离文化而独自存在的，也不能脱离整个社会延续下来。语言在很多层面都会显示出文化因素，如句法结构、谋篇布局、词汇意义等，可以说，语言其实是文化的行为。

从中西方文化的对比中也可以体现出这一点。对于中国人而言，考虑任何事情、说任何话都需要依靠综合性思维，这就需要领悟能力；而对于西方人而言，主要以分析性思维作为主导，因此比较侧重理性。两种思维方式的差异导致汉语重意合而英语重形合。具体来说，就是中国人注重意念，重视直觉的效果，只要能够准确表达出意思，词语的形式可以不计较，这就是汉语的重意合。英语国家认为清晰合理的思想是由词语和句子决定的，只要句法完整，那么要表达的思想肯定也是完整的。所有这些都是由于中西方特有的文化背景和地理环境的差异造成的。

2. 语言对文化的作用

从本质上来说，语言是文化独特而重要的部分，也是文化的产物，因此语言实际上承担着文化的功能，主要有以下两种表现：

（1）语言对文化的影响作用

对语言影响文化的论述不得不提及形成于20世纪50年代的"萨丕尔—沃尔夫假说"（Sapir-Whorf Hypothesis），这一假说自提出之日就颇受争议，这一理论主要包含两个层面的解释。

第一，语言相对论。

语言相对论也叫"弱势理解"，是指语言反映着人的态度、思维方式以及信念等。这和决定论相比就弱化了很多，语言不再起决定作用而是影响作用。因此，如果语言不同，那么它的思维方式也会存在着某些差异。

这一假说引发了很大的争议，支持者和反对者都提出了相关的证据，但关于这一假说的正确性至今也没有一个权威的说法。随着人们对语言学研究的不断深入，现今已经没有多少人可以完全接受"语言决定思维方式"这一思想。对于"语言影响思维方式"这一论调则受到很多国内外学者的追捧。总而言之，我们既不能完全接受这一假说，又不能全盘否定其正确性，我们可以探讨的是这一假说在某种程度上的准确性。

第二，语言决定论。

语言决定论也叫"强势理解"，是指语言决定着人的态度、思维方式以及信念等。如果语言不同，那么思维方式也就完全不同。

（2）语言对文化的反映作用

语言是一种记录、表达的符号，它可以表达人们的态度、思维、信念、认识等，可见语言反映文化，这种反映主要体现在生存环境、风俗习惯、宗教文化以及民族心理上，下面对这四点进行着重介绍。

第一，语言反映生存环境的作用。

文化的产生和受生存环境的影响，这是不争的事实。不同的生存环境造就了个同的地域文化，反映在语言上就是有不同的表达形式，并且这些表达形式是固定的。从宏观上来说，这些生存环境主要包含物质环境、地理环境、自然环境等，具体来说则包含海洋、船舶、动植物、气候、天气以及物产资源。

第二，语言反映民族心理的作用。

语言是文化的载体，自然也是民族文化的载体，它可以反映民族心理。民族心理主要包含伦理道德、价值观等。在中国的伦理道德中比较重视亲属关系，尤其是对亲属关系的称谓特别注重，如汉语中的"嫂子"是指兄长的妻子，而且将长嫂比作母亲，表达对"嫂子"的尊重。但是英语用sister-in-law来对其进行翻译，实际上这是不对等的，因为英语中的sister-in-law兼有"嫂子"和"弟媳"两个意思，这便可以看出英语国家往往从法律程度上来看待亲属关系的民族心理。

第三，语言反映宗教文化的作用。

宗教是文化的一种特殊形态，也是文化价值体系的内部核心。从宗教层面上来说，不同的语言能够表达所在文化的宗教观念，而且不同的宗教也会表达不同的文化，也能够反映出不同的文化背景和文化特点。例如，汉语国家主要信奉佛教，汉语语言中便有很多与佛相关的表达形式，如"佛是金装，人是衣装""拣佛烧香""放下屠刀，立地成佛""长斋礼佛"等。欧美国家以信奉基督教为主，而且基督教在社会生活中扮演着极为重要的角色，如《圣经》的语言和文体都反映了当时的社会文化。

第四，语言反映风俗习惯的作用。

风俗习惯是特定群体在社会文化内共同创造和遵守的行为规范，简单来说就是一种社会文化的现象。这些风俗习惯主要体现在礼仪、生活方式、婚姻传统、习惯、信仰、迷信等。例如，英国人很注重场合，什么场合穿什么衣服，用什么样的礼节。在表达上，中国人很看重自己的面子问题，并且非常在意自己在别人心中的形象，选择的语言也是非常谨慎的；而对美国人来说，这些都不太看重，他们总是习惯直率表达自身的观点和看法。

（三）词汇与文化

实际上如同岩石中的化石一样，词中包含着最初形成语言并使用该语言的那个社会的思想和知识。如果人们能够通过比较的方法弄清它们的原始意义的话，人们将会知道产生这些词语的社会特点以及它们所表达的文明程度。古生物学家再现地球上古代动物生活的能力一点也不亚于语言学家再现以往被人们忘记的社团生活情况的能力。如果化石碎块能向人们讲述绝灭了的世界历史的话，那么只言片语也能向人们揭示古代社会各种斗争的情景，以及各种早已绝灭了的不同的观点和信念。

——A. H. 索约《语言科学导论》

语言有三大要素，即语音、词汇和语法。语音是语言的外在表现形式，语法是语言的建筑规则，而词汇则是语言的一个要素，是语言的建筑材料。建筑业中盖楼房需要建筑材料，语言中如果没有词汇作为建筑材料，语言是不可想象的。没有词汇，哪有语言？词汇是语言的建筑材料，是语言不可或缺的三个组成部分之一。

在语言的诸要素中，语音指的是语言的声音，是语言的物质外壳，承载着一定的语言意义；语法是语言的组合原则和规律，包括词法和句法两个方面；词汇在所有的语言系统中都占有很大比例，是词语的总和，其中，词语和文化的关系最为密切。一方面，词语反映文化，主要有两种形式，一种是词语对多姿多彩文化的直接反映；另一种是词语的意义带有民族文化的印记，间接地反映着社会文化。另一方面，文化对词语的影响最明显，不断发展的文化不仅可以影响词语的结构和形式，而且影响甚至决定了词语的产生、发展和消亡过程。总之，文化对语言词语的影响，或是说词语对文化的反映都是多方面的。正如萨丕尔在《语言论》中所说的：语言的词汇，忠实地反映了它所服务的文化。举例来说，"皇后、皇贵妃、妃、嫔、贵人"等词的出现，很明显地反映了中国古代的宫廷文化的；但是在英国却没有这样的词语，原因是英国是一个按照爵位划分等级的君主制国家，英国的这种文化背景决定了英国的语言中有相对应的反映爵位名称的词语，比如marquis（侯爵）、earl（伯爵）、viscount（子爵）、duke（公爵）及baron（男爵）等。

三、翻译的定义及其与文化的关系

（一）翻译相关概念阐释

1. 翻译的通用标准

关于翻译的标准，确实可谓众说纷纭。其中国内译界流传、遵循最广的翻译标准至今仍应该是清末翻译家严复提出的"信、达、雅"三字说：

信——承用原作内容，取信于读者；

达——译文酣畅地道，为译文读者喜闻乐见；

雅——强调译语包装，增强译文的可读性。

按鲁迅先生所说，翻译，就是"给洋鬼子化个妆"，但是"不必剜眼、割鼻"。翻译只是相当于为外国人融入本国做化妆、变装、换口音甚至教语言的工作。而不论他外表变得多厉害，人总还是原来那个完整的外国人，只是能够融入中国社会，可以与中国人沟通、共鸣了。这实际就从本质上肯定了翻译的第一要义——忠实。细思之，则也还有"达""雅"

的意思蕴含在内。此论是笔者比较认可、推崇的简要精当而形象贴切的翻译标准。

2. 翻译审美的原则

关于翻译的原则也有很多论述，笔者这里只想强调两条：一是必须确立翻译审美标准的相对性。不能简单地把一种语系之间的转换规律说成是另外一种语系之间的转换规律。由于语系转换规律具有相对适应性，因此，审美标准也就要具有相对性。比如同一语系之间的双语转换可以容许有较多的模拟式形式美，不同语系间的则应努力探求对应式或重建式的形式美。这点是针对当下理论界的"唯洋派"而说的。

二是必须确立翻译审美标准的依附性。翻译不是创作，不能不顾原文，一味臆造。译者必须选择与原文审美构成相适应的审美再现手段。这点是针对当下理论界的"译者主体性""译作自创论"而说的。

3. 翻译审美的方法

一是模拟，即按照原文的语言形式美和文章气质美模仿复制译文。

二是对应，要求译者善于捕捉原文模糊性审美构成，还必须对目的语具有较强的审美意识，能在目的语中找到与原文的美相对应的表达方式。

三是重建，是高层次的审美再现手段，前提是审美生体必须充分发自己的审美功能，完全进入化境，才能对原文美重新加以塑造。

（二）异质文化为翻译活动提供可能

需要产生运动，文化交流的需要催生了翻译活动。这种跨语言、跨文化的沟通和交流若不靠翻译则很难想象能得以完成。翻译与文化的差系从来都是双向的，一方面翻译由特定文化环境的需要所引发并受该文化环境的制约；另一方面，翻译又参与建构新的文化。若就一个国家、一个民族的文化发展而言，翻译对其施予的影响不可小觑。翻译参与构建目的语文化、丰富和发展目的语文化。任何文化都是一个发展的过程，那为什么中华文化竟能够成为意外呢？我想，这里面是因为翻译在起作用。我曾在一篇文章中说过，若拿河流来进行比较，中华文化这一条长河，有水满的时候，也有水少的时候，但却从未枯竭。原因就是有新水注入。注入的次数大大小小是颇多的，最大的有两次，一次是从印度来的水，一次是从西方来的水。而这两次的大注入依靠的都是翻译。中华文化之所以能长葆青春，万应灵药就是翻译。翻译之为用大矣哉！在文化转型期，翻译与目的语文化之间的互动关系尤为突出。目的语社会的主流文化或因外族入侵，或因社会发生动荡而面临危机，出现相对意义上的文化真空。外族的优秀文化往往被介绍进来以填补真空，满足目的语社会对新文化的需要。翻译一方面推动了文化转型，而文化转型又从另一方面促进了翻译事业的繁荣。翻译作为一种跨文化的交际活动，自古以来就与文化发展和文化转型结下了不解之缘。

面对霸气的"西方中心论"，如果为了表现抵制，并提出了一个"东方中心论"，又以自高自豪的心态贬低西方文化，否认西方文化，甚至自大的以为当今是"西方中心"的"中华世纪"是完全一样的，也不是文化交流的态度。今天多文化共处已经成为现实，为了真正实现异质文化对话，交流与融合的形式，参与文化交流必须具有平等、尊重的基本态度，这是不同的文化形式实现有效的文化交流，实现文化共处繁荣的前提。

（三）"求同存异"的文化交流策略

存在于中西方文化之间"求同存异"文化交流策略，正好解决了跨文化交流过程中的异质性和沟通之间的矛盾："求同"，突破了异域的接受者心理上的预存立场，破除了"异质"的壁垒，给真正异质的文化因素的相互交流铺就了较为平坦的道路；"存异"维护了文化之间的异质性，维护了文化之间的个性特色，丰富了接受者的文化视野。

如果只求同而不存异，就会抹杀异质文化之间的异质性，用一种文化取代另一种文化，用一种文化误读另一种文化；只存异而不求同，只会沦落为文化猎奇，异质因素就将是人们沟通的巨大障碍。因此只求同而不存异和只存异而不求同这两种跨文化交流的方法都不能实现真正的文化沟通。

翻译者应坚持"非民族中心"的态度，因为这种态度可以更符合文化差异。由于翻译人员处于"原始文本的发起者的关键中心"，并且是消息传递的最终接收者，例如跨越文化界限的人类之间的连接——跨越文化界限的人类之间的联系，应该消除差异造成两种文化差异障碍的文化交流。今天，人类进入新世纪，不同民族和不同文化的和平共处，科技的飞速发展，给了我们更多的机会相互交流。我们需要在历史上随时了解对方。为此，我们需要放弃民族中心主义和各种偏见。这样，翻译不仅是语言符号的解码和编码，而且涉及不同文化的交流，旨在促进不同民族之间的相互了解。

（四）翻译的文化功能

1. 翻译促进文化交流

从跨文化的角度看，翻译研究还有许多事情可做。跨文化交流为翻译工作者提供了一个全新的视角，能够使他们站在一个新的高度从而把翻译研究向前推进。翻译使东西方文化交流成为可能。不幸的是，在中国的文化翻译方面极不平衡，外国文化的翻译数量远大于中国文化的翻译数量，其最简单的原因就在于中国人了解西方远多于西方人了解中国，因此译者有责任振奋精神把更多的中国文化介绍到国外，以便让更多的外国人了解中国和中国文化。从这个意义讲，把中国文化介绍到西方世界并不意味着要消除外国文化，而是和外国文化在同一层面上共存。只有这样，翻译工作才能促进东西方民族之间的相互交流。

众所周知，翻译的功能之一，特别是文学翻译，是促进人们对民族文化的理解的文化交流。不同的文化应该是平等的，所以不同文化之间的交流也应该是平等的。平等意味着尊重。这种尊重既尊重原产地文化，又尊重原作者的创作。只有目标文化，把实际文化放在一边，盲目地迎合目标语言读者，甚至忽略目标文化对国内文化驯养的价值，这是对文化行为的不尊重，从一定的意义说起来也不尊重读者的行为，因为这个翻译涵盖了原有的文化和艺术事实，其实就是欺骗读者。目前，人们对这种文化霸权行为的翻译已经开始反思。这种反文化霸权的反思读者的思想潮流作为家庭或透明翻译方式的中心，强调原创艺术创作和文化表达的尊重，倡导使用阻抗翻译揭示差异文化与目标文化之间。

其实，作为一个第三世界国家，中国对于平等的要求更为强烈，反应也极为敏感。中国翻译界反文化霸权主义的体现就是翻译中由来已久的反归化倾向，只不过没有用反霸权主义这一名词而已。而且广大中国译者的实际行为也表明多数中国译者是反文化霸权主义的。

文本的功能也应在广泛的社会背景下进行审查，也就是文本如何检视文化语境的社会和社会功能。翻译使目标文化显示源语言文化，所以可以说翻译目标文化的影响深远。人们如何获取关于异国文化的知识？它如何知道异国文化与自己的文化有所不同？人们可以来到外国，或者读外国文化背景下的原文，以获取有关外国文化的知识。除此之外，人们也可以通过其他方式来获得有关外国文化的知识。翻译最重要的作用是形成文化认同，翻译对外来文化建设有深远的影响。文本的翻译应该关注他人的文化和文化的完整性，试图通过对异国文化的整体描述来展示异域文化生活的整体情况，让读者"沉浸式"去理解现象，颜色心理学和当地人的意义，通过自己的文化来观察和理解他们的文化体系和意义体系。翻译者应该像旅行者和探险家一样，真实地说是异域文化生活的整体记录。例如，你看到龙是龙，而不是老虎或独角兽；你看到的是红色是红色，不是说绿色或什么颜色。谦虚地理解当地人的眼中的龙和红色的意义，对方的符号和充满尊重和敬畏的象征体系，而不是用自己的文化词汇来建立别人的生存经验，以取代别人说话。可以看出，翻译在将外国文化翻译成目标文化读者方面起着至关重要的作用。

翻译史的研究表明，翻译对促进不同民族之间的文化交流和建构异质文化方面有着十分重要的作用。中国的"五四"运动见证了前所未有的大规模的外国作品和西方作品的翻译，而这些作品大部分都是以现代白话文翻译的，其语法和句法结构都极大地受到西方语言的影响，因而现代汉语在表现形式上不可避免地在某种程度上都表现出某种异国情调。同理，广泛地把中国作品翻译到西方语言也极大地帮助了西方读者了解中国文化。

2. 翻译促进文学创新

翻译激发了文学创作的革新和实验。翻译文学在中国文化中占有极为显著的地位。中国文学的发展受到外国文学文体极大的影响，清朝末期文学的显著特征就是大量介绍和翻译了西方小说，而翻译小说包括政治小说、历史小说和社会小说等。大规模地翻译西方小说的一个结果就是小说成了现代中国文学十分流行的文学文体，其地位从边缘走向中心，其社会功能受到显著的重视。实际上，小说对中国的社会和政治进步都起着极为重要的作用，其中科幻小说和侦探小说的引进填补了中国文学的空白，满足了中国读者的知识需求，同时有助于传播科技知识和破除封建迷信。正是通过各种文体的相互渗透和影响，一个地区或一个国家的文学创作才得以丰富和发展并获得新的形式。一个民族要发展，离不开文化的发展，而文化的发展既要依靠自身的力量，也必须吸纳外来文化，纯粹自给自足的文化是没有生命力的。中外文化发展史表明，翻译是吸收异质文化的重要途径。

翻译应该保留原文的异国情调，并通过与异域文化的接触丰富民族文化。翻译过多会妨碍读者欣赏原始异质文化的翻译，译者应尽量保留原始作品的"风格"。其实在读者阅读心理学的文学翻译中，由于好奇心和冒险阅读动机占据了不小的一部分。人们不满意，一切都成了一套事情，所以总是喜欢看到一些反传递的背离，这在语言上尤其突出，许多以前的翻译老师认为文字不能直译表达出来，但是这一说法早已被称为"70""80"和"90"的人所颠覆，像过去一样，meet one's Waterloo 不能翻译成"遇到某人的滑铁卢"，应翻译成"失败"。bom with a silver spoon in one's mouth，不能翻译成"含着银匙出世"，bram storm 不能被翻译成"头脑风暴"等。打开目前的报纸和网页，我们可以很容易地找到这些表达式已经被中国原创作品以死亡翻译的形式广泛应用，甚至成为时尚。

第二节　英汉语言文化的异同

一、英汉语言的一致性

通常，在我们学习英语的时候，我们都会受到汉语这一母语的影响。事实上，英汉两种语言存在的某些相似性和一致性有助于我们理解和学习英语。这种一致性主要体现在词类划分、句子要素以及基本句型上，如表5-1所示。

表5-1　英汉商务语言的一致性

英汉商务语言的一致性	具体阐释
词类划分一致	一般情况下，英汉两种语言都把词汇分为实词和虚词两大类。其中实词主要有名词、动词、形容词、副词、数词、代词等。虚词有介词、连词、语气词、助词等。两种语言在语法功能上也存在着相似性。
句子要素一致	英语和汉语两种语言在句子结构上都包含主语、谓语、宾语或者表语、定语、状语等这几大类。其中最突出的是主语和谓语的作用，从本质上来说这两个成分构成了英汉语言的主要句子结构框架，如最简单的"主语＋谓语＋宾语"结构。 I like tea. 我喜欢茶。 Their cells sell well. 他们的电池销量很好。
基本句型一致	在进行英语翻译的过程中，英汉语两个句子除了句子要素存在着一致性，二者的基本句型也没有太大的差别，两种句子都是按照主谓结构排列的。在众多的商务文体或者科技文章中，句子结构相互对应的情况是比较普遍的。例如： According to *the Joint Venture Law of China*, a joint venture shall take the form of a limited liability company... 根据中国《合资企业法》，合资企业应该以有限责任公司的形式出现…… As requested in your letter of 15 July, we are enclosing our check for \$500.00. 按照你方7月15日的来信要求，我方附上500美金的支票。从上边两个例子我们可以看出，译文的结构其实和原文相差无几，只是在个别用词上要遵从商务英语的习惯翻译方法。

二、英汉语言方面的差异

（一）词汇形态变化的不同

从词汇形态变化上来说，英语词汇有形态的变化，但是汉语基本是没有的。具体来说，英语的词汇变化主要体现在几种词上，其中动词有人称、时态、语态、语气、情态、不定式或分词的变化；名词有修辞格、数量的变化；形容词和副词有比较级、最高级的变化；个别词汇还有加词缀的变化；词汇意义的变化等。英语商务语言因为有这些变化，使句子的语法关系和逻辑关系更加丰富多彩。

I will accept your invitation.

我将要接受你的邀请。

I have been working here for ten years.

我在这儿已经工作满十年了。

从上面两个例子可以看出，因为英语词汇形态的变化，汉语不得不通过增加一些词语来表达准确的意义，如"将要""已经"等。同时需要注意的是，汉语没有词汇形态的变化，它主要是依靠词语顺序以及逻辑关联词来表达整个句子的实际意义。

（二）句子主语是否省略的不同

主语是句子的主要成分，是句子陈述的对象。主语可以作为施事者，也可以作为受事者。在英汉两种语言中，主语的位置是基本相同的，一般都位于句首。但是在某些特殊的情况下也存在着一些明显的差异，尤其是在施事主体为物的情况下。实施主体为没有生命的事物的情况其实是很少的，这些句子的存在主要是由于修辞的存在，主要分为拟人化、半拟人化以及无拟人化三种，如表5-2所示。

表5-2 句子的修辞阐释

句子的修辞	具体阐释
无拟人化	有些词语已经丧失了拟人化色彩，在这类句子中常见的动词有strike、kill、seize、know、find、bring等。例如： A good idea suddenly strikes me. 我突然想到一个好主意。 The house reminds me of my poor life. 看到那间房子，让我想起了贫穷的生活。 综上所述，拟人化的句子使英语结构更加严谨，句子更加流畅，语气更加含蓄幽默。但是汉语还是注重将这些转化成主语为人，这更符合汉语的表达习惯。

续表

句子的修辞	具体阐释
半拟人化	半拟人化是指有些句子的拟人化色彩已经淡化，常常与see、witness连用来表达某一种经历。例如： History witnessed it all. 历史见证了这一切。 The house saw more unhappiness. 很多不幸发生在这间房子里。
拟人化	拟人化的修饰手法不仅能够使句子更生动形象，而且可以带给人一定的联想。例如： A strange peace came over her when she was alone. 她独处时感到一种特殊的安宁。 The company's name slips my mind. 我不知道这个公司的名字。 两个英语句子通过运用拟人化的修饰，使整句话更生动。

（三）句子叙述先后顺序的不同

英汉两种语言在安排句子和建构句子各个小句的顺序上存在着某些相似的地方，但是也存在着一些差别，尤其是在信息编排的顺序上。关于陈述重要信息，英语习惯将其放在句首的位置，这就是英语国家习惯的开门见山，而汉语中一般将最重要的信息放在最后的位置。汉语一般选择自然语序，而英语两种语序都有。下面就从几个层面对比一下英汉句子层面语序的差别。

1. 焦点与背景的先后不同

英语先焦点后背景，汉语先背景后焦点。所谓"背景"，是指事件发生的时间、地点以及伴随的情况等一些不重要信息或者细节。而前景可以理解为信息的焦点，因此英美人先焦点后背景，即习惯将最重要的信息放在句首来说。

例如：

It was a great disappointment when I had to postpone the visit which I had intended to pay to China in January.

我原来打算一月份访问中国，后来不得不推迟，这使我深感失望。

上述句子中，"感到失望"是本句子的焦点，因此英美人将其放在句子的最前端，而后叙述"感到失望"的原因、时间、地点以及相关的事情。而翻译成汉语后，则明显将这些原因、时间等放在前面，而后得出问题的焦点。可见在背景和焦点问题上，英汉语言存在着明显的差异。

2. 原因与结果的先后不同

英语先结果后原因，汉语先原因后结果。在英语中，因果关系主要体现在复合句中，因果哪个先说哪个后说，英语中都存在对应的句子，但是从总体上来说，英美人更偏重的是先说结果，后提及原因，这可能是由于他们认为结果要比原因更重要。例如：

It is a good thing that we have reached an agreement on the price.

我们能够在价格上达成一致是一件非常好的事情。

从上面的例子可以看出，英美人习惯将信息的重心放在句首来说，然后翻译成中文的时候将语序进行了变动放置到了最后。这就符合了中文的习惯，即先原因后结果。

3. 表态和叙事的先后不同

英语先表态后叙事，汉语先叙事后表态。当句子中既含有叙事的成分，也含有表态成分的时候，英语通常会将表态放在前面，而后是叙事，其中表态的部分比较短，叙事的部分比较长。例如：

It is regrettable that the aggressive market strategy of Japanese colleagues and their apprentices in Korea has resulted in destructive price erosion for consumer electronics goods.

我们的日本同行和他们的韩国"徒弟们"以其野心勃勃的市场战略破坏性地降低了民用电子产品的价格，这是令人感到遗憾的。

从这个例子可以看出，英语国家总是首先表达个人的感受、观点、态度以及结论，因为英美国家的人们认为这是最为重要的，然后才开始将事实和理由一一道来，形成一种头短尾长的结构形式。值得注意的一点是，英语中比较习惯采用it is...to的形式来表达，这也是为了英语先表态后叙事而准备的。

汉语的句子一般叙事在前，将叙事部分叙述清楚之后才会进行表态，因为汉语国家人们认为叙事起到的是铺垫的作用，两者是前因后果的关系，符合汉语国家人们的一般性思维方式。

例如：

It was a real challenge that those who had learned from us now excelled us.

过去向我们学习的人，现在反而超过了我们，这对我们确实是一个鞭策。

（四）被动语态在句子中应用的不同

在英语句子中，尤其是具有信息性和文体性的商务文件中，一般被动结构的应用比较广泛，而汉语句子往往不使用被动结构也可以表达被动的意义。将英语翻译成汉语时，商务文件的被动形式大多都会翻译成主动形式。例如：

This problem should be resolved in good time.

这个问题要及时加以解决。

Three days are allowed to their company for making the preparations.

我们给予他们公司三天的时间准备。

将汉语翻译成英语的时候，很多汉语中存在的隐蔽被动形式需要在英语中翻译出来。例如：

这份合约应该予以足够的重视。

This contract should be paid enough attention to.

付款条件将要在下次谈判加以讨论。

The terms of payment will be touched upon during the coming negotiation.

（五）英汉修辞的差异

比喻和拟人是两种最常见的修辞，所以以下着重对这两种修辞的中西文化进行比较和探讨。

1. 汉语比喻

比喻又称"打比方"，就是利用不同事物的相似点，用另一个事物来描绘所要表现的事物。比喻需要有三个成分和两个条件。

（1）三个成分。本体，即所描绘的对象；喻体，即用来比方的事物；连接本体和喻体的词，如"像""如""当作"等。

（2）两个条件。两个条件是：本体和喻体不同质；两者之间有相似点。通常情况下，本体比较抽象；而喻体则比较具体。

2. 英语比喻

比喻是英语中最为常见的，用得十分广泛的一种修辞格。不直接将想要说的事物说出来，而用一些与之相似的事物来表达，这种修辞方式就是比喻。比喻是语言艺术的升华，是最富有诗意的语言形式之一，是语言的信息功能和美学功能的有机结合。比喻这种修辞方式在口语中和在文艺作品里都是经常出现的。它的功能是让语言更加简练，并具有形象生动的特点，使语言的具体性与鲜明性大大提升，使听和看的人也能更进一步地理解事物，对它有一个更深刻的感受。这一修辞方法使用在刻画人物上面，可以使人物形象更为生动具体；使用在景色、事物的描写上，则能使其特征更为突出；使用在说理上，则使之深入浅出。

3. 英汉比喻的异同

英汉比喻存在相同之处和不同之处，具体体现在以下几个方面：

（1）相同点

第一，以事物比事物。

这是用某种具体的东西来描写另一种东西的形象，叫作"形象的比喻"。例如：

A. 他确乎有点像棵树，坚壮、沉默，而又有生气。

B. Love is life in its fullness like the cup with its wine.

例A用"树"来比喻他"坚壮""沉默""有生气"的品质。例B是用一种东西来比另一种东西。

第二，以事理比事理。

这是用一种事情的道理来比喻另一种事情的道理，叫作事理的比喻。例如：

A. 但我以为一切文艺固然是宣传，而一切宣传却并非是文艺，这正如一切花皆有色（我将白色也算作色），但凡颜色未必都是花一样。

B. She moved her cheek away from his, looked up at him with dark eyes. And he kissed her, and she kissed back, longtime soft kissing, a river of it.

例A用对花的描述来说明有关文艺的道理，例B则把长吻比喻成"一江流水"。

（2）不同点

英语中的隐喻范围较广，包含了汉语中的隐喻、借喻与拟物。

第一，类似汉语隐喻。

例如：He has an iron will and gold heart.

他的意志如同钢铁，他的心如同黄金。

在本例中，中心词will和heart均为本体，iron和gold均为喻体。

第二，类似汉语借喻。

例如：Laws（are like cobwebs, they）catch flies but let hornets/wasps go free.

法律就像蜘蛛网一样，只会捕捉苍蝇而放马蜂自由。

在上述例子中，flies比喻"小坏人、小罪犯"；hornets/wasps比喻"大坏人、大罪犯"；它们都是喻体，但都包含着一个未言明的本体。

第三，类似汉语拟物。

汉语拟物是把人当作物，或把某事物当作另一事物来描述。例如：

Inside, the crimson room bloomed with light.

里面那间红色房中灯火通明。

在这个例子中，room被当作"花木"。

（六）英汉拟人的差异

1. 汉语拟人

拟人手法就是将生物或事物视作人类，使之具有人类的思想、情感、声情笑貌。它可以使没有生命的东西栩栩如生，使有生命的东西可爱、可憎，从而引起读者的共鸣。

2. 英语拟人

英语拟人的修辞格是把物当作人来描写的修辞手法，赋予各"物"以人类特有的言行和思想感情，使表现对象栩栩如生。

例如，"Help, let me in, please let me in! "But the houses were cold, closed, unfriendly...

"救命，让我进去，请让我进去！"但是那些房子冷酷无情，紧闭着门窗，十分不友好……

在上述例子中，用描写人的词语cold和unfriendly来描写房子，表现房子里的人冷漠无情。

3. 英汉拟人的异同

英语拟人和汉语拟人的异同具体如下：

（1）相同之处

第一，拟人的手法相同。

用描写人的词语来描写物，使之人格化。例如：

In November a cold, unseen stranger, whom the doctor called Pneumonia, stalked about the colony, touching one here and there with his icy fingers. Over on the east side the ravager strode boldly, smiting his victims by Scores.

十一月间，一个冰冷冷的、未曾受人注意的陌生人偷偷地在这个艺术家聚会区徘徊，这个人被医生称作肺炎，他在各处用冰冷的手指往人身上碰一碰。到了本地区东部，这个恶棍猖狂地横冲直撞起来，大批地侵袭他的残害对象。

在此例中，"陌生人""恶棍""手指""徘徊""碰一碰""侵袭"和"猖狂地"等本来是用来形容人的词汇，却用来描述昔日令人谈之色变的肺炎，从而逼真、形象地展现了肺炎的恐怖与猖狂。

第二，常与呼告修辞格混合使用。

当与呼告并用时，可以表达强烈的情感，也容易引起读者产生共鸣。例如：

O judgment, thou are fled to brutish beasts, and men have lost their reason!

哦，理性啊！你已经遁入野兽的心中，人们已经失去辨别是非的能力！

上述例子猛烈、尖锐地抨击了黑暗现实，震撼人心，这正是并用呼告的好处所在。

（2）不同之处

汉语指称系统中的词汇化拟人。汉语指称系统中的词汇化拟人表达法种类繁多。这是由于中国人对于指称的具象性较为重视，因此创造出了许许多多具有形象性的语词。汉语类比式指称，包括"自然界""人"和"人为物"三个要素。中国人习惯将自身和世界万物进行类比，因此创造了许多词汇，如山头、山腰；屋顶、墙脚；人柳、童山等。

英语动词系统中的词汇化拟人。英语动词系统中的词汇化拟人表达法也非常丰富。词汇缺项现象在英语和汉语中都存在，就是特指的名词一般多于特指的动词。汉语通过旧词的搭配与组合来弥补动词的缺项，英语弥补动词缺项通常通过下列两种手段：一是通过和旧词进行搭配与组合；二是通过转化方法创造新词。

英语和汉语弥补动词缺项的方法不同，主要是因为英语包含"结合法"的构词方法，即句子中的某个成分变成另一个成分的一部分。汉语中的许多词是兼类的，不存在转化的现象。例如，汉语中的"头"可用作名词、形容词、量词，但不能用作动词；英语中的head作及物动词用的时候包括十种意义，作不及物动词用的时候包括四种意义。英汉词汇化拟人的不完全对应现象。因为语言和文化的差异，词汇化拟人也不是完全对应的。例如，英国人喜欢航海，因此许多与航海有关的概念得到词汇化，包括virgin whiteness（纯白）、face（面向）、foot（行驶）、shoulder（肩扛）、nose（探路）等。

就某些概念来说，在英语中它用的是词汇化表达方式，在汉语中使用的确实分析型的表达方式；或者在英语中它用的是分析型的表达方式，在汉语中使用的却是综合型的表达方式。在汉语的指称系统里，拟人表达的词汇化程度比较高；英语动词系统中拟人表达词汇化程度较高。汉语中复合词较多，英语中单纯词较多。汉语利用造词法寓新义于新词，按照传统规则就可以简单地创造新词；英语利用引申、比喻等手段寓新义于旧词，词义演变越来越宽。

三、英汉文化方面的差异

（一）语言文化方面的差异

语言是文化的载体，具有丰富的文化内涵。不同民族有自己的具体思维方式、价值取向、历史典故、神话传说等。文学翻译不仅是一种艺术实践，而且是一种跨文化行为。跨文化交际是促进对不同文化理解的目的之一，这本来就要求我们注意反映国家的翻译文化独特的规范或风俗，如果忽略不同文化内涵和文化差异的含义，就会造成不必要的误解。文学作品体现了丰富的文化内涵，东西方文化有大量的具体、独特的形象，这些图像反映了不同文化、宗教实践、价值观和历史与地理特征的心理结构。同样的情绪在不同的文化中有不同的隐喻。

中国人常用"肝肠寸断""愁肠百结"来表示极其悲伤的心情。如果西方读者看了会觉毛骨悚然。在中国，明月寓示团圆，让远在他乡的人产生强烈的思乡之情。中国的文学作品中有不少对明月的描写的佳句。如唐代诗人李白的《静夜思》，"床前明月光，疑是地上霜。举头望明月，低头思故乡"。诗人杜甫的《月夜忆舍弟》，"露从今夜白，月是故乡明"。而月亮在西方人的心目中却从未有过类似的寓意。

（二）历史文化方面的差异

对于颜色的翻译，由于历史文化的不同，不同的民族赋予了颜色不同的寓意和内涵。

譬如"黄色"，《说文解字》中称："黄，地之色也。"在中国传统文化中的黄色从唐代开始成为帝王之色，象征着至高无上的权利和地位。而在西方，同样象征王权或地高位显的颜色不是黄色，却是紫色。在英语中有to be born in the purple、to marry into the purple等习语。随着社会生活的演变，汉语中"黄色"在近期又获得了"下流或不健康"的新寓意，如"黄色小说""黄色录像"等，但在英语中类似的意思却用（蓝色）来表示，如blue films、blue software、blue jokes等。

例如，"红"在中国传统文化中，"红"象征着幸福、快乐。红星（red star）和红日（red sun）寓意着进步、积极向上，光明。在这一点上，中西文化的内涵有很强的趋同性，就是红色节日，喜庆、高兴和幸福的象征。不同之处在于，在西方文化中，"红"除了"节日"的"幸福"之外，也是"暴力、危险和流血"的象征。

为了使西方读者理解更方便，避免产生误解。霍克斯根据《红楼梦》的原名《石头记》译成*The Story of the Stone*，不仅如此，霍克斯对颜色的谨慎使他把"怡红公子"译成green boy（怡绿公子），而"怡红院"则成了the House of Green Delights（怡红院）。这样做丧失了原作语言所特有的文化信息，却方便西方读者理解。因为"红"在小说《红楼梦》中有着深刻的含义。杨宪益先生的译法则采用了异化的手段，尽可能多地保留了中国传统文化的内涵，以便使外国读者能够更多地了解中国文化，便于中国文化的传播。另外，如果把"白喜事"译成a white happy event，则让西方人无法理解，因为脱离了产生这种生活习俗的文化背景，势必会给读者造成阅读和理解上的障碍。所以在翻译的时候，必须译出其中真实的内涵，即

funeral of an old man（woman）。

翻译人员在对颜色进行翻译时，要尽可能多地考虑到译入语的表达习惯，切忌望文生义。英语中的"红茶"不是red tea而是black tea。"红眼病"在汉语中表示嫉妒，但翻译成英语则是green eyed。而当"红眼病"指的是眼科疾病时，则用pink eye来表示。对于同一词，不同语境会产生不同的对应词。如青山（green mountain）、青天（blue sky）、青布（black cloth）、青翠（fresh green）、青苗（young crop）、青碧（dark green）。所以，我们在考虑颜色词的文化内涵的同时，也要注意使用准确恰当英语单词，避免让读者产生误解。

（三）人际关系及称谓的差异

人际关系和称谓也是中西方的文化差异体现。谦虚是中华民族的传统美德，由于长期遭受封建思想的禁锢，家族观念在中国人心目中的地位比较重，不管是在社会还是在家庭中，男女、长幼、主仆之间都有约定俗成的称谓。中国的称谓系统讲究尊卑、亲疏，所以在汉语中不乏有贬低自己而褒扬他人的自谦词：鄙人（my humble self）、贱内（my humble wife）、拙见（my humble opinion）等；而对别人的称呼则往往含有恭敬之礼贵姓（your family name）等。对于这些具有中国文化特色的词语，译者在翻译时往往会造成译入语文本的文化缺失现象。而西方文化中，亲属关系则略显松散，亲属之间甚至可以直接互称，称谓与中国相比显得较简单和笼统，当然这与西方文化所倡导的平等和个人独立有关，所以，对于汉语中的"长辈""晚辈"等词语在英语中甚至找不到对应的词语。汉语中的叔、伯、舅、姑父、姨夫等词语对应于英文中uncle。

在英语文化中有一些汉语是与英语找不到交叉点。如："这断子绝孙的阿Q！""不孝有三，无后为大"。是这些都是中国传统的子嗣观念，而在西方文化则没有这一观念。由于中国封建传统文化观念的根深蒂固，译者在翻译时可以在译文中加上注释：a curse intolerable to ear in China，这样更有利于西方读者来了解中国的传统文化内涵。

在异域文化风俗习惯和宗教文化当中，对于一个民族来说是习以为常的，但是对其他民族来说确是无法理解的。英语和汉语中都有着蕴含历史文化的典故，这对理解和翻译来说有一定的困难。所以，在翻译之前要熟悉其译入语的文化背景。希腊罗马文化及圣经文化对西方文化有着深远的影响，英语中的一些典故就是出自其中。宗教信仰是在一个民族文化总占据着重要地位，如果对西方文化背景了解甚少，那么对一些附有特定文化意义的词语就不能理解了。good Friday如果译成"好星期五"则让人不知所云，事实上是指耶稣的受难日。Pandora's box（潘多拉的盒子）源自古希腊神话。潘多拉是希腊神话中的人物，由于不顾宙斯的忠告打开盒子，放出了邪恶之神，而发生战争、瘟疫等。因此，在西方文化中，潘多拉的盒子寓意着灾难和不幸。译者在翻译时要对其做出注释才有利于读者的理解。

（四）饮食文化方面的差异

饮食与文化密切相关，不同的民族的饮食习惯差异很大，因此习惯也反映着民族的观念、意识和文化。中国与西方国家在对饮食的认识、饮食内容以及饮食特点等方面都存在着显著的差异。

1. 中西方饮食观念的差异

（1）中国的泛食主义。在中国，饮食的形式背后包含着丰富的心理和文化意义以及人们对食物的认识与理解，从而获得了更加深刻的社会意义，并转换成了社会心理的一种调节。中国的诸多学者都将"民以食为天"的观念称作"泛食主义"的文化倾向。中西方文化的差异带来了饮食文化上的差异，而这种差异又多源自中西方人的不同思维方式和哲学观念。中国人注重"天人合一"，而西方人则强调"以人为本"。中国人的这种观念形成了中餐以食表意、以物传情的特点，注重食物的意、色、形、香、味，却忽视了食物的营养。可见，与中国传统的哲学特征是宏观、直观并且模糊，与之相应，中国人对于食物的追求是美性胜过理性的。这就导致中国人对饮食所追求的是一种难以言表的"意境"，中国人将烹饪当作一种艺术，与其他艺术一样，烹饪带有一定的趣味性和游戏性，吸引着无数以饮食为乐的中国人。

（2）西方的实用主义。西方人在烹饪过程中始终坚持着食物的实用性，均会从营养的角度出发，注重食物对人体的健康，不追求花样和其他功能。西方人认为，吃只是给人体这一生物机器添加燃料，保证其正常工作，吃是为了维持身体的健康，防止疾病的入侵。可见，吃在西方人的心中仅具有维持生命的作用。就交际手段而言，宴请是为了向提供服务者表示感谢；对达成某一交易而庆祝；为赢得客户的信任；请他人帮忙；建议或讨论某些看法等。尽管吃对人类很重要，但西方人对其文化意义的理解仅停留在简单的交流和交际上，并没有像中国那样被赋予了更多、更加重要的意义。

2. 中西方烹饪方式的差别

（1）中国烹饪方式。在中餐中，通常每一种菜都有其主料、辅料、调料与具体的烹饪方法，而有时厨师也会按照客人的需求进行适当的增减。更关键的一点是在中餐的烹饪过程中，对于火候、时间等要素都要有准确的把握。所以，按照中餐的菜谱烹制菜肴，往往是"纸上谈兵"。而西方人认为西餐的菜谱是科学的，总是习惯于拿着菜谱去买菜，制作菜肴，显得很机械。

中餐的烹饪十分追求艺术性，其手段千变万化但同时也合乎科学原理。中国地大物博，各地的菜肴通常都是就近取材，因风格各异而分成了许多菜系，其中最具盛名的是"八大菜系"。厨师在烹制过程中，通常还会因气候的不同来对调料进行变化，使菜肴的口味有一些轻微的差别。比如在川渝一带气候较为湿热，故其菜肴的特点是麻辣，作用是刺激胃口，同时帮助发散该地区人们体内的湿热，对健康是十分有益的。

（2）西方烹饪方式。相对中餐而言，西餐的烹饪方式就比较简单，食材的类别也较少。烹制的方式通常有烤、炸、煎等，并且常会将各种类型的食材放在一起进行烹制。西方烹制食物更看重的是营养成分的保持，对艺术性的追求较弱。另外，许多西方国家的小学和中学里都有营养师，目的是确保学生的营养供给，这在中国则十分罕见。

在中国，营养师这一职业十分少见。中餐，即便是最高级的宴席通常也不会对营养搭配进行特别的考虑。中餐对于食物的营养把握十分模糊，是基于经验的理解，而非建立在理性的基础之上。

3. 中西方食材的差别

（1）中国的食材。中国是一个传统农业大国，到了现代，由于人口数量的上升，对粮食的需求不断增大，这些都是中国人饮食特点形成的因素。就饮食结构而言，中国人主要的饮食对象毫无疑问是农作物。中国人通常习惯以植物性作物为主食，蔬菜为辅食，肉食较少，这也是中餐的典型结构。具体而言，中餐中，最主要的食材便是五谷杂粮。而在社会经济的发展过程当中，人们对于饮食健康的重视度日益上升，因此蔬菜的比例在持续上升，人们更加爱好吃素而少吃荤菜。此外，中国人虽然相对较少吃肉，但是可以通过豆制品来供应蛋白质，所以饮食结构也是合理的。中国人普遍信奉一种说法，认为吃什么就会补什么，因此从吃的对象上来说，中国人的饮食对象范围很广，不仅是通常的农作物，还有动物的内脏以及鲨鱼鳍即鱼翅、燕窝等都是中国人食物选择的对象。中国人的饮食可谓是无所不包。

（2）西方的饮食对象。西方国家多为游牧民族、航海民族，所以渔猎与畜牧业是他们获取食物的主要方式，因此西餐通常是肉类为主的。与中餐相比，其食材较少，有一部分原因是西方人对于吃有诸多禁忌，例如中国很多人爱吃的动物内脏，西方人则不会吃，他们认为动物内脏不干净，所以他们的食物中绝对不会包括动物内脏。虽然在社会的发展进程当中，种植业的比重日渐增大，西餐中的蔬菜比重也在增多，但是其肉食的比重依然比中餐高。

（五）民族方面的差异

不同的种族对动物，植物有着不同的态度和情感，产生了丰富的联想，给中文和英文中的某些词语赋予了赞美、好恶和悲伤等其他丰富的感情色彩。同一动物在不同文化中具有不同的象征意义，语用的意义也是不同的。猫（cat）在西方文化中，"包藏祸心的女人"的意思，而中国人经常用"像蛇蝎子的心"形容坏人。在西方，龙是死亡与黑暗的化身；在中国，龙有着鲜明的内涵。龙可以做任何他们想要的东西，龙是皇帝的象征，中国人称之为"龙的后代"。但是，如果"望子成龙"是to hope one's son will become a dragon，就会使西方读者误会，就是希望自己的孩子变成凶猛的人（希望自己的孩子成为邪恶的人）。在翻译目标语言时要考虑读者的文化背景，转化为to hope that one's son will become somebody这样才容易被西方读者接受。

西方人心目中狗（dog）是忠实的象征，有着非常重要的地位，如：love me，love my dog（爱屋及乌），every dog has its day（人人都有得意时）。但在中文当中"狗"却代表的是不怎么好的词语，如：狗眼看人低（act like a snob），痛打落水狗（beat soundly the bad person who is down），走狗（flunky）等。乌龟一词在中西方文化当中也有其不同认识，在西方文化中仅仅表示行动缓慢没有其他含义。但是在中国文化里，乌龟（turtle）的含义却是有褒有贬。一方面，乌龟象征长寿（long life），海龟是人们工人的寿命最长的动物，在我国民间流传着"千年龟"的说法。另一方面，龟孙、缩头乌龟这些贬低的字眼又时常和这些不好事物联系在一起。

在看似平淡无奇的植物中，中国文化却赋予的丰富的象征意义。中国传统文化中的"岁寒三友"分别赋予寓意：梅（傲霜斗雪）、竹（虚怀若谷）、松（坚强高洁）。此外，"兰"代表品质高贵，"红豆"意味相思，这些都蕴含了丰富的中国传统文化。

英语中也有以植物做比喻的成语，如：用under the rose（玫瑰丛下）比喻私下或偷偷摸摸的行为或勾当，用sour grapes（酸葡萄）比喻因得不到而故意贬低的事物，用forbidden fruit（禁果）喻指非分的欢乐或因禁止而更想得到的东西，这些词语可谓是联想意义非常丰富。

异化是基于源语言文化的，归化是基于译语文化的，异化和归化是互补的一无对立面。在翻译的过程中，不能与两者分离开来，中西文化的差异不可避免地导致了读者的理解偏差。盲目地融入文化语言，会造成原始文化的丧失；如果以源语言文化为归宿，来进行文化移植，有时会影响交流，翻译时可能不会做到全面性。因此，根据不同的翻译目的和读者群体来进行衡量，在文化移植的异化过程中，在创造性叛逆组合过程中，忠实地，生动地再现了原作。如果不能使用异化和归化策略，可以使用文化调解，但是这种缺陷容易造成文化损失。如"休妻"英文，相应的词是divorce（离婚），表面意思表达出来了，但离婚反映了男女平等的概念，从而失去了中国传统文化"男尊女卑"的文化内涵。东西方文化的不同之处在于"谋事在人，成事在天"的翻译策略。

归化原则就是以译入语为归宿的策略，英国翻译家霍克斯用God（上帝）来表示"天"，这一方法对于西方读者来说跟易于理解和接受，西方信奉基督教，在西方人的精神世界里，上帝起着尤为重要的作用。同时，对于《红楼梦》里的"菩萨保佑"译成God bless my souls，这一译法则显得有点牵强，这样虽然便于西方读者和接受，但却会让人产生误解认为上帝也是中国的信仰。在我国"天"的思想是属于道家的，如果我们用God来翻译"天诛地灭"，这样做势必会造成中国语言文化信息的丧失。用heaven来表达"天"则是对中国文化底蕴的最好阐释，是目的语文化的归宿的异化策略。

在文化翻译的过程中，面对不同的文化背景，思维习惯和文化传统相矛盾的表达时，可以奉行"名从主人"和"约定俗成"的原则。翻译人员应根据文字中的文化信息中，注重文化底蕴的形象，保留文化色彩。翻译者必须依靠自己的知识和学术技能来翻译，而不是凭借想象力。如旧上海"百乐门"不能翻译成Baffle Gate，"兰心剧院"不能翻译成Lanxin Theatre，按照"名从主人"的原则，两个翻译是Paramount和Lyceum Theatre，因为对其历史文化背景进行分析，这些都是由西方文化事物的殖民者带来的。古希腊的亚里士多德主持了lyceum这个学校，既讲演讲，又有音乐舞蹈表演，"兰"包含了中国文化的底蕴，被翻译成"兰心剧院"，可以说是实至名归的。

对于一些已经被接受了的地名和人名，如果刻意地修改势必会引起读者的误解。如Hong Kong（香港）以及Peking University（北京大学）。每一个名族都有其特有的民族文化，都有特定语言来表示和反映，但是一些文化底蕴深厚的意象却在译语中找不到相对应的词语。随着中国的不断发展壮大，中国在国际舞台占据着重要的地位，中国提倡的中西方文化交流不断深入，西方人士对中国文化的逐渐了解和接受，一些词汇渐渐进入英语文化中。如：daguofan（大锅饭）、paper tiger（纸老虎）、tofu（豆腐）等。相反，英语中的一些词汇也潜移默化地进入了中国人的视野，如e-mail、Internet、disco这些词语对中国人来讲已经是耳熟能详。

今天的社会文化交流频繁，更加细致，给翻译者提供了更高的需求，除了具有扎实的语言能力外，翻译人员还必须具备双语文化背景和文化意识。翻译必须是一个真正的文化人。只有充分认识中西文化差异，消除给读者带来的障碍，才能忠实地完成语言间沟通，更好地服务于文化传播。

第三节　翻译与跨文化传播

一、从文化到跨文化

理解一个文化，最好的途径似乎还是翻译。中国人民的老朋友——斯诺曾将中国小说选集编译为《活的中国》，当美国大使赞扬这本书的时候，斯诺回答说他从翻译中学到了很多。"也许是太多了，在某些方面不能再认为我是温和的，因为在你深入翻译作品的同时，不能不受作品内容的影响而与其共鸣，也许这是一条改变一个'外国记者'对一个国家和它的人民的观点的正确道路。"[1]

语言之间存在差异，但是语言的背后存在"意义"，翻译就是跨越语言找到"意义"，并在假设人类是可以沟通的，可以意义共享的理论前提下，把意义再现出来，人们跨越不同文化，进行沟通。[2]从个人交流的角度而言，文化影响或决定着个人解码和编码、个人信息传递的媒介选择、个人对信息的解读等。交际不仅仅涉及语言选择，也涉及社会特性、思维模式、群体文化等。

似乎最好的学习异文化的方式就是生活在异文化当中，就像是要在游泳中学习游泳，在骑马中学习骑马。但是，并不是生活在异文化的人都可以更好地理解不同的文化。由于不同的人往往具有认识偏见，认为自身文化更加优越，在文化认同、文化接触时难免具有偏见和狭隘的倾向。而现实情况是，文化的先进与否往往和经济上的先进与否相等同，现实和历史造成了世界上强势的经济带动下的文化的强势、该种文化所使用的语言的强势；而欠发达国家的文化往往处于弱势地位，担心被强势文化所淹没。

随着跨文化交流的不断推进，不同的文化之间的交往越来越频繁和深入。地球正在变得越来越小，正如麦克卢汉所预言的那样，整个地球

---

[1][美]约翰·马克斯韦尔·汉密尔顿著；沈蓁译.埃德加·斯诺传[M].北京：学苑出版社，1990：55.

[2]单波.跨文化传播的问题与可能性[M].武汉：武汉大学出版社，2010：42.

正在变成一个"村落";以往主要是以国家为单位的交流主体正在演化为以公司和团体、个体为主体的跨国交流主体,国际传播(international commlucation)因此正在变成全球传播(global communication)。

冷战后,世界格局的决定因素表现为七大文明或八大文明,即中华文明、日本文明、印度文明、伊斯兰文明、西方文明、东正教文明、拉美文明还有非洲文明。关于不同文明之间的关系,在20世纪末,有一部曾经很轰动的作品——亨廷顿(Samuel P. Huntington)的《文明的冲突和世界秩序的重建》。亨廷顿自己认为,该书的畅销在于人们正在迫切地需要一个关于世界政治的思维框架,而"文明的冲突"这一模式满足了这个需要。文化要素被提出并受到重视,冷战后的世界,冲突的基本根源不再是意识形态,而是文化方面的差异,主宰全球的将是"文明的冲突"。纵观当今世界的局部战争,特别是9·11以后的伊拉克战争和中东地区的冲突,似乎全球的冲突就表现为文化之间的冲突。

与此同时,文明之间的冲突和全球范围内的文化融合并存。随着经济全球化、政治全球化的推进,不同的文化之间的交流和融合的步伐在不断地推进。不用说欧盟国家之间的融合和几大经济圈内部的一体化,整个世界的交往程度正在深化。跨国公司携带其产品和服务、价值观念和管理方法,正闯入世界的各个角落。人们眼睛所顾的四遭,到处是麦当劳的金字拱门、畅饮可口可乐的广告牌、名牌的牛仔裤、全球流行的音乐、好莱坞的大片,等等。以至于不同的国家惊呼美国文化将成为全球文化。法国政府更是强调法语作为母语推广和加强的必要性,并且对本国的文化娱乐产业进行政府的补贴支持。美国的近邻加拿大,也极力反对美国文化的侵蚀,努力保持国家自身文化的独立性。而现实中,在文化导向上,世界上有不少国家和团体的确奉行双重标准:在内部对自己持一种主义,对外对他人却实行另一种主义。这种双重标准决定了无论是文化普遍主义,还是文化特殊主义,以及其他种种,在理论和实践上都是不彻底的、难以贯彻始终的,而且理论的偏执必导致混乱。亨廷顿希望唤起人们对文明冲突的危险性的注意,从而有助于促进整个世界上"文明的对话"。

二、跨文化传播

跨文化传播 / 交际(intercultural communication)是全球传播的一种形式(a form of global communication),它所描述的问题是由于团体中的个人因其具有不同的宗教、社会、种族和教育背景的差异而引发的交际问题,以寻求埋解来自不同国家和不同文化的人们是如何行动(act)、如何沟通（communicate）以及如何认知周遭世界的（perceive the world around them），简单而言，就是不同文化背景的人们的言及行，以及世界观及思考方式。

跨文化传播根据参与传播活动者的范围可以分为三个层次，即来自不同文化背景的个体、群体或组织、国家之间进行的交流活动。

个体是跨文化交际的主体，在全球化的信息时代，来自不同文化背景的人们不仅仅需要进行短暂的沟通，随着贸易、留学等的需要，短居者（sojourners）需要在寄居国（host country）进行短暂的停留，为了完成工作和学习任务，他们需要进行跨文化适应，任务结束，回到自己国家时，还存在适应调整问题（reentry adjustment）。旅居他国身处不同文化的跨文化者需要文化适应和调适（acculturation and adjustment），只有克服在不同文化中所带来的不确定性和焦虑，才能在两种文化中成功地生存；大量的移民也带来了语言文化的冲突及适应难题、文化身份的建构问题。这部分是西方跨文化交际研究的重点，研究多着重开展如何提升个人跨文化传播能力的研究，深入到社会学和心理学层面，多采用量化的方式，开展跨文化能力的培训课题或工作室，目的是为了交流以及提高跨文化交流技巧，寻找应对文化适应中的压力方法；寻求克服跨文化交流障碍的方法和途径。跨文化交际大多是旅居异文化中的文化融入，没有切身体会，解决不了实际问题。韩国学者Young Yun Kim主要是以韩国移民（Korean immigrants）为研究对象，研究他们在异文化中的融入问题，融入过程中的沟通问题。

群体和组织的跨文化传播多与商业组织相关，随着商业公司的跨国经营和员工的国际化，这些组织不但要在管理中探讨如何管理和激励来自不同文化的员工，更重要的是，如何把他们的产品销售到不同的文化中，从而获取更大的利润。这部分多是跨文化商业管理的研究范畴，但涉及文化部分，也是跨文化学者的研究领域。例如电视节目跨文化交流的特性研究、好莱坞影片的跨文化传播战略等，都是在经济领域中突出的跨文化传播问题。组织层面的跨文化交际侧重对跨文化交流过程中具体问题的实证考察，并在此基础上提出跨文化传播的一定规律。

如果以国家为一个整体，国与国之间的交换就是最高层次的跨文化交流活动了。我国的学者也把交流主体是国家的跨文化信息传递划分为国际传播。[1]虽然被定义为"穿越国界的传播"，但20世纪后期出现的传播和信

---

[1] 程曼丽. 国际传播 [M]. 北京：北京大学出版社，2006: 123.

息技术的进步拓宽了国际传播的空间，"超越了政府和政府之间的传播，而在全球的范围之内融入了商业和商业，以及人与人之间的互动沟通"。[1]我国研究者比较关注的是国家形象在跨文化交际中的树立，以及在跨文化交际中，如何保持自身文化安全。"由于当前国际上存在的对中国的误读，中国在随着经济增长的同时也需要积极传递正面的信息，以国家为主体的传播研究正契合了国家的战略需要，因而研究正盛"。[2]

跨文化传播可算是一个真正的交叉学科，首先它偏重语言和文化层面的关系；其次随着研究向多层次的深入，它也借助于社会学、心理学、管理学、国际关系等研究成果。大量的其他学科从自身的角度出发介入跨文化传播的研究领域，包括新闻类、文学、教育学等，并以横向拓展与学科交叉为主，表现出较为明显的学科构建意识。

文化是一个复杂的现象，对于异文化的学习者来说，至少要做到两个C。一是要being conscious，要意识到文化的复杂性，不能以文化的表层来看待文化的深层，以"台前"代替"台后"；二是要being critical，要以批判的态度来学习异文化，毕竟文明的融合需要在不断冲突的过程之中演进。

三、有效实现平等的跨文化交际

在各种跨文化的交际中，东西方文化信息传播的不平等日益凸显。欧美文化在跨文化交际中获得了强势地位，拥有优势，而东方文化则变成了弱势文化，正在面临着逐渐失去自身传统特色被西方文化同化等问题。造成这种局面的主要原因是，大部分在跨文化交际中所遇到的问题，需要交际的一方往往要努力改变自己，发展另外一方的那种交际能力。在东西方的交流中，往往是东方改变自己的特色，学习西方。这种跨文化交际的方式是不利于平等的跨文化交际的实现的。为了解决这个问题，这里从以下两个方面讨论实现平等的跨文化交际的策略。

（一）以平等与尊重作为跨文化交际的基础

从历史的进程来看，不平等的交际，即上位交际和下位交际则是主要手段。有些人将自己的文化当作是事物的标准，从本群体的角度出发看待其他民族的习俗和规范。这便是所谓的"人文中心主义"。人文中心主义

---

[1] 达雅·屠苏. 国际传播：延续与变革 [M]. 北京：新华出版社，2000: 4.

[2] 徐明华."我国跨文化传播研究的文献综述——以 2002—2011 年中国跨文化传播研究为北京"[J]. 新闻爱好者，2012（4）.

常常伴随着某种民族优越感，视自己的文化为理所应当，视其他文化为劣等的、值得怀疑的，甚至是变态的和不道德的。欧洲人以及深受其影响的美国人都认为，他们拥有真正的文化和文明，而殖民地居民或土著人如果有自己的宗教信仰，那么他们就被看作是异教徒；如果他们有自己的性观念和性忌讳，他们就被看作是"不道德的"；如果他们不是工作狂，就是"懒惰的"；如果他们不赞同殖民者的观点，就被认为是"愚蠢的"。

　　为了实现双方的平等交流，必须摒弃传统的人文中心主义，应该提倡"人文相对主义"。世界上既没有高人一等的文化，也没有低人一等的文化，各种文化一律平等。跨文化交际是在平等的基础上进行交流的。为了实现这一目的，双方在交流时，必须做到尊重彼此的文化风俗习惯，在交流中，能设身处地地为对方着想。对于中国的英语学习者，首先，中国的学习者要在学习和交流的过程中要主动去理解英语国家的风俗文化，其次也要有希望对方了解我国文化的愿望。想要实现真正的平等交流，不需要在交流的过程中一味地去迁就对方，照顾对方对中国文化的了解较少的情况，而应当在交流中用于表达有中国特色的观点，向对方多多介绍中国的风俗文化。只有这样才能真正实现平等的跨文化交际。

　　理想的跨文化交际状态应该是尊重彼此，但尊重对方并不意味着改变自己。在交流的过程中，一方面要理解其他国家的文化习俗，另一方面还继承和发扬自己的文化，让对方了解和喜爱自己国家的文化。然而在现实中往往是过于迁就对方，抹杀掉自己的文化特色，来换得"交际"的"成功"。用ravioli（意大利语，总称一种有馅的小包子）和dumpings（汤团、团子）来代替jiaozi（饺子），将"稀饭"译成porridge（粥），将"炕"译成bed（床），是完全的张冠李戴。更"规范"的表达有时恰恰为跨文化交际设置了路障，而更习惯于这样做的是中国人自己。

　　这种一味地迁就西方国家表达习惯的做法，虽然在一定程度上减少了交流沟通的障碍，但是另一方面中国的文化也在逐渐丧失自己的特色。这种情况实际上并未做到平等地交流。甚至在某些情境中，因为我们过于改变自己，适得其反，影响了双方的交流。法国教育部汉语总督白乐桑觉得，中国文化本身就具有强大的吸引力，很多外国人对中国文化很感兴趣，但中国人自己反而不够重视。比如很多国人在介绍自己时，往往护照顾西方人的表达习惯，将姓名倒置，为什么不直接按照中国人的表达习惯直接介绍自己的姓名呢？他强调不要在交流和表达中一味去适应外国的思维表达方式而丢失了自己的文化特色。

　　要想实现真正的跨文化交流，必须要注重交流双方的平等的地位。教师在培养学生跨文化交流的过程中，应该注意培养学生对文化差异的敏感度。同时也要防止学生在交际的过程中处处以他人为中心的做法。对于传统文化中的精华部分要注重继承和发扬，在交际过程中，可以多多介绍，使对方能够理解和欣赏自己国家的文化。大部分中国人都知道西方国家的典故如"潘多拉的盒子"（a Pandora's box），"丘比特之箭"（Jupiter's arrow），"鳄鱼的眼泪"（crocodile's tears），"斯芬克斯之笑"（Sphinx smile）。英语民族能否理解具有中国特色的成语典故呢？答案是肯定的。但在现实的交流过程中，国人往往会有很多顾虑，无法向西方人直接使用具有汉语特色的表达习惯。甚至对一些文化大家同样执此观点，认为这样会造成交流的障碍。比如在翻译课上，有学生将"司马昭之心，路人皆知"翻译成Sima Zhao's heart is well known by all people. 遭到了老师的批评，说西方人不知道司马昭为何人，会造成沟通的障碍。汉语中的很多成语，比如"叶公好龙""鹬蚌相争，渔翁得利"等本身就具有深厚的文化内涵，可以直接进入英语，不需要在按照西方人的表达习惯，对应西方的历史典故进行翻译。

（二）将"以我为主"作为跨文化交际的本质

美国哲学家爱默生曾经说过：无论我们在哪儿，无论我们干什么，"自我"是我们唯一学习和研究的主题。西方国家的价值观强调个人主义，强调以自我为中心，这是西方国家价值观的实质。他们在自己的成长中也是这么做的。从跨文化的角度来说，这也就意味着双方在交流时，西方人一般是以自我为中心的。人们在自己的物质环境和人文环境中长大，用自己的眼光去审视、界定周围的世界。人们反思过去、现在和将来，按照自己的喜好和自身的需要，选择交际对象和相应的跨文化交际策略。这种自我反思能力使得我们在交际的过程中既是参与者又是观察者，既考虑到自己又能照顾到对方的需要；既遵循自己的行为方式又尊重别人的思维方式和文化习俗。跨文化交际的目的是既要了解对方也要保持自己的特色。跨文化研究的专家一般都不主张异国文化的学习者完全的"本土化"，原因之一是因为这样很难做到完完全全的"本土化"，而如果没有做好的话会闹出很多笑话，失去了交流本身的意义。另外一个原因是完全没有必要这样做。跨文化交际的本意是要更好地了解彼此和对方，学习彼此的风俗文化和思维方式，以求得更好的合作。

造成文化差异的原因很多。首先是地理位置上的差异造成了很多不同感受。例如：英国是一个四面环海的国家，所以英语中有很多关于海洋和航海的比喻和俗语；而中国是一个以农业为主的国家，所以汉语中很多关于农业的比喻和俗语。李国南在比较英汉自然环境与比喻的喻体之间的关系时谈到，英国位于欧亚大陆的西北，从大西洋吹来的西风温暖而湿润。

英国作家John Mansfield曾经赞美西风：It's warm wind, the west wind, full of birds' cries（西风，温暖的风，充满了鸟儿的叫声……）而东风则是从寒冷的欧亚大陆吹来，寒冷而干燥。中国处于欧亚大陆的东南，西风来自寒冷干燥的内陆，凄厉萧瑟。相反，当春天的东风从温暖的海洋吹来的时候，万物复苏，百花争艳，在辛弃疾的笔下则是"东风夜放花千树，更吹落，星如雨"。同样，由于气候的不同，英国的夏天温暖如春，在莎翁的笔下象征着温顺善良的thee（你）；而中国的夏天则是烈日炎炎，常常给人以不快的联想。如果一味强调适应外国人的理解力，是不是应该把"古道，西风，瘦马"中的"西风"说成是east wind（东风）？

其次，人文环境更是塑造民族性格的重要因素，中华文化拥有厚重的人文沉淀，虽历经战乱，但绵延五千年。从某种程度上说，文化即我，我即文化。生理意义上的"我"和文化意义上的"我"一体二表，相互依存。在跨文化交际中，就有自我的表达，其实在某种意义上说就是民族文化的表达，这种文化的表达就建筑在文化里。

第四节　英语翻译的跨文化策略

一、翻译中寻找类似表达进行替代

在翻译策略中，替代是很重要的翻译策略。通过把来自源语的信息替换成目标语的方式，最大限度地实现了翻译的目的，与此同时，替代隐藏着肯定译入语文化相对独立性，从跨文化语言交际和文化交流的角度来看，强调的是译入语的文化和价值观体系，忽视了"源语的文化和价值观体系对译入语文化的价值观体系的借鉴作用，忽视不同文化之间的可理解性、可融合性以及相互适应、渗透的可能"。[1]例如，Kill two birds with one stone. "一石二鸟"的译文也逐渐增多，但是"一箭双雕"的表达更体现汉语的文化及传统。The pot calls the kettle black. 可以选用"锅底嫌壶底黑"的译法，但译文"五十步笑百步"，或者通俗的"黑老鸦嫌乌鸦黑"都含有很明显的中国文化特征。各国针对外来语的语言政策不同，容忍和接受

[1] 杜争鸣. 翻译策略与文化——英汉互译技巧详解 [M]. 北京：中国经济出版社，2008:3.

外来语的社会心态也不同，有时为了保持译入语的文化"纯洁性"，必须要进行语言及意义的替代；如果面对的是接触异文化较少的受众，用其熟悉的本土文化表达方式来替代异域表达，也是为了意义的准确传递。

在替代的过程中，就会出现源语文化中一些信息的不译或省略的现象，在字面上完全看不到源语的语义或内涵。获得2011年度奥斯卡金像奖电影《国王的演讲》中有一句Lionel教乔治四世的绕口令，是练习s-sh发音的。汉语字幕的翻译为"吃葡萄不吐葡萄皮，不吃葡萄倒吐葡萄皮"。想必中国观众看到此处都会莞尔一笑，这种替代不译的处理非常巧妙，这里只要让观众知道此处是一个绕口令，因而用目标语受众最熟知的一组来代替，增加了译文的可读性和趣味性。假设把该句的内容照直译出来，想必目标语不能体现源语的特点。例如：She sells seashells on the seashore, the shells she sells are sea shells，也是练习s和sh发音的，但是倘若翻译为"她在海边卖海贝壳，她卖的贝壳是海贝壳"，这样的译文中丝毫体现不出英语的声音特点，如果此处译为我们熟知的"四和十，十和四，四十和十四，十四和四十"更能训练s和sh的发音，两个绕口令，可谓异曲同工。翻译的时候，替代似乎是更好的策略。

二、通过词源探究及文化探究进行阐释

对含有文化信息的词句，如无法通过其字面意思进行直译或阐释，要想理解透彻，翻译得传神并有趣味性，离不开探究词源，深挖其文化内涵，进行翻译或阐释。这些词句以习语、俚语和谚语为代表。

谚语（proverbs）多为先人经验积累而成，所以荷兰人称之为"the Daughters of Experience"，谚语往往有一定的教育意义。

习语（idioms）是习惯用语的简称，也叫惯用语，是种固定的表达法，所以又叫作set phrases，其真正意思往往不同于其组成部分的每个单词之和。

俚语（slang）是指民间非正式、较口语的语句，地域性强，较生活化。俚语是一种非正式的语言，通常用在非正式的场合。有时俚语用以表达新鲜事物或对旧事物赋以新的说法。有些较粗俗，具有很大的不确定性，它是一种非正式的习语，同一句俚语往往因为地区、职业的不同而产生不同的意义。以rock为例，海员、水手之间常用on the rocks来表示船"触礁"，而在酒吧、酒徒之间则用rocks来指饮用的冰块，所以所有含酒精的饮料（除啤酒外）。如果on the rocks，就是要在酒中添加冰块的意思。俚语还有可能随着时间的消失而被废弃不用或是被新的俚语所取代。只有被大多数人所接受的俚语，才演变成习语。比如上面说的on the rocks现在多用来

比喻"处于困境"之类的意思。

　　文化的差异会造成语言表达方式、语言的内涵及外延、语域及语用等方面的不同。[1]例如：Love me, love my dog.（爱屋及乌。）You are a chicken.（你是个胆小鬼。）She's under the weather.（她心情不好。）在这几个句子中，都不能简单从字面推测其正确的含义。

　　通过进行词源探究、文化探究，可以理解习语／俚语的来源，进而更好地概括解释。比如在谈论暴力和犯罪（crime and violence）中有一个词 mugging，句子是"I'd like to report a mugging"（我来报案，我在街上被抢了。）mug一词作名词是"马克杯"的意思，指的是有把儿、圆柱形的大杯，通常是陶瓷做的，用来喝热饮，如coffee mug，也有玻璃做的glass mug，用来喝啤酒的马克杯，叫beer mug。那么，mug作动词为什么是"街上抢劫"的意思呢？那么这两者之间有什么联系？

　　经过词源探索，在美俚词典中我们发现，原来18世纪初英国流行怪异面孔装饰造型的陶瓷马克杯，因此mug便有了"脸孔"的意思。有些马克杯造型则是取材名人或宿敌，刻意加以丑化，让他们张开大嘴，做成容器。因为mug有face的意思，歹徒按照脸孔图形寻找抢劫绑架对象，就叫mug hunting，后来当街抢劫就叫mug或mugging。小说《神秘河流》（*Mystic River*）里有一段，Dave凌晨回来，手受伤流血，太太Celeste问他怎么了？他说被mugged。

　　还有mug shot（拍照存档）里的mug也是指脸部，shot是摄影。本来mug shot大多指歹徒被捕后的拍照，get a mug shot，但现在杰出运动员进入棒球、篮球、足球名人堂的档案照也叫mug shot，因此不一定有负面的意思。

　　mugging在中文中没有对等的翻译，robbery指盗窃与抢劫，mugging是在街上抢劫，而hold up指持刀枪抢劫。

　　再如俚语You look like you're on cloudnine! 英语辞典给出的注解是be on cloud nine的意思是"used to emphasize that somebody is very happy"（用来强调某某非常开心）。可是我们不禁会问，为什么是cloud nine，而不是cloud ten呢？根据词源探究及文化探究，我们发现它原本是美国气象局的术语，原来云层可以被分为不同的级别，而每个级别中都被分为9种类型，"cloud nine"是一种积雨云（Cumulonimbus cloud），云体浓厚庞大，垂直发展极盛，远看很像耸立的高山，往往在炎热的夏季下午形成，高度可达3万到4万英尺，如果某人站在"cloud nine"上，那他／她的确高高在上了。

[1] 胡超. 跨文化交际实用教程 [M]. 北京：外语教学与研究出版社，2010: 75.

如果进一步探究，该说法的流行还跟20世纪50年代的一部广播剧"Johnny Dollar"有关。Be on cloud nine还是一些娱乐节目的名称呢！

三、翻译中保留不同文化要素，扩大表达范围

客观地讲，虽然翻译中最重要的是翻译意义，但源语的语言形式的传递也同样重要，所谓形式和内容要兼重。意义与形式不可分割，不同的表达形式可能造成语气、色彩、修辞、文体和风格上微妙的差异，所以译入语的形态自然或多或少地需要参照源语。直译可以最大限度地保持源语的语气、色彩、重点、风格，是从形式上更加忠实于原文，也最能体现翻译中"信"（to be faithful）的原则。例如：The wall has ears. 隔墙有耳。Ducks know how to swim when they are born. 鸭子天生会游泳。To know everything is to know nothing. 样样通，样样松。A barking dog doesn't bite！吠犬不咬人。All that glitters is not gold. 发闪光的不全是黄金。这些译文都保留了源语的风格，也间接体现了不同文化的特点和智慧。

如果把翻译首先看作跨文化交际的媒介和桥梁，我们可以发现隐藏在这些语言后面的文化含义。语言思维习惯是文化的一部分，翻译是包括语言思维习惯在内的文化交流，或者说文化交流必然伴随着语言思维习惯的相互影响和渗透，因此，不能完全用译入语的思维习惯取代源语的思维习惯，否则翻译的意义或作用就会受到影响。在更加开放的全球化时代，承认文化差异并尽量摈弃民族中心主义的译者，应该持有更加开明的主张。

各民族文化虽有相对独立之处，但都是相互开放的，而且都处于不断变化的状态，变化的主要原因就是外界影响，翻译对于文化的演变实际上起着催化剂的作用。源语的语言与思维不可分离，在介绍一种外语的时候，同时也是在介绍一种陌生的语言思维习惯。在译入语中，语言"生硬"的地方往往正是体现外国思维方式的独特之处，源语与译入语的区别之处。译入语文化不是通过翻译完全"消弭"源语文化的特色，也不是在其固有的文化价值体系中来安排源语文化现象的位置，而是在其发展可能性中吸收源语文化，从而使自身更加丰富多彩。例如：Pigs can fly. 如果译为："猪长上翅膀也会飞"，抑或"可惜小猪没长翅膀"，也会是很生动且风趣的语言。在一定的语境下，职员A说，听说Amy想接替刚刚离职的经理。职员B说，是啊，可惜小猪（没长翅膀）不会飞。尽管职员B的回答多少显得有些刻薄，但是在达意方面却未尝不可，且具有一丝幽默，语言简洁，在特定的语境下，也并非非得译为"癞蛤蟆想吃天鹅肉"。再如：I sleep like a log，表示睡得沉，睡得香，尽管这样的表达英汉之间差异很

大，但使用者不难理解，并在日常交流中使用。

四、通过查询、联想更多相关信息，进行阐释

许多翻译无法在有限对等的字词里阐释清楚其含义，就需要补充一些信息，更好地说明其来龙去脉。例如俚语"Every Jack has his Jill！"我们就会纳闷为什么是Jack和Jill，而不是Mary和John呢？可以联想Jack and Jill这一首童谣：

Jack and Jill went up a hill to fetch a pail of water.

Jack fell down and broke his crown，

And Jill came tumbling after.

从这首童谣中我们不但可以体会到Jack是男子名，Jill是女子名，而且倒感觉Jack和Jill颇有些青梅竹马、两小无猜的意思。为此，增强了对该俚语的理解。

在英语中，表示两个年龄相差很多的人结婚，有"rob the cradle"（抢劫摇篮）的说法。其中的cradle是一个意象，即借助摇篮指代年轻的一方。但是表示两个年龄相差很多的婚姻，可以用The May-December Marriage，这个表示来自英国最早的小说家乔叟（Chaucer），出自他的《坎特伯雷故事集》（*Canterbury Tales*），故事中男的叫January，女的叫May，是一个老翁和妙龄少女的恋爱。后来引申为May-December，这里是一个隐喻，想一想May（五月）的花朵，是年轻女子的象征，而December指景色萧条的冬季，代表男子灰白的头发、灰白的胡子。如果为了突出年龄的差距，为什么不是一月和十二月呢？那样就是January-December Marriage，但是如果从色彩、想象力来说，显然January-December Marriage不如May-December Marriage更加令人有美的享受。汉语中也有用梨花和海棠指代年龄差距大的丈夫和妻子。

习语／俚语在理解上往往需要以整个习惯表达或整个句子为语义单位进行理解，不能简单从单词或短语的层面上理解，在翻译的时候，整个句子往往是一个最小的语言单位。例如句子She just isn't into writing letters的英文释义"She doesn't like writing letter very much"（她不怎么喜欢写信）。通过英文释义，可以更好地把握该句的含义。再如句子E-mail is her thing的释义为"E-mail is something which is very important to her and she is good at."在这个释义中，我们可以得知该短句有两层含义：一是对她而言e-mail很重要；二是她也精通此道，这方面很擅长，译得通俗一些，可以说"e-mail是她的菜"。

要了解一种文化，语言学习是必要的。在语言学习过程中，只有多方位体会异文化的特点，才能真正领会该文化的精髓，才能在跨文化交际中做到出入自如，游刃有余，对于整个跨文化交际中的心理和心智培养也非常必要。

第六章
英语跨文化翻译实践

　　将英语翻译活动置于跨文化语境的视角下，是时代对商务活动的要求，也是翻译研究发展的需要。本章将分别针对商务文体、广告文体、旅游文体以及文学作品中的文化翻译进行实践分析。

第一节　商务文体中的文化翻译

一、商务翻译中的文化用语失误

在商务英语翻译中，文化用语失误现象是最为常见的，这主要体现在合作性用语失误和礼貌用语失误两个层面。

（一）合作性用语失误

合作性用语失误现象在商务英语翻译中也是比较常见的，尤其体现在商务信函上。商务信函一般是公函语体，因此在措辞上比较委婉，注重礼节。例如，汉语中一般会使用"贵公司""谨""承蒙""敬请"等，英语中常常会使用please、thank you等。

再如，在进行参观或者拜访的时候，中国人习惯用比较谦逊的词语，如"请多多关照"或者"请提宝贵意见"，但是如果翻译人员缺乏两种语言差异的相关知识，必然导致对方对这一客套话的尴尬和误解，最后导致合作失败。

（二）礼貌用语失误

礼貌是商务交流中必不可少的一部分，这不仅是对交流方的尊重，也是一个国家素质的重要体现。在商务英语翻译中，如果翻译者并不知晓英语国家的文化，也不能从说话人的语言中知晓其要表达的礼貌态度，必然造成其礼貌用语的翻译失误，而且会造成听者的不满。例如，中国人的客套话一般是"吃了么？"或者"你去哪了？"，要是将其直接翻译成"Have you had the meal？"或者"Where are you going？"，这会让西方人觉得很不高兴。在西方人看来，这样的话并不是客套的语气，而是在过问自己的私事。另外，当西方人对于拒绝对方的请求或者建议时，一般为了礼貌会选择用积极的词语。因此，翻译人员如果不知晓对方的文化，很容易造成中国人的不满。

二、商务翻译中的文化意象丢失

在商务英语翻译过程中，有些商标品牌或者商号的翻译为了能够符合其原义，采用了意译的翻译方法，这是由于东西方不同的文化渊源、原文与译文所在国家的不同地理位置、译者自身的文化修养导致的。这种意译的翻译方法虽然保留了翻译对象的实际含义，但是却丢失了其直观的、鲜明的文化意义。这里主要选取颜色和数字这两个比较典型的层面来进行介绍。

（一）数字文化意象丢失

英汉商务语言经历了漫长的发展过程，形成了各自独特的数字语言。数字在英汉商务语言中的使用频率非常高，但是相同的数字在英汉商务语言中却有着不同的内涵。下面我们来看表6-1中的几组数字。

表6-1　商务英语翻译中数字文化意象丢失

英语翻译中 数字文化意象丢失	具体阐释
"3"与three	"3"这个数字对于中国人来说没有什么特殊意义，但很多西方人认为three具有"力量""全能"以及"统一"的意思。这个数字在乍得、贝宁等地方含有消极的意思。例如，国内的知名品牌"三枪"牌内衣，如果将该品牌出口到诸如哥伦比亚、北非等国家，将其直译为Three Guns是没有问题的，并且会受到对方的热烈欢迎，因为"3"这个数字在哥伦比亚、北非等国家有十分积极的含义。但是如果将该品牌内衣出口到乍得、贝宁等地，仍然直译成Three Guns就会带来很大的麻烦，这个产品也不会销售出去，因为"3"这个数字在乍得具有消极的含义。
"4"和four	在中国文化中，"4"这个数字是受到禁忌的，因为"4"与"死"同音，因此在某些重要的场合是忌讳提到"4"这个数字的，电话号码、车牌号、建筑楼层、地址门牌等尽量要避开"4"，与之相关的还有"14"（要死）、"54"（我死）等数字。汉语中用"4"表达贬义的时候常常会与"3"相连，如朝三暮四、说三道四等。而英语国家对four是非常崇拜的，他们认为four代表着公平和正义。如：the four hundred名士、名流。
"6"与six	在中国，数字"6"是最吉祥不过的数字了，深受中国人的喜爱。而six对于西方人来说是一个禁忌，是非常不吉利的一个数字。这源自于《圣经》中，《圣经》中"666"是魔鬼的代号，而且肯尼迪总统遇难的日子也是"666"，因此在西方人的眼中，six一般是不会被提及的，而且建筑上也会避开这个数字。
"13"与thirteen	"13"这个数字对于中国人来说是没有任何问题的，也没有其他的意义，但是对于西方人来说，thirteen是一个禁忌，并且是一个令人十分恐惧和不安的数字。在西方，thirteen这个数字带来很多消极的习语，因此，在西方文化中，包括房间号码、建筑层级或者住宅的门号上都不会使用thirteen，而是选择使用twelve B。

续表

英语翻译中 数字文化意象丢失	具体阐释
个别数字	汉语中的"2、3、10、100"等在许多时候并不表示具体的数字意义，而是表达"多数"的含义，因此翻译的时候应该多加注意。例如：Cause destruction to both sides. 两败俱伤。Nothing can possibly go wrong. 百无一失。这些数字在商务英语中的使用是比较频繁的，但是如果译者对这些数字不加注意的话，很容易造成文化意象丢失。

（二）颜色文化意象丢失

中西文化的不同导致中西方不同的颜色在象征意义方面存在着极大的差异。在实际的翻译中，为了保证其实际含义就会选择丢失其文化意象，下面从红色、白色、黑色、绿色这几个颜色来分析英汉颜色的象征差异，如表6-2所示。

表6-2　商务英语翻译中颜色文化意象丢失

英语翻译中 颜色文化意象丢失	具体阐释
绿色与green	在中西文化中，绿色（green）一般被认为是大自然赋予人类的生命之色，因此代表着青春、生机盎然、和平、希望等意思。 例如：（1）green sward草地（2）green staff蔬菜类（3）fresh and green绿生生（5）make green by planting绿化（6）in the green mood青春旺盛的年代（7）The mountains were beautifully green. 群山绿油油的，真美丽。 在西方文化中，green多代表另外一层意思，即表示没有经验、不成熟等。例如：green hands新手；green as grass无生活经验；green with envy十分嫉妒。
红色与red	红色在中国代表喜庆，是美好的象征。红色是人们最崇尚的颜色，象征着喜庆、欢乐、吉祥、幸福、愉快等。通常在新年或者比较喜庆的场合都会使用红色，如商人在经商时会使用"开门红"；中国人结婚时整个装饰以及新娘的礼服都会以红色为主；把生意的热闹和兴旺称之为"红火"；把热闹、繁华的地方称之为"红尘"；把与钱相关的纸袋称之为"红包"。另外，人们在喜庆的日子往往会高挂大红灯笼、贴红色的对联、红色的福字等。 然而，在英语文化中，red是不吉利、暴力的象征，因为在西方人的观念中，红色是鲜血的颜色，是不吉利的。它不仅象征着残暴、流血、犯罪、激进的革命，也象征着危险、紧张、放荡、淫秽等。例如：a red battle血战；red light危险信号；red ruin战祸。

续表

英语翻译中 颜色文化意象丢失	具体阐释
黑色与black	黑色（black）在中西文化中的联想意义基本是一样的，都代表着坏人、坏事。在中西方的文化中，黑色一般被认为是禁忌颜色，它象征着死亡、灾难、邪恶等。例如：black hand黑手党；black list黑名单；black market黑市；black sheep害群之马。另外，值得注意的是，汉语中有些与"黑"相关的词语翻译成英语的时候并未使用black这个词。例如：黑心evil mind；黑货smuggled goods；揭穿黑幕to tell the inside story of a plot。
白色与white	在西方的文化中，white这个词不仅象征着善良、纯洁和幸福，还象征着正直、高尚、善意等。例如：a white day吉日；a white soul纯洁的灵魂；white handed正直的；white sheep坏人中的善人。 而在中国的文化中，白色已经成了一种禁忌，其象征着死亡、丧事，含有不幸以及悲伤的含义。在中国传统的风俗习惯中，如果家里有亲人死亡，需要白事、穿白色孝服、设白色灵堂等。另外，白色也代表着失败，如举白旗等，汉语中还用白色形容智力低下或者阴险、奸邪等。

从上面的几组颜色中，我们可以明显看出其存在的差异。而在实际的商务活动中，常常会将这些带有颜色的词语在翻译时进行"归化"处理，这就使得颜色意象丢失，同时这样的翻译结果必然会引起对方的反感，最终有可能导致谈判失败。

三、商务翻译中的文化错位现象

由于受经济、地域因素的影响，不同文化、社会背景下的人们产生的语言习惯、风俗习惯以及价值取向等都存在明显的差异。各个民族在其自身的地域范围内形成了独特的价值观念和文化体系，这就导致了不同民族的人们对同一事物产生不同的理解，严重的可能造成误会。语言是民族的象征符号，不同的语言蕴含着不同的文化含义，因此在商务英语翻译过程中，如果只追求字面意义的对等，那么就很容易出现文化错位的现象，主要表现为以下三个层面：

（一）相同的客观事物文化意象不同

受各民族历史发展、意识形态以及社会心理差异的影响，出现了不同地域的相同客观事物却表现出不同的文化意象。如果对其不了解，很容易造成文化错位的现象。例如，中国的"文房四宝"是众所周知的，就是笔、墨、纸、砚，当被翻译成英文的时候，西方人习惯用writing brush、ink stick、paper、ink slab，对于不了解中国文化的外国人来说，这样的翻译完全让人感觉不到其深层次的文化内涵，这说明相同的客观事物，在中国可能是意义非凡的，但是对于西方人来说则并没有表达出其特殊的指示含义。

（二）相同的客观事物文化意象相反

相同的客观事物文化意象相反是商务英语翻译中最容易导致文化错位现象出现的一个方面，这是由于各民族价值观以及思维方式的差异，对相同客观事物的感知情况受到外界因素的影响而造成文化意象完全相反。例如：

An old dog likes him never barks in vain. When he barks, he always has some wise course.

误译：一个像他这样的老狗总不会徒劳地叫喊。但是当他叫的时候，总会是高声的。

正译：像他这样的行家老手，从来不会随意发表意见，一旦发表，总有高见。

在翻译此句时，如果不了解英汉语中"狗"的文化意象，将an old dog译为"老狗"，就会造成误会。因为在西方文化中，dog是一种宠物、爱畜，可以享受相当高的待遇。尤其对英国人而言，狗既可以帮助看门、打猎，也可以作为知己或伴侣看待。在西方国家，人们往往把狗看成是他们的保护者和最忠实的朋友，甚至把狗看成是他们家庭中的一员，因而常常用she（她）或he（他）来指代狗。可见，狗在西方人的眼中是比较积极、正面的。甚至有时候会用dog来形容人，显得更幽默诙谐。而在中国，虽然自古就有养狗的习惯，但是中国人对狗并不像西方人对狗那样亲近。狗在汉语文化中是一种卑微、令人厌恶的动物，而且大多与"狗"相关的的词组或者成语大都表达贬义，如"狗仗人势""偷鸡摸狗""猪狗不如""狼心狗肺""狐朋狗友""狗腿子"等，都是含有贬义甚至是辱骂性质的词语。

（三）不同的客观事物文化意象相同

由于受中西方差异的影响，对于蕴含相同文化意象含义的事物却选择用不同的客观事物进行表达，如果对于中西方文化、语言使用的习惯不熟悉的话，很容易造成商务英语翻译中文化错位的现象。例如：

The high rate of economic growth consistently achieve over decades by the Asian tigers has almost no equal anywhere at any time.

亚洲四小龙的经济几十年来持续高速发展，几乎在全世界堪称空前绝后无出其右。

在这个句子中，tiger是"老虎"的意思，但是在汉语中，习惯将其称之为"龙",在这里,"龙"与"虎"就表达了同样的文化意象。

四、商务翻译中文化因素的处理策略

由于翻译者在商务英语翻译中遇到各种问题是由文化差异所导致的,所以文化差异严重影响着商务英语翻译的成败。因此,如何正确对待文化差异,提高语言运用的准确性和合理性,这是一个值得我们探讨和思考的问题。本节就着重从归化与异化两个角度来阐述一下商务英语中该如何处理这些文化因素。

（一）异化策略

异化,是与源语文化为归宿的一种翻译理论,在英语中可称作alienation或foreignization。异化理论的主要代表是美籍意大利学者韦努蒂（Lawrence Venuti）,他是结构主义的主要倡导者。他在作品《翻译的策略》（*Strategy of Translation*）中将异化翻译定义为"偏离本土主流价值观,保留原文语言和文化差异"。

Diction ary of Translation Studies（《翻译研究字典》）将异化定义为:在一定程度上保留原文的异域性、故意打破目标语言常规的翻译。[1]

由此可见,异化法要求译者向作者靠拢,译文的表达方式相应于作者使用的源语表达方式来传达原文的内容。对于赞成异化理论的译者而言,翻译的目的是推崇文化交流,是让目的语读者理解和接受源语文化,所以译者不需要为使目的语读者看懂译文而改变原文的文化意象。相反,译者应将源语的文化"植入"到目的语的文化中,以使译文读者直接理解并接受源语文化。

异化法一般出现在存在文化差异的语境中,其特点就是鲁迅提出的"保留异国情调,就是所谓洋气"。在翻译中,译者传递给读者的源语文化信息越多,其译文越忠实于原文。

例如:

During the bull market in property, with price rising fast, auctions became in creasing popular.

在房地产市场牛市期间,价格飞快上涨,拍卖日益流行。

在这个句子中,bull market在英语里是"行情上涨,牛市、熊市"的意思,但是在汉语里面是没有这个词语的,因此在翻译的时候直接采用了异

---

[1] 宿荣江,文化与翻译 [M]. 北京:中国社会出版社,2009: 57.

化的策略，译成了"牛市"。

综上可发现，异化法的翻译具有以下几个优点：

（1）可以提高源语表达在译入语中的固定性和统一性，利于保持译语表达与源语表达在不同语境中的一致对应。

（2）异化法的翻译可以实现译语表达的简洁性、独立性，保持源语的比喻形象。

（3）异化法的翻译还有助于提高表达语境适应性，提高译文的衔接程度，同时也有利于不同语言之间的词语趋同。

（二）归化策略

"归化"是指源语的语言形式、文化传统和习惯的处理以目的语为归宿，换言之，用符合目的语文化传统和语言习惯的"最贴近自然对等"概念进行翻译，以实现功能对等或动态对等。[1]

归化理论的代表尤金·奈达（Eugene A. Nida）指出，"翻译作品应是动态对等的，不仅表达形式而且文化都应符合目的语规范"（郭健中，2000）。他认为最佳的译文无论在表达方式、遣词造句，还是在行文风格等方面都应完全纳入译文读者的文化范畴，符合译文读者的阅读习惯和阅读心理。

由此可见，归化法要求译者向译语读者靠拢，译文的表达方式采取译语读者习惯的表达方式来传达原文的内容。

在实际的翻译过程中，由于语言文化的差异经常导致译者碰到种种障碍，有些障碍甚至是难以逾越的。如果选择方法错误势必导致译文的晦涩难懂，影响读者接受效果，因此译者需要采用归化法进行翻译。刚刚已经提到，归化法是以译语文化为归宿的，它要求顺应译语读者的文化习惯，强调读者的接受效果，力求译文能被译语读者接受并确保通顺易懂。

归化的一般做法是抓住原文语用意义，从目的语中选取与原文语用意义相同的表达来翻译。也就是说，归化法是将原文独具特征的东西采取"入乡随俗"的方法融化到目的语中的转换方法。[2]归化是语言形式上或者语言形式所负载的文化内涵倾向于目的语的翻译策略。总而言之，就是反对引入新的表达法，使语言本土化。

例如：

Sure, Bob, everyone talks about empowerlent, but when the rubber bits

---

[1] 武锐. 翻译理论探索 [M]. 南京：东南大学出版社，2010: 128.

[2] 武锐. 翻译理论探索 [M]. 南京：东南大学出版社，2010: 56.

the road，the bosses demand to have the last word.

当然，鲍勃，每个人都在谈论放权，但真正开始执行总要等老板的最后决策。

在这个句子中，the rubber bits the road原意是"橡胶碰到地面"，在英语里可以喻指"行动的开始""理论的检验"等，但是在汉语中却没有这一层寓意，因此为了便于读者接受，译者将其换成"真正开始执行"，这样的译文会令汉语读者体会到原文所要表达的真实含义。

从上述例子中可发现，归化从目的语出发，更为读者考虑，其长处就是能使译文表达更为通顺、地道，能给读者带来一种亲切感。

归化法具有一定的优点，即它不留翻译痕迹。由于英汉语言在社会环境、风俗习惯等方面存在一定的差异，导致文化也有很大的不同。对于同一种事物在不同的文化中有着不同的形象意义，因此翻译时需要将这些形象转换为译语读者所熟悉的形象进行翻译。尽管归化中的形象各异，但是却有着相似或对应的喻意，这样的译文也能保持所描述事物固有的鲜明性，达到语义对等的效果。

然而，归化译法也存在着一定的缺陷，即它滤掉了原文的语言形式，只留下了原文的意思。这样一来我们有可能失去很多有文化价值的东西。如果每次遇到文化因素的翻译，译者都仅仅使用自己熟悉并习惯的表达方式，那么将会给译文读者带来一定的阅读障碍，导致译文读者无法了解源语文化中那些新鲜的、不同于自己文化的东西。长此以往，则不利于跨文化间的交流与沟通。

（三）归化与异化互补策略

作为翻译的两大主要翻译策略，归化法和异化法二者之间是对立统一的，归化法主要表现在"纯语言层面"上，而异化法主要表现在"文化层面"上。它们都有其各自的适用范围，然而在很多语境中，仅仅使用归化或者异化是无法传达出原文的真实内容的，这就需要采取归异互补策略。归异互补策略的概念得到郭建中博士的支持，他曾指出，"翻译中的归化和异化不仅是不矛盾的，而且是相互补充的，文化移植需要多种方法和模式。"翻译过程中采取"归异互补"的策略，有利于中国文化的繁荣与传播。

可见，好的翻译即是在异化和归化之间找到一个合理的折中点。这需要译者仔细研究原义，弄清原文的意蕴，遵循在对翻译目的、作者意图、文本类型和读者对象等因素分析的基础上审慎地做出选择，准确把握好"化"的分寸。

在处理归化法与异化法的关系时，孙致礼（2003）曾指出，应将异化法作为首选的翻译方法，归化法作为辅助方法。也就是说，"可能时尽量异化，必要时尽量归化"[1]。具体包括以下几个方面的内容：

（1）一般情况下，尽量采用异化法。要让译文达到"形神兼备"的效果通常需要异化法来完成，因此在翻译过程中，如果异化法能够令译文晓畅达意，则应坚持使用异化法。

（2）如果单独使用异化法不能令译文完全达意，或者译文不能完全通畅，那么需要综合采用归化法和异化法。

（3）如果异化法完全行不通，译者也不必勉强，而应采取归化译法，舍其表层形式，传达其深层含义。

总的说来，译者在处理异化法与归化法的关系时必须掌握适度原则，异化时不妨碍译文的通顺易懂，归化时不改变原作的"风味"，力求做到"文化传真"，避免"文化失真"。

第二节　广告文体中的文化翻译

一、商务广告语言特点

商务广告语言的表现要求如下所述：

（1）鲜明突出。鲜明突出，是指宣传主题的鲜明突出、广告宣传对象主要特色和个性的鲜明突出，以及商品宣传方法的鲜明突出。

（2）简明通俗。指广告语言的运用要简洁、精炼，并令人读后过目不忘。

（3）新颖别致。新颖别致是指广告语言要有创意，要符合受众求新、求奇的心理。只有凭借新奇独特的广告语言才能在浩如烟海的众多广告中立于不败之地。广告语言的新颖别致就是要巧妙利用所宣传产品对象的特点，通过联想的方式将其他事物联想起来，让受众从一个新的角度看待所宣传的产品。

（4）生动形象。生动形象是指广告语言要风趣，对所宣传的对象的描述要栩栩如生、形象感人，让受众读后觉得妙不可言，并给人以精神上的享受。

---

[1] 魏海波. 实用英语翻译 [M]. 武汉：武汉理工大学出版社，2009: 24.

二、广告文体文化翻译原则与实践分析

根据贾文波（2012:79—88）的观点，英国翻译理论家纽马克在探讨翻译时将翻译同语言功能结合起来，提出文本分为"表达型文本""信息型文本""呼唤型文本"三类。在翻译时应针对不同文本类型采用不同的翻译方法。他所提倡的翻译方法主要有语义翻译法和交际翻译法。

以信息功能为主的文本应采用语义翻译法，而以表达功能或者呼唤功能为主的文本应采用交际翻译法。

（1）"效果优先"原则。要保证译文和原文具有同等效果，充分发挥译者的创造性，使得译文在译语文化中有良好的可接受性。

（2）"符合译语文化"的原则。广告翻译应优先考虑在目的语中传达原语的说服、劝诱效果，因此对于广告中那些带有浓厚文化色彩的习惯用法、成语或源于寓言、典故、宗教习俗的地名与人名等，需要在"效果优先"的前提下进行调整，不可按字面意思一味地做异化翻译。当原文中极普通的词语直译成译语会引起译语接受者误解时，也需要斟酌。

（3）"符合译语广告规范和特色"的原则。语言表达及文化背景的差异，使得英语广告和汉语广告有各自的撰写特色。广告译文在符合译语文化背景的同时，也应符合译语广告的写作特色及编排习惯。从汉英语言的特点来看，汉语突出物象，喜欢托物寄情，所以中国文人在广告写作上好用华丽之词和朗朗上口的四字成语，而英语则更重形式、重写实、重理性。英语国家的广告则强调用词简洁自然，多用简短的省略句、疑问句、祈使句等。如果译者过多地受原语广告写作手法的束缚和干扰，一味考虑原语语言因素，则有可能使一则优秀的广告变得不伦不类，句子冗长，内容枯燥乏味，让译文读者难以理解与接受（引自李明，2007:59）。

商业广告不仅具有广告的特性，还具有自己独特的属性，即以营利为目的的信息传播活动。商业广告具有唤起需要功能和说服功能。唤起需要功能是指除了传递商品或服务的信息之外，广告还应向消费者灌输一种全新的理念，从而让消费者产生好奇的心理，对产品感兴趣，最终让消费者觉得对所宣传的商品有实际的需要。说服功能指的是广告能够消除消费者的不安，让其有勇气去购买。无论是从理论还是从现实意义方面来看，商业广告汉英研究都十分重要。我们所收集的商业广告汉英样本来源于网络、超市、朋友和出口的中国食品等，下面我们将为所有样本设置一样的分析步骤，即原文—译文—"意图"—"功能"—策略—翻译过程分析。

例1：浙江粮油进出口食品公司广告（成功实例）

原文：百闻不如一尝
译文：Tasting is Believing
意图：劝说消费者，诱导其购买
功能：使消费者受到感染，促使其购买
策略：内容意译，文化归化

【翻译过程分析】

第一，译者在得到源语文本的时候，应该对源语文本所要表达的意思进行解读。只有对源语文本有所了解，才能够最大程度上将生产商的"意图"传递给目标读者。

"百闻不如一见"是中国的谚语，是指无论听别人说多少遍，也不如自己亲自看一下。表示听得再多也不如亲见可靠。它表达的意思为：虽然闻了几百次，但都不如亲自品尝一下。小小的变换，恰到好处，结合所要宣传产品，这使得消费者很容易就能记住这句广告语，能够给消费者留下了深刻的印象。

第二，根据"目的论"，对影响翻译过程中的两个重要因素，以生产商为导向的"意图"和以消费者为导向的"功能"进行阐释，对比二者是否一致，进而确定翻译目的。此源语文本当中，生产商为导向的"意图"和消费者为导向的"功能"是相同的，翻译目的也可以确定，即用劝说的方式感染消费者使其购买产品。对于目标文本来说，应该力求简洁，吸引力强。

最后，在翻译目的的确定之后，译者应该结合"目的论"的相关法则，运用合适的翻译策略，构建译语文本。

翻译目的的确定要遵循"目的论"中的"连贯法则"，它要求译者应该充分考虑消费者的需要。该法则要求"译文应该在目标语受众的交际环境和文化中是连贯的"[1]。换句话说，目标文本应该符合受众的文化环境，使读者能够理解，所以要依据消费者的爱好和习惯来处理译文。

作为译者应该充分考虑到目标受众的文化环境。英语国家也有一句习语为"Seeing is Believing."，即可理解为"眼见为实或百闻不如一见"，因此，译者巧妙地更换了一个动词，用"Taste"替换"See"，即"Tasting

---

[1] 克里斯蒂娜·诺德. 目的性行为——析功能翻译理论 [M]. 上海：上海外语教育出版社，2001：210.

is Believing.",使得目标文本与受众的文化习惯相符合,这样处理译文才能够被英语国家的人所熟悉。译者在遵循了"连贯法则"的同时,也使得译文实现了其所要宣传的目的,进一步实现了"目的法则"。

在消费者心理方面,广告中所要宣传的是粮油食品,属于人们的日常必需品,所以,无论宣传语如何精美,也必须亲身体验、品尝,译文充分抓住了消费者的心理需求,呼吁功能极强,同时也符合了读者的文化习惯。虽然,译文和原文的字面词义不是完全相对应,也就是说违背了"目的论"中的"忠实法则",但却在很大程度上满足了消费者的心理和现实需求,因此是一条精美的广告语。

例2:广东太阳神口服液商标[1]

原文:太阳神
译文:Apollo
策略:归化策略
意图:宣传产品的神奇功效,感染消费者记住并购买产品
功能:使读者产生新奇心理,对其印象深刻,有购买的欲望

【翻译过程分析】

首先,要对源语文本进行分析,获取对翻译过程有意义的信息,争取将原文作者(生产商)的目的,用准确、简洁的语言形式传递给读者。

中国有个太阳女神,名叫羲和。最早的大百科全书《山海经》中有这样一个故事:"东海之外,甘泉之间,有羲和之国。有女子名羲和,为帝俊之妻,是生十日,常浴日于甘渊。"羲和就是传说中"太阳神",为帝俊的妻子,生了十个太阳。生产商希望借助中国古代神话中的人物宣传产品,试图赋予产品神奇的功效,让消费者接受并购买。生产商用其作为商标的名称,深受中国消费者的熟悉和认同,同时也希望译语文本也能有同样的作用。

第二,根据"目的论",它对影响翻译过程的两个关键性的因素,以生产商为导向的"意图"和以消费者为导向的"功能"进行比较,进而确定翻译目的。

译者通过原文本可以判断,生产商的"意图"和以消费者导向的"功能"是基本一致的,翻译该商标的目的的就是要使消费者对产品产生好感,同时也让消费者对产品的神奇功效有所期待。

---

[1] 李波阳,商务英语翻译教程 [M]. 北京:中国商务出版社,2009: 53.

最后，运用"目的论"的相关原则，采取合适的翻译策略去构建译文。

译者明确目的的同时，也考虑到了目标语受众的情感反应。在目标语文化中，"Apollo是希腊奥林珀斯十二主神之一，是光明之神，他从不说谎，光明磊落，也被称为真理之神。"因此，译者在文化上采取了归化策略，对于西方读者来说，便很容易接受而且容易记住。

译文也需要抓住消费者的心理，"Apollo"不仅是西方文化中的太阳神，有俊美的外表，而且多才多艺，她是最美的神祇。以此来形容具有保健功能的口服液是再恰当不过了，消费者也希望通过服用太阳神口服液，能够获得健康的身体和美丽的外表。译者所选用的归化策略一举多得，无论是目标语文化还是消费者心理，都得到了充分的考虑。从中可以看出译者在遵循目的法则的同时，也迎合了受众的需求，使译文达到了交际的目的，符合了"目的论"中的"连贯法则"。

例3：相宜本草化妆品商标（成功实例）[1]

原文：相宜本草
译文：Inoherb
策略：意译策略
意图：感染消费者，使其对产品产生期望，促进购买
功能：使消费者对产品产生好感，有购买的欲望

【翻译过程分析】

第一，译者在得到源语文本的时候，应该对源语文本所要表达的意思进行解读，只有对源语文本有所了解，才能够最大程度上将生产商的"意图"传递给消费者。

相宜本草是一个诠释"本草养肤"的化妆品牌。悠久灿烂、博大精深的中医文化充满奥妙与智慧。相宜本草深信天然神奇的中草药对皮肤有改善作用，高品质的护肤品人人都可以拥有。原文仅仅由四个字组成，但是却充分传递了产品的本质信息，即此款化妆品是由适宜的中草药合制而成。

第二，明确翻译过程中的两个重要因素，以生产商为导向的"意图"和以消费者为导向的"功能"，比较二者是否一致，进而确定翻译目的。

以生产商为主的"意图"和以消费者为主导的"功能"是相同的，翻译目的可以确定，即要宣传产品的本质信息，感染消费者，使产品在消费者心中留有深刻印象。

---

[1] 源于相宜本草官网 http：//www. inoherb. com.

　　最后，根据"目的论"相关法则，考虑文化等因素运用翻译策略，构建译文。译者在翻译的过程中，明确翻译目的的同时，遵循了"目的论"中的"连贯法则"，使得目标受众能够接受并理解译文所要表达的意思。正是译者采用了意译的翻译策略，才使得译文和原文具有同样的作用。

　　由于中草药的独特功效以及对人体的益处，多数消费者希望使用含有中草药的产品，在保养皮肤的同时也要注意到化妆品对身体的影响，源语文本注意到了这一点，因此，译文也应该具有满足消费者的心理需求效果。

　　原文的"相宜"对应的英文应该是"suitable"，若直译则是"suitable herb"，这会使得消费者有所困惑，也不符合英语广告的特点。商标词选用应该遵循简洁明了的原则，所以译者没有将具有中国特点的商标直译到目标语，而是考虑到目标受众的文化和语言习惯。"ino"在中医药词汇当中是纤维的意思，将其与"herb"结合，形成一个新词"inoherb"，这表明此产品是用提取植物纤维草药构成的，表达了产品的特性，对于外国消费者来说，也很容易理解。

　　译者在翻译的过程中，同时考虑到了目标受众的语言习惯、文化因素，更重要的是抓住了消费者的心理需求，进而使得译文和原文都具有极强的感染力。有异曲同工之处的还有著名的国产品牌佰草集，其英语商标为Herborist，意思是草药医生，目的也是十分明确，在传递产品本质信息的同时，诱导消费者。无论是国内消费者还是国外消费者，都对中草药制剂的产品有所好感。因此，纯天然制剂深受消费者青睐。

　　例4：中国建设银行龙卡[1]

原文：衣食住行，有龙则灵。
译文：Your everyday life is very busy. Our Long Card can make it easy.
策略：意译策略
意图：用诗歌的形式吸引消费者，使其产生联想、信任并有购买的欲望
功能：使消费者对产品产生兴趣，有消费的想法

【翻译过程分析】

　　首先，尽量准确地理解源语文本所要表达的意图，要想译文和原文尽可能地"忠实"，源语所传递的信息具有重要意义。

　　宣传建行龙卡的便利之处是原文文本的主要意图，告诉消费者建行龙卡伴随你我左右，无论走到哪里都是最好的选择。原文套用了刘禹锡《陋

---

[1] 中国建行 http：//www. ccb. com/cn/personal/debitcard/dragoncard. html.

室铭》中的"水不在深,有龙则灵",让读者感到熟悉,同时宣传语颇具有诗歌的美感,而且文中的"行"和"灵"存在押韵的关系,让消费者容易接受,并且对其能产生一定的好感。

其次,以生产商为主导的"意图"和以消费者为导向的"功能",对翻译结果起到了重要作用,二者的异同也决定了翻译的目的。无论是以生产商为导向的"意图",还是以消费者为导向的"功能",都是使用一种艺术形式去宣传产品,让其感受到广告中"美"的存在,所以翻译目的是明确的。

最后,依据"目的论",解决翻译过程中所遇到的问题,采取合适的翻译策略构建译文。在译文中,译者也注意到了原文的诗意特点,故从"音美"上考虑,用"busy"和"easy"形成押韵的形式,同时也充分地遵循了"目的论"中的"连贯法则",考虑到了目标语受众的文化习惯。原文中的"龙"给读者一种意象,中国的龙代表者吉祥、幸福的象征,是中国特有的文化符号,然而在西方国家,"龙"(Dragon)则恰恰相反,是邪恶的象征。译者注意到了这种文化上的差异性,避免了文化上的冲突,用汉语拼音"Long"代替不失为妥当的处理。

这种文化冲突现象,在商业广告中是十分普遍的。国产孔雀牌彩电深受我国消费者的喜爱,因为孔雀在汉文化中意指"美丽、青春、吉祥",当此产品进入国际市场时没有采用"Peacock"作为商标,而是换了一个和汉语完全不同的词"Anaras",译者正是考虑到了文化上的差异,因为在西方孔雀是邪恶的化身,不会给人带来美的联想意义。还有一个商标汉语名为"玉兔",但英文并没有直接译成"Jade Rabbit",而是译成了"Moon Rabbit",这是因为目标读者会将"Jade Rabbit"误理解为玉做的兔子。

在翻译过程中,文化上的冲突难以避免的,所以译者应该充分考虑不同文化间的差异性,以此减少不必要的误解。根据诺德的"功能加忠诚"原则,译者应该同时对原文发起者和目标受众负同样责任,译者要想真正地做到"忠诚"。

第三节　旅游文体中的文化翻译

旅游文本主要指以国外普通游客为对象、介绍中国旅游资源的书面体指南性资料。从文体角度看,该类型资料属于说明性应用文体,以描写、说明、介绍为主,主要的功能是向读者传达信息,因而,语言简洁明了,用词朴素平实，文章的组织行文一定程度上呈格式化倾向。因此，它具有信息功能。鉴于旅游外宣传播的功能不仅是向旅游者传递有关旅游产品的信息，而且还要通过对旅游产品的介绍、宣传推广来引起旅游者或潜在旅游者的兴趣，激发他们亲身体验旅游产品的愿望，具有较强的吸引力和感染力，所以它还具有一定的呼唤功能。

一、英汉旅游文本的文体特点

英汉旅游文本具有各自的文体特色及其风格差异。贾文波（2004：109-117）认为，汉语旅游宣传材料大多重言辞的华美，多用四言八句，多仰仗辞藻的渲染而非物象的明晰展示，因而"文采浓郁"。究其原因，汉语旅游宣传材料的写作历来受汉语古典山水诗词及山水游记类散文作品如《水经注》《桃花源记》及《徐霞客游记》等的影响，行文讲求工整，声律讲求对仗，文意讲求对比，追求音形意美以及诗情画意的效果.

英文的旅游宣传材料则大多风格简约，结构严谨而不复杂，行文用字简洁明了，表达直观通俗，注重信息的准确和语言的实用，景物描写多用客观的具体罗列来传达实实在在的景物之美，力求忠实再现自然，让读者有一个印象。

二、英汉旅游文本具有许多文化信息

旅游文本会涉及许多风土人情、历史典故、民间传说等，具有较浓厚的文化色彩，有许多文化负载类信息。汉语属于汉藏语系，英语属于英欧语系，两者的语言文化存在着比较大的差异。因此，在汉英语言翻译中，存在许多文化缺省，需要在翻译中进行信息调整和弥补。

三、商务英语旅游文本的翻译方法

商务英语旅游文本翻译的技巧如表5-5所示。

表5-5　商务英语旅游文本的翻译方法

商务英语旅游文本的翻译方法	具体阐释
直译法	如果旅游英语原文中包含很多实质性信息，且没有太多特殊的文化内容，在翻译时就可以采用直译法，这样不仅便于读者理解，还能使读者感到信息的全面性。

商务英语旅游文本的翻译方法		具体阐释
转译法	转译为副词	英语中表示时间时，多用名词或名词性短语，如one moment和the next，用以引出相继发生的连串动作。译文将这两个词分别译为汉语中的副词"刚刚"和"忽然间"，这样翻译可以使前后发生的动作显得更加连贯，同时也符合汉语的表达习惯。
	转译为名词	在翻译英语旅游文本时，可以将英语中的一些形容词、副词和由名词派生的动词转译为汉语的名词。
	转译为形容词	在翻译英语旅游文本时，可将原文中某些形容词派生的名词，以及一些作宾语或表语的抽象名词转译为汉语的形容词。
	转译为动词	动词在汉语中使用的频率要高于其在英语中使用的频率，在汉语中若干个动词并列使用的结构十分常见。因此，在翻译英语旅游文本时，可以将英文中的名词、介词、形容词和副词转译为汉语的动词。
拆译法		在语言结构方面英汉语言存在着显著的差异，所以翻译英语旅游文本时常采用拆译法，即将英文中的立体复合结构按照汉语的行文方式拆开来译，将其一整句话拆分成若干个短句，按汉语事理顺序平行铺排。
增译法		如果采用直译法不能使译文与原文产生相等的效果，此时可以考虑采用增译法，即按译入语的行文习惯适当增加词语，将原文的内涵意义传达出来，从而增强译文的修辞效果，使之更符合译文读者的阅读习惯。例如： Venice invites idleness and strolling. Its silence is restful and its sundials are inscribed with the words：Horas non mumero nisi serenas（I count only the happy hours ）（Venice，English World） 威尼斯是人们休闲解闷、闲庭信步的好去处，她宁静从容，闲适悠然，连城中的日晷上都刻着这样的铭文："只计幸福时光"。 这样的译文意义更明确，也更为汉语读者喜闻乐见。如果将原文中的invites idleness and strolling. Its silence is restful直译为"邀请悠闲和散步，安宁是静止的"，显然是不合逻辑的。为了填补逻辑语义上的缺失，译文应增添恰当的词汇。

第四节　文学经典作品中的文化翻译

一、文学翻译的界定与本质

（一）文学翻译的界定

这个问题的答案似乎显而易见：文学翻译即对文学作品的翻译。然而，我们在使用"文学翻译"这个术语时，很少注意到这个词的双重含义：它既可以指文学翻译作品，也可以指文学翻译的行为。如果我们进一步追问，会发现问题远非那么简单：什么是文学？什么是翻译？文学翻译与非文学翻译有何区别？文学翻译的本质是什么？对这些基本问题，我们未必能给出令人信服的答案。因此，有必要对文学翻译的概念进行简要的梳理。

关于"文学"（literature）一词的概念，古今中外都存在广义和狭义之分。

广义的文学是指所有的口头或书面作品。狭义的文学指的是对当今所谓的文学，所谓的情感，虚构或富有想象力的作品，如诗歌、小说、戏剧、散文等。然而，还有一些难以归类的习惯上被视为文学作品，如传记、散文、纪录文学、儿童文学等。这些文学作品中的一些被称为"习惯文学"。一般而言，文学翻译是指文学作品和诗歌、散文、小说、戏剧、杂文、传记、儿童文学等文学作品的翻译。

文学是语言的艺术，而翻译的核心是语言。因此，语言的运用不仅是文学区别于非文学的首要特征，而且也是文学翻译关注的首要问题。那么文学语言究竟有什么特征呢？波洛克（Thomas Clark Pollock）在《文学的本质》（*The Nature of Literature*）一书中对文学语言与科学语言和日常语言进行了比较全面的区分：

文学语言有很多歧义：每一种在历史过程中形成的语言，都拥有大量同音异义字（词）以及诸如语法上专断的、不合理的分类，并且充满着历史上的事件、记忆和联想。

文学语言远非仅仅用来指称或说明，它还有表现情意的一面。

文学语言强调文字符号本身的意义，强调语词的声音象征。如格律、头韵和声音模式等。

文学语言对于语言资源的发掘和利用更加用心和更加系统，具有十分一贯和透彻的"个性"。

文学语言一般不以实用性为目的，而是指向审美的。

文学（语言）处理的大都是一个虚构的世界、想象的世界。

根据这段论述，我们概括总结文学和文学语言的特点如下：文学作品的内容是虚构的，想象的；其目的是审美；文学注重的不是语言的意义，而是语言本身，表达人类丰富的情感；文学语言具有丰富的内涵，与该语言的所特有的历史文化有着密切的关系，形式上丰富多彩，具有创意性，语言独特，具有节奏和韵律。简言之，文学的想象性、审美性、创造性、抒情性是它与非文学（科学和日常语言）的显著区别。当然，我们也必须明白："艺术与非艺术、文学与非文学的语言用法之间的区别是流动性的，没有绝对的界限。"[1]此外，不同文学体裁在上述性质上的表现程度也不尽相同。例如，小说对语言形式（音韵、格律等）的关注就不如诗歌和散文，而后两者对语言描写的内容（人物、情节、环境等）的重视就远不如小说。总之，从语言的所具有的特征方面来讲，文学翻译作品的语言应该具有想象性、审美性、创造性和抒情性。从内容上来讲，文学翻译是对文学作品的语言形式、艺术手法、情节内容、形象意境等的再现。

上面从三个不同侧面对"文学翻译"的界定，在一定程度上理清了文学翻译和非文学翻译的关系。然而，上述定义却无法回答文学翻译行为本身的性质问题：文学翻译是对原作的临摹还是创作？是一门语言转换的技巧还是货真价实的艺术？文学翻译是否具有不同于文学创作的性质？对这些问题的回答不仅仅是概念问题，而是关乎我们如何看待文学翻译的本质、地位、价值、标准、方法和评价的关键步骤。

（二）文学翻译的本质

在使用"文学翻译"这个词时，应当注意它既可以指文学翻译作品，也可以指文学翻译的行为。我们常常混淆二者，将文学翻译作品的性质与翻译行为的性质混为一谈。对于前者，由于文学翻译的对象——文学文本的特殊性，文学翻译作品当然也具有审美性、形象性、创造性、抒情性和模糊性等特点。而我们对文学翻译行为的认识经历了一个不断发展的过程：模仿、创造、技巧、艺术、改写、操纵、叛逆、阐释、来世等。这些认识实际上分别反映了文学翻译在三个层面上的基本要素。

1.文学翻译的客观性

这里的客观性指文学翻译中原文的客观存在。文学翻译与其他文学形

---

[1] 韦勒克和沃伦．文学理论 [M]．刘象愚，邢培明等译．南京：江苏教育出版社，2005:9-18.

式的区别就在于：文学翻译必然与用另一语言写作的原作存在一定程度的相关性。换言之，文学翻译的基础是再现原作的"文本目的"，即文学翻译的目标就是要生产出一个与原作有关的文本。文本目的包含两个要素：一是原作是客观存在的，二是译作必须与原作有某种关联性。作为原作的文学作品具有自身的语言结构，以及由这个结构所呈现的事物和事实。对于译者来说原始作品在语言形式、艺术表现手法、情节内容、意境上都是客观的。这些结构、事件和事实的复制是文学翻译的道德基础或基本伦理。完全脱离原始作品的写作不再是翻译，而是重写、虚构、模拟或创作了。但是，应该指出，原文的客观性并不是限制文学翻译的唯一因素。翻译和原文的相关性可以由翻译者主体意识和社会规范来进行调节。

2. 文学翻译的社会性

文学翻译是在特定的社会文化中进行的，文学翻译的主要目的是供译入语社会群体阅读，因此它不可避免地会受到各种社会因素的制约。文学翻译的产品要在译入语文化中存在和被接受就应当遵循译入语的社会文化和语言规范。译者应当遵循有效的社会规范、道德规范和翻译规范，恰当处理译者主体与社会（读者、出版社、政治经济、诗学或文学传统、意识形态等）的关系。符合规范的译文会受到译入语文化的欢迎，被奉为"经典"，而不符合规范的译文会被译入语文化排斥和拒绝，译者在选择遵循或违反规范时应当考虑到其行为的结果和代价。

3. 文学翻译的主体性和创造性

文学翻译不可避免地涉及翻译的主观经验，因为文学作品中"意义"的理解和产生不完全是客观的。解构理论和阐释学指出，意义不是固定关系的标志，而是主体和对象的融合的产物，混淆了主体性时间性和意识形态干预决定了翻译的意义，不能等同于原来的意义。第二，翻译作为翻译过程的翻译具有独立的自我意识和主观世界。虽然翻译将受到原始作品及其客观世界的约束和语言翻译的生存，但在翻译的生产过程中，译者仍然具有相当的自由度。他不直接面对读者，而在自己心中，预设读者的存在，并在一定程度上把自己阅读原作的心理体验通过译入语方式传达给读者。因此，文学翻译在具体过程上是一种主观的、创造性的阐释。译作虽然源于原作但不同于原作，延续了原作生命，甚至有可能作为译者用于改变社会、对抗权威的政治武器。

原作的客观性、文学翻译的社会性和译者的主观创造性分别反映了文学翻译与原作、译入语社会文化和译者的关系。这三种性质之间并行不悖，各司其职。原作的客观存在是无可否认的事实，它控制着译作中语言结构与事实的基本指向或"文本目的"。译入语社会文化规范控制着翻译的发起、进行和接受；译者主体性支配着具体的翻译实践，译者可以选择遵从或违背社会规范。简言之，文学翻译行为本质上是一种在译入语社会文化规范控制下，与另一文化系统中的某个原作有关的，由译者具体实施的主观性、创造性的活动。

二、文学翻译中的文化缺省补偿策略

（一）文化缺省补偿的必要性

读者在理解文本时必须将文中提供的信息和他大脑中的先有知识加以关联。从这个意义上讲，作者构建文本，而读者把文本信息和他大脑中已经存在的看不见的信息加以结合构建意义。但是，在翻译一本书或者一篇文章的时候，原文的作者和译文的作者由于有着不同生活背景和文化背景，因为原文中一眼就能看出的文化背景知识，在译文的作者身上就构成了文化缺省。

生活在不同社会背景的人有着不同的文化知识背景。文化背景知识的概念是基本的假设、信仰、思想以及政治和历史背景等知识，这些知识在某一文化中根深蒂固，生活在同一语言文化背景中的人共同拥有，但是，很少在书本上对其加以定义和描述，因为文化背景知识太基础、太显而易见了，根本无法用语言进行描述。但是，在实际中，原文作者不会在乎译文作者的翻译能力，在原文里面一些对于原文作者显而易见的东西，对译文作者在推断层面造成障碍。也就是说，译语读者不熟悉文本的文化背景，就不能在两个陈述的事件中提供发生于其间的细节（intervening details）。例如有一些习惯用语以及一些不言而喻的缩写词，在原文作者国家非常的熟悉，但是译文作者有时候为了直译不对文化缺省补偿，就根本不知道在说什么。在跨语言文化交际中，译语读者由于没有合适的图式或者根本就没有相关的图式来进行搜索，因而就没有充分的线索来激活他的图式空位。因此，在翻译过程中，由于文化缺省不可避免地存在，译者应该把对于译语读者在结构上隐含的内容在译文中加以明确表达，以便译语读者对原文获得准确和连贯的理解。

接受者对文本的理解在很大程度上依赖于其自己的文化背景知识。实际上，原文作者是根据自己的语言和文化背景生产原文的。既然源语接受者和原文作者具有相同的文化背景知识，源语接受者通过激活他长期记忆中的图式，把原文作者的意欲文化含义和文本加以关联，就可对原文获得透彻的理解和阐释，即便原文中的含义在结构上不透明。但是，译语读者由于不熟悉原文中文化背景知识，就难以完全理解原文中所表达的内容。

如果原文结构上的隐含意义在译文中不加以明确表达，译语读者显然就会产生误解或者对原文作者的真实意图不知所措。因此，为了使译文读者较好地理解原文，译者应采取恰当的方法对译语读者的文化缺省进行补偿。

交际中的三个要素是信息源（source）、信息（message）和接受者（receptor），在此过程中，信息源通过信息传递到接受者（Jin Di&Nida，1984:33）。由于翻译是一个跨文化交际过程，译者在翻译过程中既是原文的信息源又是译文的作者。换句话说，译者既是信息源又是信息的接受者，他扮演的角色就是源语作者和译语读者之间思想的桥梁。作为信息的接受者，译者必须在准确理解原文的基础上对信息的内容解码，而在解码过程中，涉及诸如作者的意图和写作背景之类的多个方面。同时，译者又必须把从原文中解码的内容在译语中加以编码，然后传达给译语读者。这个过程叫作再生产或表达。因此，我们认为翻译是一个以目标为导向的活动（a goal-directed activity），主要由解码和编码组成，或更准确地说，由解码和"重新编码"组成（说重新编码，是因为原文信息在源语中已由原文作者编过一次码了）。

在同一语言交际方面，信息有两个维度：长度和难度（Length and difficulty）。恰当的信息具有的难度都能大致与接受者的代表接受能力的信道容量（channel capacity）相匹配。一个信息之所以具有意义，与从众多的可能信息中选出的某个信息的编码、传输和解码能力有关。由于原文读者和他的意向读者生活在同一社会和文化语境中并且以同一语言进行交流，他们之间的交流应该是自然和成功的（Jin Di&Nida，1984:103）。否则，他们所赖以生存的社会将不会存在。

然而，在翻译中，我们应该考虑目标语接受者的信道容量。如果一个信息被翻译成同样的长度，那么它的难度就会增大，结果，原文的信息就不能通过目标语接受者的信道（channel）。一般说来，译文接受者的信道容量要比原文读者小，这是因为对于原文读者来说是不言而喻的文化缺省成分对于目标语读者，则可能显得莫名其妙。这就意味着源语接受者和目标语接收者由于缺乏共同的历史、文化、经济和政治背景等而发生交际过载（communication overload）。

如果译文的难度超过译语读者的解码能力，译文理解就非常吃力甚至译文读者会中断阅读。为了使信息顺利通过译语读者的信道，应该在译文中增加冗余信息（redundancy），以便调整交际载荷来适应译语读者的信道容量（Jin Di&Nida. 1984:105）。但是这并不意味着译者可以随意增加或减少原文的意义，而是表明译者可以明示源语结构上隐含的意义而同时又能最大限度地保留原文的意义。这就要求把信息的长度拉长来降低源语的难度。

为了使译文通过译语读者的信道，译者必须预测原文对于译语读者将会达到什么样的效果以及什么内容对于译文读者来说会构成文化缺省。如果译文读者的文化缺省出现，译者应该根据原文的具体情况增加文化信息，从而在译文中增加一个冗余度（a measure of redundancy）来填补译语读者的意义真空。现以实例阐释：

Being a teacher is being present at the creation, when the clay begins to breathe.

作为一名职业教师，从某种意义来讲，他可以亲眼见识到上帝用泥土创造人类的过程，并且开始了一个生命的旅程。

在该例中，单词"creation"源于圣经故事，即上帝用泥土创造了人类。中国读者由于缺乏这样的基督教的文化背景知识，因而有必要添加相关的文化信息以便译文具有意义并能理解。

Son, lover, thinker, fighter, leader, Hamlet is the incarnation of all human potential defeated by some warp of human nature and destiny.

作为儿子、情人、思想家、战士、领袖，哈姆莱特是一些人本应该开始美好的生活，享受热恋的开心，并且可以在工作上大展身手，然而因为命运和人性的戏弄，在最后含恨而死。

英语"potential"在英汉词典上译为"潜力，可能性"，实际上是指"that which is possible"，含义很广。"human potential"是指"人所能达到的一切"。联系son、lover、thinker、fighter、leader等词，"all human potential"一词的含义就更广泛了。defeat一词是指"挫折"。我们只能根据全剧剧情从天伦、爱情、事业三个角度来加以具体的阐释，得出了上面的译文。这种解释当然是不完备的，但也只能如此。

总而言之，如果原文比较长并且难度大，假若直接翻译的话，对于中国读者来说是很难理解的，所以译者应该运用意译的形式将文字形象性地加长，从而把文字中隐含的部分用语言表达出来。实际上，这就是把内容因素提升到形式上来的结果。

文化缺省的存在表明，翻译不仅仅是语言活动，而在本质上是文化交流。Nida指出，"就真正成功的翻译而言，译者的双文化能力甚至比双语言能力更为重要，因为词语只有在其起作用的文化语境中才富有意义"（For truly successful translating, biculturalism is even more important than bilingualism, since words only have meanings in terms of the cultures in which they function. ）（1993:110）。因此，译者不但要有双语言能力（bilingual competence），而且还应该具有双文化能力（bicuItural competence）。译者

应尽力识别出原文中的文化缺省成分，切忌把自己的意义真空强加于译语读者。为了避免对原文的误读或误解，译者一方面应认真研究源语文化以便提高识别文化缺省的能力，另一方面还应有正确的方法在翻译中处理文化缺省成分。凡遇自己不太有把握的语义变异，一定要结合语境，认真查阅有关辞典和参考书并认真对待。有条件的话，可请教来自出发文化的专家，最忌讳的是主观臆断和盲目直译。

译文作者在翻译的过程中，必须要注意到存在原文文化缺省。其一，如果想完全对原文的意思有所把握，那么必须将源语文化特点解析清楚。然而，在很多情况中，译者并没有意识到文化缺省的关键，以致于使译者在翻译的过程中是通过自身的角度出发进行解读。其二，如果源语文化和译语文化在有关方面差异甚大，原文将会被错误地解读。Nida和Reyburn指出，实际上，由于文化差异的不同会造成译者在翻译的过程中出现很大困扰，以致于被广大读者产生误解。（In fact, difficulties arising out of differences of culture constitute the most serious problems for translators and have produced the most far—reaching misunderstanding among readers.）（1981:2）。翻译之所以困难，很大程度上是因为译者是在某一具体的社会文化语境下进行翻译工作的，译者不可避免要受到他所赖以生存的文化的影响和支配。为了尽量减少来自他自己文化的干预程度，译者须尽力克服自己的文化背景知识强加给他的意识所形成的先有知识结构的影响，从而获得翻译过程中识别文化缺省的能力以便更好地从事翻译工作。

（二）文化缺省补偿方法

1. 直译加注

中国唐代诗人孟郊有首诗，原文如下：

欲去牵郎衣，

郎今到何处？

不恨归来迟，

莫向临邛去！

Fletcher的译文如下：

You wish to go. and yet your robe I hold.

Where are you going——tell me, dear——today?

Your late returning does not anger me,

But that another steal your heart away.

实际上，这里"临邛"是一个典故，构成了一个独特的文化意象。诗人用"莫向临邛去"表明女主人公希望其丈夫不要在外另结新欢。在翻译中，如何处理这个典故确实是一个棘手的问题，而Fletcher在译文中回避了

"临邛"这个文化意象。这样一来，译文仅仅传达了原诗中包含的信息，却失去了原文的韵味，更重要的是失去了将中国文化中的一个重要特征介绍给西方读者的绝好机会。

在该译例中，译者最好运用直译加注（1iteral translation with a footnote or an end. note）的方法来对目标语读者的文化缺省做出补偿，以便他们一方面有机会欣赏异国文化，另一方面也有机会去运用想象力获得审美的愉悦（王大来，2007/8:146—147）。

Elliott, the costume too large now for his emaciated frame, looked like a chorus man in an early opera of Verdi's. The sad Don Quixote of a worthless purpose.

（S. Maugham：*The Razor's Edge*）

埃略特的躯体已经消瘦，穿上这身宽大的衣服，活像威尔地早期歌剧里的合唱员。无谓奔波的可悲的堂吉诃德[1]啊！

（秭佩译：《刀锋》）

在该例中，译者采用了直译加注的方法来对目标语读者的文化缺省做出补偿，以便他们有机会欣赏异国文化从而获得异域文化探索的愉悦。

在翻译中，"注解"是一种能使译文读者欣赏到异国文化的文化补偿方法。直译加注是为了向译文读者介绍原文文化的有关知识，增进他们对原文的了解。张谷若先生在译哈代名著《德伯家的苔丝》时，就用脚注的形式介绍了许多基督教的重要观念和英国的风俗习惯。虽然大多数的普通读者不太会在意这些小注解，但是有兴趣的读者却对它们评价极高。张谷若先生始终遵守这一原则帮助不熟悉英语小说历史和文化背景的中国读者更好地理解原著。比如：

The May-day dance, for instance, was to be discerned on the afternoon under notice. in the disguise。f the club revel, or "club—walking" as it was there called.

（Tess of the D'Urbervilles by Hardy）

在翻译过程中，译文通常会失去某些东西，尤其会丢失源语中的形式美和声音美，也就是说，绝对对等是不可及的。但是，如果在某些情况下运用直译加注的方法来补偿译文读者的文化缺省，相对对等还是可以在不同的层面上取得，这取决于译者的文化能力、美学修养以及翻译技能等。如：

He threw up the window, batted them, balloon after balloon, into the

---

[1] 西班牙作家塞万提斯 (1547—1616) 长篇小说《堂吉诃德》中的主人公。

night，and shut the window down.

（J. Galsworthy：*A Modern Comedy*）

他把窗子朝上抬起[1]，把这两只气球，一只接一只地，拍到黑夜里去，然后拉下窗子关好。

（陈冠商等译文）

客观地讲，翻译作品中文学典故和习语里的形象所带来的异国情调是非常明显的。这些形象在读者心目中直接唤起对异域文化事物或人物的联想，与之相关的背景知识可以进一步使译文读者对原作中呈现的异域文化有更多的了解。

"I shall try my best，" he said quietly， "but l'm not naturally Solomon at six stone seven. "

（J. Galsworthy：*A Modern Comedy*）

译文一："我将尽力而为，"他平静地说，"但是我天生不是一个六石七磅体重的所罗门[2]。"

（陈冠商等译文）

译文二："我一定尽力而为，"他安静地说，"但是我只是个只有九十一磅重的凡人。"

（汪倜然译文）

很明显，译文二更流畅自然、易懂，但是 Solomon 包含的文化信息丧失了。

在这里，从翻译的文化功能角度来讲，译文一更能够向译文读者传达原文的文化信息。

Again that indefinable mockery，as if he had something up his sleeve. Soames looked mechanically at the fellow's cuffs——beautifully laundered with a blue stripe...

（J. Galsworthy：*A Modern Comedy*）

译文一：又是那种难以形容的嘲笑，仿佛他袖口里已有什么似的。[3]索米斯机械地看看这家伙的袖口——洗烫得很漂亮，上面有一条蓝色的条纹……

（陈冠商等译文）

译文二：又是那种难以形容的嘲弄神气，仿佛他有什么锦囊妙计似

---

[1] 英国因气候关系，窗子像火车上的窗子那样上下开关。

[2] 所罗门：古以色列王国国王大卫之子，以智慧著称，这里喻为聪明人。

[3] 意指暗中已有应急的打算。

的。索米斯不由看看他那袖口——浆洗得很漂亮，有一道蓝条子……

（汪倜然译文）

该例有两个连贯的形象，一个是成语里的"袖子"（sleeve），另一个是后一句里的"袖口"（cuff）。译文一保留了原文作者的精心安排，在内容衔接、保持原文语言特色等方面都是成功的。相比之下，译文二怎么会突然转到"袖口"上去就很难让人理解。

在文学翻译中，典故、习语中的比喻性形象宜以直译为主，因为形象不仅具有文化价值，而且有助于在译作中重现源语文化氛围，对丰富译入语的表达手段也有重要意义。当然，译者还必须考虑比喻形象在译入语文化中的可接受性，避免因文化和语言差异造成的误解和费解，以及文化色彩上的不协调。除非源语形象在译入语中难以接受，否则应尽量保留比喻性形象以传达源语的文化信息，同时为丰富译入语提供素材。

下面一例的译文略去了原文以非比喻的方式提及的一位著名的古代词人和他的作品，失去了向译入语读者介绍源语文化的机会。

"我们早看见了，还待你说，"淑华抢着回答道，便伸手到背后去把自己的辫子拉过来，一面玩弄，一面仰头望着天空的明月，放声唱起苏东坡的《水调歌头》来。

（巴金：《家》）

"No need for you to tell us. We saw it long ago," said Shuhua. She pulled her long braid forward over her shoulder. Toying with it, she looked up at the moon and began to sing an old tune.

（*The Family* translated by S. Shapiro）

在《家》这部小说里，有多处涉及这样的中国古代经典文化，用于表现小说中角色的文学修养。此处情景的前后并没有语义超载的情况，简化至此，实无必要。此例的译文不但难以再现原文作者的艺术动机和创作意图，而且还失去了向英语读者介绍中国经典文化的绝好的机会。

翻译过程中，对译者的两点要求是：尽全力让目标语读者与源语读者在某种程度上达到统一；在熟知语言文化的情况下，尽全力地去理解和阐释其产生其重要文化习俗、文化价值以及重要思想等。更好地体现翻译的文化交流功能，要求译者准确、完整地传达出原文中某种浓厚的文化韵味或者独特的文化意象。否则，就是丢失原文的意义。事实上，任何一本成功的翻译都离不开外国文化背景的痕迹（Nida，1964:167）。

当原文中含有一些很重要的对目标语文化有非同一般的吸引力的文化因素，而且这种文化因素正为目标语读者所追寻且易于接受，或者译文的目的是为了向目标语读者介绍某种异国文化，这时就应该采用直译加注的方法来对目标语读者的文化缺省进行补偿。比如某些具有文化特色的词语源于中国的社会生活和政治制度："大锅饭"（the "big pot" system）和"五讲四美"（Five Stresses and Four Points of Beauty）等。这些术语蕴含着丰富的中国特有的政治含义，很难在译语中得以传达。虽然有人建议采用以上括号里的英语译文，但这样的译法不可能使译语读者懂得这些术语的内涵意义和联想意义，除非他们对中国的事情有足够的了解。由于在翻译这些术语时把源语中的文化因素置入目标语文化中的欲望十分强烈，大多数译者倾向于前面所提到的模式3。为了确保译文的可读性，译者可添加小注解来为译文提供恰当的文化背景信息。渐渐地这些具有中国特色文化的词语就进目标文化环境，为目标语读者所熟知并加以应用。

　　的确，这种文化缺省补偿方法对于丰富目标语言文化十分有用。有些食品和饮料的名字就是通过这样的方法进入目标文化的，结果像"馄饨""豆腐"等进入了西方文化，而像"热狗""可口可乐"等在中国已家喻户晓。英语中"shed crocodile tears"过去译为"猫哭老鼠"，目的是忠实于原文的内容，经过翻译界的争论后又译为"掉鳄鱼的眼泪"，目的是忠于原文的形式。虽然这一译法起初不为中国读者所接受，但现在已进入了中国人的日常生活之中。过去"维纳斯"等需加注释，现在显然无此必要了，至少在面对大众的文学作品中不再需要。译文读者接受的动态性是一种客观存在，它对语言和文化的发展起着积极的作用。由于有了这种可变的、宽容的读者准备或期待，才有可能使译作中"起初似乎并不恰当的说法会逐渐变得完全可以接受"（Expressions which may at first seem inappropriate may come to be fully acceptable）（Nida，1964:215）。例如汉语中大量的外来词如"幽默"（humour），浪漫（romantic），以及一些表达法如"过去是、现在是、将来仍旧是"（it was、is、and will ever be...），"武装到牙齿"（armed to the teeth），"给牵着鼻子走"（to be led by the nose）等。由此看出，汉语中许多新的表达方式就是通过这种文化缺省的补偿方法进入中国文化的。

　　在阅读过程中，读者为了更好地了解异国的文化背景，需要频繁地翻阅脚注和尾注，在此过程中，打破了阅读的兴奋惯性，因此，对于"直译加注"这种利于目标语读者了解异国文化的补偿方法，在翻译中，并不鼓励经常使用。

2. 文内补偿

（1）增益

一定程度上，增益（contextual amplification）填补了"直译加注"补偿方法的空白之处。这样既保留了源语文化意象，还可以为目标语读者提供有关文化背景信息。增益虽然保证了读者的阅读惯性，但缺点也不可忽视。一是原文的艺术形式在译文中有所变形，隐性的含蓄变成了显性的直白，甚至拖沓、冗长；二是文内可用于语篇外文化介入的空间有限，读者只能从文内获得有限的文化背景信息；三是原文含蓄的审美效果也会因译文透明式（transparent）的处理方法而受到削弱。

有人说翻译就是翻译意义，这种说法有一定的道理。然而在翻译某些比喻性词语或历史典故这样的具有鲜明的文化特色词语时，译者处于两难的境地，因为这些词语都有着表层结构和深层结构。举例来说，如果我们把"三个臭皮匠，顶个诸葛亮"译成"Even three cobblers can surpass Zhuge Liang"，其表层结构得以传达，而其深层结构在译文中丢失殆尽。如果把其译成"Many heads are better than one"或"Collective wisdom is greater than a single wit"，其基本意义得以保留，但其两个文化意象——"臭皮匠"和"诸葛亮"在译文中因受到扭曲而丢失殆尽。在这种情况下，译者应考虑运用一种能够使译文读者吸收这一中国文化的方法来补偿译文读者的文化缺省。因此，该译例中恰当的方法是采用把注解置人文内的增益法，其译文为"Three cobblers with their wits combined surpass Zhuge Liang the master mind"。这样，原文中的意义和意象在译文中都得以保留。

一九二八年夏提出了六项注意：一、上门板，二、捆铺草，三、说话和气，……

（《毛泽东选集》四卷，1186页）

In the summer of 1928 he set forth Six Points for Attention：（1）Put back the doors you have taken down for bedboards；（2）Put back the straw you have used for bedding；（3）Speak politely…

译例中叙述的是中国三十年代共产党领导的军队晚上经常向当地老乡借门板睡觉这样一个历史背景，而这一段历史为中国读者所熟知，阅读时不会产生问题，而西方读者由于文化缺省的存在不可能获得连贯理解。因此，译者在译文中运用了增益手法，添加注解"you have taken down for bedboards"和"you have used for bedding"来补偿译文读者的文化缺省。

（2）释义

在翻译中，出现近似的两种文化因素或重要的源语文化因素时，要求我们必须去忠实于源语中文化特色词语的表达形式和意象。但是，当源语文化因素与源语语言本身关系密切，或者跟特定历史和文化密切相关而很难将其置于另一种语言中去时，通过改变原文中的意象和形式，便可以实现忠实于源语文化因素中所包含的意义的目的。

在翻译中，两种语言间文化差异的距离决定了源语的形式的保留程度。且二者间呈正比，在目标语文化中不存在源语中所提及的事物，或者两种语言背景下的同一事物具有不同的联想意义的情况下，可以采用叫作"释义"（paraphrase）的文化缺省补偿方法来对目标语读者的文化缺省进行补偿。使用前提是源语作者使用的文化因素在源语中的重要性不会影响到艺术意象。在成语或典故的翻译中，由于直译加注会使译文更加繁琐，所以，最常用的就是释义手段。例如：

①右翼骨干nucleus of the fight wing

②那么，我们就停滞了，我们就是肯定片面性了，就是同整风的要求背道而驰了。

We could be stagnating and would be approving one——sidedness and contradicting the whole purpose of rectification.

译例1中如用backbone来译"骨干"，会有"翼"和"脊梁"两个形象难以相配的困难（"翅膀的脊梁"）。译例2中如用"run counter to"来译"背道而驰"，也会与stagnating一词相矛盾。（既然停滞怎么会朝反方向走？）译者用释义手段避免了这些矛盾。

以下几例的比喻性习语在汉语中目前还不能直译，因为直译还不能为目标语读者所接受，译者只好在译文中运用了释义的文化缺省补偿方法来使译文读者获得连贯理解。译文一和译文二均可，视具体情况可采用不同的译法。

① "You'd better realise，" he said，"that the fat is in the fire．"

（J. Galsworthy：*A Modern Comedy*）

译文一："你最好能明白，"他说，"事情已经搞糟了。"

（陈冠商等译文）

译文二："你还得明白，"他说，"闯了大祸啦。"

（汪倜然译文）

②…and he suddenly looked at Michael："Look here，it's no good keeping gloves on．Iam in desperate．and I'll take her from you if I can．"

（J. Galsworthy：*A Modem Comedy*）

译文一：……这时他突然看着迈克尔："你看，掩盖真相没什么好处。我不顾死活了，只要我能够，我要把她从你那儿夺走。"

（陈冠商等译文）

译文二：……说着他突然看着迈克尔："你瞧，咱们不必假情假义了。我是豁出去了的。如果我能的话，我就要把她从你那里带走。"

（汪倜然译文）

③ "Give us a chance，constable；I'm right on my bones…"

（ J. Galsworthy：*A Modern Comedy*）

译文一："给我们一个机会吧，警官；我已经走投无路了……"

（陈冠商等译文）

译文二："给我们一个机会吧，警官；我是穷得叮当响了……"

（汪倜然译文）

试看下例：

"...What do you say？"

"I？" said Soames，"I only know the chap's as cool as a cucumber…"

（ J. Galsworthy：*A Modern Comedy*）

译文一："……你认为怎样？"

"我？"索米斯说，"我只知道这家伙泰然自若……"

（陈冠商等译文）

译文二："……你觉得怎样？"

"我？"索米斯说，"我只知道这家伙阴得像条黄瓜……"

（汪倜然译文）

在汉语里，"阴"用于人的时候，有"阴沉"（gloomy）、"阴险"（treacherous）的意思，但很难把这两个意思和黄瓜或"冷静"（cool）联系在一起。对译文读者而言，这听起来很怪，也很难理解。译文一采用了释义法，但是放弃了原文的形象从而失去了原文的生动，损失实在太大。如果将译文二改译为"冷静得像条黄瓜"就可以了，这样既保留了原文的形象，又不至于在多大程度上增加译文读者的难度。

试看下列两个译例：

①Look at the chaps in politics and business，whose lives were passed in skating on thin ice，and getting knighted for it.

（ J. Galsworthy：*The White Monkey*）

你看看那些政界商界的家伙们，他们整个一生都是在风险中度过的，可是都封了爵位。

②A fine old… gentleman with a face as red as a rose.

（ Kingsley：*The Water—Babies*）

三、中国文化特色词语的英译分析

我们人类今天所继承的丰富的人文知识和文化遗产，都是来自中华五千年文明史，这不断的文化沉淀更是形成了独具特色的表达方式。某一特定的文化背景更是让文化特色词语和特定的语言还具有文化密不可分，也表现出了很大的特色，比如：内容精辟、栩栩如生、生动有力，更是突显了民族特色。之所以我们很难在译文中找到合适的类似表达方式，就是源于文化特色词语表现出来的特殊语言现象。为了更好地让译者增强培养文化敏感意识，在翻译过程中可以发现特色词语的文化背景信息，并且可以找到更恰当的独具特色的文化语言与原文相匹配。本节就会翻译实例的方式，来展示中国文化特色词语英译的翻译策略。

（一）中国文化特色词语

中国文化特色词语翻译实践证明，翻译是一种跨文化交际活动。源于汉语和英语地域、历史和文化背景的差异，这也就形成了两种民族之间不同的价值观和对事物不同的理解力。对于一些还没翻译出来的文字，中国人可能家喻户晓，但国外可能还不了解。国外的很多读者可能连我们国人所熟知的一些知名城市或者企业的位置都不知道。对于我们各自民族熟悉的本国名人要事，作者在作品中就不会特意去提及这些大家都了解的知识。这也就是产生我们所谓的文化背景知识和文化缺省成分的两种概念。这就是为什么读者认为文本中会存在一些原本缺省的成分，因为读者拥有和作者同样的文化背景，即使作者没有在原文中表达出来，读者也可以解读这些文化信息。被省去的文化信息是让作品阅读起来更通俗易懂，更高效地沟通。但是由于文化特色语言背景知识存在的特定的文化差异，它们很难用词语表达出来，所以让外籍读者很难理解文章内在的含义，对文化背景知识的缺乏也容易引起读者对作品的断章取义。

（二）翻译策略及方法

从翻译实例中我们也总结出，翻译工作是一条文化交流的纽带，原文作者和译文读者由于地域环境的不同，接受文化的差异，形成了不同的文化底蕴。原文作者并没有考虑到译文读者的承受力，这是一个事实，就是因为原文中文化特色词语隐含的成分并没有表现出来。源语文化特色词语所隐含的文化缺省成分在大多情况下都不被译者重视，这就导致了译文的读者断章取义，不能形成思维的连贯性。另外，源于汉语和英语文化特色词语所涉及不同的文化底蕴，这就导致对译文的错误理解很难被发现，远胜语法蕴含的东西，这也形成了读者误读原文的含义。从目标读者角度出发，文化特色词语所隐含的文化缺省成分更应该被译者重视，并提高这部分意识，在翻译的时候要着眼于不同的文化特色背景，立场更中立一些，在译文中适当的表达出文化特色词语隐含的内容。

1. 释义（paraphrase）

所谓释义法，是解释原文中文化特色词语所隐含的含义来处理源语中的文化因素。因其既能保留原文的信息，又能在翻译过程中给译者较大的自由度，所以释义法在翻译文化特色词语时得到广泛采用。释义法用于翻译比喻性词语时要求译者要抓住内容和喻义这一重要方面，牺牲形象，结合上下文灵活地传达原意。现以实例说明。

你们（中层干部）是上面的领导与下面的群众之间的桥梁。

该例句的原文在汉语中是很通顺的。但直译为英语有困难，因为原文中有两个矛盾的形象："上面的"与"下面的"是垂直关系，而"桥梁"则是水平走向。汉语中形象较多，是一种形象的语言，而英语是一种重视逻辑思维的语言。译者应从英汉两种语言的思维方式以及比喻形象的异同为切入点考虑该例的翻译。现给出两种译文如下：

译文（1）：You are a bridge between the leadership and the masses.

译文（2）：You are a link between the leadership above and the masses below.

2. 套译（corresponding）

在众多翻译方法中，较灵活的就是套译，也可称为"借用""移植"。同时，译者平时应多收集一些英美媒体的表达方式，这样，翻译特色文化词语时，可以直接采用套译法移植一些外来表达方式，以此保证译文的连贯性，以及解决目标语读者理解上的障碍。其中，套译的标准和关键是一个"度"或"得体"的问题。

（1）回译成英语。一些当初译自英语的普通名词，翻译时须回译成英语词，这与专有名词的回译是一样的。如：

专卖店exclusive agency；franchised store

对冲基金hedge fund

可视电话picture phone

业绩奖励performance incentives

生态农业environment-friendly agriculture；eco-agriculture；eco-farming

扫描器字典quickionary

转基因食品GM food（genetically modified food）

一揽子融资方案financing package

（2）套用国内权威译法。

禁渔期closed fishing season

对外口径unified version for the public

配套政策supporting policies

综合国力comprehensive national strength

住房零首付zero-yuan first payment（for apartments）

知识经营管理knowledge-based operation and administration

多投资者多收益more returns for more investment（套用"多劳多得"的译法more pay for more work）

参考文献

[1] 庄智象，方梦之. 中国翻译家研究[M]. 上海：上海外语教育出版社，2017.

[2] 许渊冲. 文学与翻译[M]. 北京：北京大学出版社，2016.

[3] 罗选民. 翻译与中国现代性[M]. 北京：清华大学出版社，2017.

[4] 张慧宇. 翻译对比及跨文化启示[M]. 北京：中国出版集团，2016.

[5] 赵彦春. 认知语言学：批判与应用[M]. 天津：南开大学出版社，2014.

[6] 王东. 科学研究中的隐喻[M]. 广州：世界图书出版广东有限公司，2016.

[7] 张立新. 隐喻认知语用研究[M]. 广州：世界图书出版广东有限公司，2014.

[8] 戴为平. 词汇隐喻研究[M]. 广州：世界图书出版广东有限公司，2014.

[9] 苏立昌. 英汉概念隐喻比较与外语教学[M]. 天津：南开大学出版社，2016.

[10] 侯奕松. 隐喻研究与英语教学[M]. 北京：北京师范大学出版社，2011.

[11] 陈道明. 认知语言学理论与语言实例[M]. 北京：社会科学文献出版社，2016.

[12] 吴世雄，章敏，周运会等. 基于语料库的英汉词汇隐喻模式的比较研究[M]. 北京：中国社会科学出版社，2016.

[13] 叶子南. 认知隐喻与翻译实用教程[M]. 北京：北京大学出版社，2013.

[14] 亚里士多德著. 诗学[M]. 罗念生译. 北京：人民文学出版社，2002.

[15] 颜泽贤，范冬萍. 系统科学轮——复杂性探索[M]. 北京：人民出版社，2006.

[16] 胡壮麟. 认知隐喻学[M]. 北京：北京大学出版社，2004.

[17] 侯奕松. 隐喻研究与英语教学[M]. 北京：北京师范大学出版社，2011.

[18] 赵艳芳. 认知语言学概论[M]. 上海：上海外语教育出版社，2001.

[19] 兰萍. 英汉文化互译教程[M]. 北京：中国人民大学出版社，2010.

[20] 吴为善，严慧仙. 跨文化交际概论[M]. 北京：商务印书馆，2009.

[21] 严明. 跨文化交际理论研究[M]. 哈尔滨：黑龙江大学出版社，2009.

[22] 毕继万. 跨文化交际与第二语言教学[M]. 北京：北京语言大学出版社，2009.

[23] 闫文培. 全球化语境下的中西文化及语言对比[M]. 北京：科学出版社，2007.

[24] 宿荣江，文化与翻译[M]. 北京：中国社会出版社，2009.

[25] Eileen Cornell Way. Knowledge Representation and Metaphor[M]. Boston：Kluwer Academic Publishers，1991.

[26] Earl R Mac Cormac. A Cognitive Theory of Metaphor[M]. Camhridge：MIT Press，Mass，1985.

[27] George Lakoff. Women，Fire and Dangerous Things—What Categories Reveal，about the Mind[M]. Chicago:The University of Chicago Press，1987.

[28] Max Blck. More about metaphor[A]. In Andrew Ortony（ed.），Metaphor and Thought [C]. Cambridge University Press. 1993.

[29] George Lakoff and Mark Johnson. Metaphors We Live By[Ml. Chicago and London: The University of Chicago Press，1980.

[30] 刘正光. 莱柯夫隐喻理论中的缺陷[J]. 外语与外语教学，2001（1）.

[31] 严世清. 语法隐喻理论的发展及其理论意义[J]. 外国语，2003（3）.

[32] 陈春华. 顺应论和关联论——两种语用观的比较[J]. 四川外语学院学报，2003（3）.

[33] 王寅. 语言符号相似性研究简史[J]. 山东外语教学，2003（3）.

[34] 束定芳. 隐喻研究的若干问题与研究课题[J]. 外语研究，2002（2）.

[35] 杨秀杰，隐喻及其分类新论[J]. 外语学刊，2005（3）.

[36] 张磊. 隐喻与文化[J]. 涪陵师范学院学报，2007（4）.

[37] 陈岳红，向晓红. 试论汉语"心"的隐喻[J]. 世纪桥，2007（8）.